人与经典

说文解字

吴宏一 著

花山文艺出版社

河北·石家庄

图书在版编目（CIP）数据

人与经典·说文解字/吴宏一著. —石家庄:花山文艺出版
社，2022.3
（人与经典文库 / 张采鑫，崔正山主编）
ISBN 978-7-5511-6018-6

Ⅰ.①人… Ⅱ.①吴… Ⅲ.①许慎（约58-约147）－人物
研究 ②《说文》－研究 Ⅳ.①K825.5 ②H161

中国版本图书馆CIP数据核字(2021)第234886号

本书由台北远流出版公司授权出版，限在中国大陆地区发行。

丛 书 名：人与经典文库
主　　编：张采鑫　崔正山
书　　名：**人与经典·说文解字**
著　　者：吴宏一
策　　划：张采鑫　崔正山
责任编辑：张采鑫　李　鸥
特约编辑：苏会领
责任校对：李　鸥
装帧设计：东合社-安宁
美术编辑：胡彤亮
出版发行：花山文艺出版社（邮政编码：050061）
　　　　　（河北省石家庄市友谊北大街330号）

销售热线：0311-88643221
传　　真：0311-88643234
印　　刷：北京天宇万达印刷有限公司
经　　销：新华书店
开　　本：880×1230　　1/32
印　　张：10.75
字　　数：215千字
版　　次：2022年3月第1版
　　　　　2022年3月第1次印刷
书　　号：ISBN 978-7-5511-6018-6
定　　价：69.00元

一、今天我们为什么要读经典

意大利作家卡尔维诺（1923—1985）在《为什么读经典》这本书中，第一句话就说："经典就是你在重读的书，而不是你刚开始读的书。"这句话的意思是说，读经典不是只读一遍而已，而是要一读再读。卡尔维诺接着说："对于没有读过经典的人来讲，尤其重要，因为这是他重读的开始。"

那么我们该如何读经典呢？美国文艺评论家乔治·斯坦纳（1929—2020）在他的回忆录中的一段话很值得我们参考。他认为，我们在读经典的时候，应该注意三件事。第一，"我们要很清楚地知道经典在问我们：你读懂了吗？你知道我在说什么吗？你知道我想说什么吗？你知道我为什么要这么说吗？"换句话说，对于经典我们不只是读其表面意思，大概了解一下就行了，其实微言背后总是包含着大义，《中庸》说"人莫不饮食也，鲜能知味也"，就是这个意思。第二，他说："你既然知道经典在问你问题，你有没有运用你的想象力来回答？"意思是你要回答问题，就要发挥想象力与思考力，即《中庸》里所强调的"慎思之,明辨之"。第三,"你既然用你的想象力回答了问题,你自己在这个过程中有着怎样的收获?而这个收获将会使你产生哪些改变?"这就是孔子所强调的"闻义而徙"与"知之为知之"。读经典绝不能以望文生义的思维习惯去读字面的意思,读经典的目的是在启发你、接引你,发现自我,蒙以养正,最后让你有所改变,有所提升。

所以,我们读经典,应该深入其文本,思考文本的意涵到底在说什么,以及为什么要这样说,想象并体会作者在取材、书写时的思虑与用心,仿佛自己身临作者的境地,然后才能够代入自身体验,有所感动,进而化成行动——经典的阅读应以这样的态度来进行。

二、"人与经典"丛书的特色

"人与经典"丛书是一项人文出版计划。这项计划旨在介绍广义的中国经典作品,以期唤起新一代国民对中华文化的自信心,从而激发每个人生生不已的生命精神。取材的方向主要来自文学、历史、哲学方面,介绍的方法是对这些伟大作者的其人其事做深入浅出的概要介绍;以浅近的解析赏评为核心,并辅以语译或综述。"人与经典"强调以下三个特色:

其一,从人本主义出发,突出人文化成的功效,我们更强调"人"作为思考、践行,以及转化并提升生命、丰富生活的关键因素。

其二,我们不仅介绍经、史、子、集方面的经典,同时也试图将经典的范围扩大到近现代的重要作品。以此，我们强调重新诠释经典在为往圣继绝学，以及承先启后方面所产生的日新又新的时代意义。

其三，紧扣文本，正本清源解经典，不强调撰写者的个人感受，而特别体现出撰写者对经典的创新性解读与创造性转化的理念。

因此，今天我们重新解读经典与学习经典不应只是人云亦云。我们反而应该强调经典之所以能够流传长久，正因为其蕴藏的天人合一之常道及通古今之变的变道，每每成为后人温故而知新，以及经世致用的焦点，引起一代又一代人的思考与传承。只有怀抱这样对体用结合、形式与情境的自觉，我们才能体认经典所涵括的对传统的承继、人文精神的转换，以及政治理念、道德信条、审美意识的取舍等价值。

文学批评家萨义德（1935—2003）指出，经典的可贵不在于放诸四海而皆准的标杆价值，而在于经典入世的，以人为本、日新又新的巨大能量。

从《易经》《论语》《道德经》《诗经》《楚辞》到《左传》《史记》，从李白到曹雪芹，中国将近五千年的文化传统虽然只能点到为止，实已在显示古典历久弥新的道理。

人文是我们生活或生命中不可或缺的一部分。传统理想的文化人应该是文质彬彬，然后君子，若转换成今天的语境或许该说，人文经典能培养我们如何在现代社会里做个温柔敦厚、通情达理、知进退存亡而不失其正的真君子。

张采鑫　崔正山

2022 年 1 月 1 日

写在我的汉字学书前

自序

　　写汉字学，是我十几年来的一个藏之于心却迟未动笔的愿望。

　　1961年9月，我考取了台大中文系，注册入学。我在中学时代喜欢的是现代文学及文艺写作，所以会以台大中文系为大专联考的第一志愿，也是因为想成为诗人或新文艺作家。想不到进入台大中文系以后，大一时期，受了国文叶嘉莹老师的影响，产生了阅读与写作的兴趣，竟然由现代文学逐渐转向中国古典文学。到了大二，除了叶老师所讲授的"诗选及习作"之外，对李孝定老师所讲授的必修课"文字学"，也同样发生了浓厚的兴趣。

　　那时候，台湾地区各大学中文系的课程，沿袭民国初年所定的标准，重视传统经典与人才培育，都规定了一些基本必修课。例如配合"大一国文"及选修的专书课程，诗歌方面，大二必修"诗选及习作"，大三必修"词曲选及习作"；古文方面，大二必修"历代（唐宋）文选及习作"，大三必修"历代（汉魏六朝）文选及习作"。至于传统小学方面，大二必修"文字学"，大三必修"声韵学"，大四必修"训诂学"，分别研读中国文字的形、音、义。

那时候，李孝定老师由台大与台湾地区中研院史语所合聘，原先担任校长室秘书，后来转任中文系教授，讲授"文字学"。教我们这一班，是他教"文字学"的第二届。据他自己说，他不会讲课，请大家多多包涵。那时候，市面上买不到什么参考书，他请人刻印钢版，印发马宗霍的《文字学发凡》与唐兰的《古文字学导论》上半部给我们当讲义，要求我们自己课外研读；他上课时只提示书中的一些要点，大部分的时间，都是由他举一些例字，讲汉字的起源与演变，并没有预定的进度。

记得开学不久，有一次上课，他先用粉笔在黑板上画个像"田"字的鬼头，下画似乎人体四肢、双手高举的线条，说这是古文字，要同学们猜是什么字。有同学说像"异"（異），他那宽大而略显苍白的脸上，竟难得露出笑容。接着他又写了"鬼"字和"思"字，问同学们这二字的上半部分像什么。"鬼"头不难解，但"思"的上半部为何是"田"，则无人回答。这时候，李老师才告诉我们，上半的"田"不是"田"，而是头脑"囟"部的形状，是隶变时讹变了形体。像"異"字原来就是"象人首戴缁之形"，确实有人解释为鬼头。

也就从那一堂课起，他开始连续几周讲解《说文解字》人部、手部、共部等若干例字，从甲骨文、金文以迄隶书形体的演变以及相关的一些问题。然后说，希望同学们自动去翻阅丁福保的《说文解字诂林》的那些部首及属字。一切看似随兴而发，没有事先准备，但我仍然觉得他讲得很精彩，给了我很大的启发。特别是他讲"保"字、"沬（頮）"字时的神采，一直深印在我的脑海里。很多很多年以后，我才知道他在教我们"文字学"时，正在撰写《甲骨文字集释》，也才知道汉字的起源与演变，一直是他主要的研究课题。

那时候，我常在晚饭后，到总图书馆（今已改为校史馆）西翼二楼的参考股图书室，去翻阅《说文解字诂林》，随兴之所至，挑有兴趣或容易了解的部首及属字看，看不懂的地方就阙其疑而略过。但久而久之，经过前后对照，互相印证，原先不懂的部分，竟然有的也可以领会出一些道理，因此使我对"文字学"这门课，逐渐产生兴趣。

记得那时，系里开设的专业课程中，还有一门由董作宾教授主讲的"甲骨学"，供高年级及研究所的同学选修。我没有见过董老师，只因对"文字学"有了兴趣，又因按照惯例，系所开设的课程，只要主讲的老师不反对，谁都可以去旁听。所以在大二上学期中途，我曾经不自量力，跑去文学院特二教室旁听"甲骨学"的课。教室小，人不多，只见一位中年瘦小的老师在台上讲课，我以为他就是鼎鼎大名的董作宾教授。哪里知道他讲课时，好几次被台下另一位瘦小的老先生打断，加以纠正、补充，而他竟敬谨苦笑着唯唯称是。后来我才知道，在台上讲课的是金祥恒先生，在台下发言的才是董作宾教授。金先生是义务帮董老师"讲"课。这吓得我只旁听了一次，就不敢再去了。从此乖乖地在"参考股"看《说文解字诂林》。

我也常常想起去世多年的祖父。记得刚进小学时，读过私塾的祖父教我认字。他曾经指着家里厅堂的大门问我"门"（門）这个字像不像那两扇大木板门的形状；曾经告诉我"问"

（問）与"闻"（聞）二字，就是人与人在门内门外互相问答，加上嘴巴、耳朵的形状组合而成的。最有趣的是，他还教我认识"爱"（愛）这个字，说它是一个人用手捧着心交给另一个人。这些童年往事，原先以为是祖父开玩笑，但在我大二学"文字学"看参考书的时候，常常浮上心头来，给我增添很多温馨的回忆。

大二下学期，有一次上课时，李老师提起了清代段玉裁、王筠、朱骏声、桂馥四大家研究《说文解字》的著作，说我们系里都有完备的藏书，又说甲骨文四大学者罗雪堂（罗振玉）、王观堂（王国维）、郭鼎堂（郭沫若）、董彦堂（董作宾）"四堂"之一的董彦堂就在我们系里，有如此理想的学习环境，应当有同学把握这个难得的机会，从事这方面的研究。下课后，李老师特别找我去谈话。他说看了我上学期的期末考卷，知道我看了很多课外参考书，所以给了我高分，希望我能再接再厉，将来从事这方面的研究工作。当时我受宠若惊，当然一口答应了。

虽然一口答应，但我也对李老师实话实说。说我虽已立志从事学术研究工作，但我最感兴趣的仍然是纯文学和文艺写作。记得当时李老师宽大的脸上怔了一怔，似有不悦之色，只这样说："你知道陈梦家吧？他写新诗，但也研究古文字。"我不敢多说一句话。

从此，除了上"文字学"课之外，我总是有意无意间避开李老师。其实我对李老师说的是真心话，虽然我也爱文字，但我真的更爱文学。

过了两年左右，在我大学毕业前后，李老师离开了台大。

据说和王叔岷老师一样，即将出国讲学。从此我们失去了联络。后来我在台大中文研究所读硕士班、博士班的时候，仍然一本初衷，在诗词纯文学的天地里讨生活。硕士论文研究的是清代常州派词学，博士论文研究的是清代诗学，这些都是我的兴趣所在。

上博士班时，经由屈万里老师推荐，我参加了"仪礼复原小组"，并承孔德成老师不弃，主动要我旁听他讲授的"金文选读"，使得我又有机会接触殷周古文字。那时候，大多数的老师、同学都以为我醉心于古典诗词，很少人知道我同时也爱好文字学。大概很少人知道我在博士班念书时，学弟之中，张光裕、邱信义、黄沛荣他们由屈老师指导有关古文字的硕士论文，都曾由我先帮忙修饰文字，使得我有机会对他们的大作先睹为快；大概也很少人知道我从1966年校外兼课教书开始，在讲课时就常引用古文字来辅助教学。例如教林觉民的《与妻诀别书》，"且以汝之有身"的"身"，先把它金文、小篆的字体画出来，原来就是女人怀孕的形状；教《左传》的《曹刿论战》，先说《史记·刺客列传》中"曹刿"作"曹沫"，并进一步说明"刿"（劌）和"沫""湏""頮""靧"等字形、音、义之间的关系等。这种教法，似乎颇能引起学生学习的兴趣。所以我台大博士班毕业以后，留校任教，无论教什么课，只要与古文字有关的词语，我都会依样画葫芦，"老王卖瓜"一番。寻思起来，这和当初上"文字学"的课，受到李老师的启蒙大有关系。因此，我常常想起李老师当年对我的期许。我觉得辜负了他当年的好意，如果有机会，应该对李老师说声对不起。

我从大学毕业以后，就没有和李老师见过面，一直到我在香港中文大学任教期间，李老师来校参加古文字学研讨会，我才又有机会接触到他。事实上，三十年间，我曾经断断续续听到李老师的一些动态，包括他在新加坡讲学时和王叔岷老师失和，以及他和王老师又先后回到台湾地区南港中研院史语所的一些消息。但那时候，因为他和王叔岷老师已经失和，有了误会，而王老师不但也教过我，并且在我筹备中研院文哲所时，担任咨询委员多年，时常联系，因而我去大学宾馆见李老师时，不知为什么，气氛真的有点儿尴尬，也不知从何谈起才好。记得当时只是向李老师报告，大二时听了他的课，受益良多，一直感念在心。这些年来虽然荒废了，但将来如有机会，我仍然愿意从头学起。

2009 年夏天，我从香港地区退休返回台湾地区，决定不再教书，要专心读书写作。不但要读以前未读之书，而且要重温以前读过的好书。好书当然值得一读再读，越读一定越有滋味。如果重温之余，能有新的体会，上焉者推陈出新有创见，当然最理想；否则，即使只是检讨旧说，提出质疑，也都值得写出来，提供给有相同兴趣的读者参考。我觉得这样做，无论对自己或对别人，都有好处。中国文字学，就是我退休后读书写作的计划之一。它对我而言，是自我修炼；对已经去世多年的李老师而言，也是一个很有意义的纪念。

几年来，我一直处在持续不断的阅读与写作之中，并计划写三部书。

第一部，书名为《汉字从头说起》，旨在探讨东汉许慎《说文解字》成书以前的古代汉字，有关它的起源、特质以及演变的种种问题。其中甲骨文、金文部分，出版专书之前，曾在香港地区《国学新视野》连载，有事先借此向各方专家请教之意。事实上，我也确实得到一些专家学者的教益，已分别补记在各章节之中。

第二部，书名为《许慎及其说文解字》（即本书），旨在评述许慎的生平事迹，及其《说文解字》一书的内容概要。特别注重许慎的仕宦经历与经学思想的考证，汉代的六书说，以及《说文解字》一书的叙文、部首的诠释与分析。因为这些都是了解该书必先解决的问题。其中像谈六书次第，许慎为何置"指事"于"象形"之前，像谈若干部首的取舍，是否与其经学思想背景有关等，笔者在书中都曾论及。书名之所以定为《许慎及其说文解字》而不取《许慎与说文解字》，也是有意表示：人人皆可说"文"解"字"，但用"与"字，则许慎是一回事，"说文解字"可以是另一回事。许慎可以说文解字，别人也可以各自有其说文解字。如用"及其"，则书中所论，仅限于许氏之书。这是强调笔者所探讨的，是许慎所编撰的《说文解字》，而不是一般泛称的说文解字。

以上两部书，都已完稿。

第三部书名为《说文部首及关键字》，到目前为止，都还在分部陆续撰写中。因为能力有限，涉及的问题又多，不易解决，何时可以完成，实在不敢说。因此征得出版社同意，先出版这前两部。

我非常感谢台湾地区远流出版公司曾淑正女士的费心编

辑，包括配图、描字，也很高兴能陪有兴趣的读者，一起来认识汉字，一起来学习。我觉得我仿佛还在对祖父和李老师温馨的回忆里。

吴宏一

2019 年 5 月初稿，2020 年 4 月初校

第一章

许慎的时代背景

第一节　许慎及其《说文解字》

许慎的《说文解字》，古人简称《说文》，是中国语言文字学史上一部划时代的不朽巨著。他所生活的东汉时代，儒家日渐受到帝王公卿的重视，学者对先秦经典文献的整理和阐释，由于受到古今文字隶变和学术思想不同的影响，逐渐形成了今文经学和古文经学两大流派。二者壁垒分明，时起争执。许慎是东汉后期古文经学派的重要学者之一。他不但"五经无双"，主张复古，而且也深切体会到古汉字"依类象形"的造字原则，可以用来阐发"六书"的理论系统，于是他以传世经籍和出土文献为依据，汇集秦、汉之间通行的九千多个文字，归类分为五百四十部，释其音义，考其源流，纂成《说文解字》一书，成为后世读书人必读的经典之一。

依照许慎自己的解释，"文"与"字"的意义不同。"文"是"依类象形"，"字"是"形声相益"，二者配合，才成为书。

他的书是为说"文"解"字"而作的，所以称为《说文解字》。

据他自撰的《说文解字·叙》，此书之作，始于东汉和帝永元十二年（100），却到安帝建光元年（121）才在病中遣派其子许冲进献给汉安帝。前后相去二十一年左右，应该是经过长时间的精心修订的成果。

此书原来正文十四篇，另有叙目，共十五篇。一篇，等于后世所说的一卷。北宋初，徐铉等人校定传本时，因为篇帙浩繁，才参考唐人李阳冰刊定的意见，每卷分上、下，因此全书共分三十卷。在此之前，这类可供初学者用作识字的字书，多以字义为主，采取经传用字，编成叶韵齐整之句，以便记诵；此书则以字形为主，兼采古今文字，分析字形，同时审音辨义，因而不但可以作为童蒙识字的教本，同时也具有类似后世字典性质的实用价值，真正成为一本具有理论体系的划时代巨著。

第二节　汉代经学的今古文之争

为了进一步认识许慎及其《说文解字》，我们需要先论其世而知其人。可惜许慎的生平资料非常少，范晔的《后汉书》把他列为《儒林传》中人物，只能侧重介绍他的仕宦经历及学术著作，真所谓"寥寥不备"。这里为了帮助读者了解许慎编撰《说文解字》的时代背景，需先从汉代经学的今古文之争说起。

自从春秋时代孔子教学以经授徒以后，五经成为后代儒生必读的经典古籍。然而这些经书，最迟从战国时代开始，由于流传的时代不同，地区不同，因而传本文字也有所不同；又由于秦始皇焚书坑儒，很多古代文献付之一炬，加上不同时代环境的变迁和各地语言文字的差异，传世的经典文献和后来出土的版本文字资料，难免因形体不同，繁简不一，使得经师和儒生在讲授解释时，各有不同的主张，因而造成经义理解上的歧异和思想倾向上的对立。

到了西汉时代，经学上就有了今文经与古文经之分。今文经是用汉代通行的隶书抄写的，古文经则是用秦、汉以前的古文字写成。虽然同样是先秦儒家留传下来的经典文献，但在经师和儒生心目中，前者大都出自西汉初年宿学名儒的口耳相传，像《今文尚书》、"三家诗"、《公羊传》、《仪礼》等书，都属于今文经；后者则是西汉景帝以后孔壁出土或民间呈献的古籍，像《古文尚书》《毛诗》《左氏春秋（左传）》《周官（周礼）》《古文孝经》等，都属于古文经。至于《周易》，施雠、孟喜、梁丘贺、京房诸氏所传，属今文经；而费直、高相所传，则归古文经。今文经学者认为经书讲的是经世济民之学，可由三纲五常推衍到治国平天下的大道理，甚至可借阴阳五行之说来推究政治得失及天人之道。他们重视的是阐发经文中的微言大义；而古文经学者则是把这些经籍视为历史文献，主要作为授徒讲学之用，注重的是文字训诂，首先要求把经文解释清楚。因为重点不同，师承不同，于是逐渐分成两大学派，造成汉代今文经学派与古文经学派的门户之争。

西汉前期，今文经学派受到帝王的重视，他们所传授的五经都列于学官，立博士，而古文经学派则只在民间流传。可是，到了西汉后期，因为刘向（前77—前6）、刘歆（前50—23）父子受命整理宫中所藏古代图书文献，开始重视古文经，风气才逐渐改变过来。

汉哀帝时，刘歆上书，建议将《左氏春秋》《毛诗》《古文尚书》《周礼》等古文经列于学官，却遭到今文经学派博士、名儒的反对与排斥。从此今文经学派和古文经学派各有奥援，各立门户，展开了长约两百年激烈的学术斗争。

范晔在《后汉书·儒林列传》中，就曾对东汉经学的兴盛以及门户的分立，如此论述：

> 自光武中年以后，干戈稍戢，专事经学，自是其风世笃焉。其服儒衣、称先王、游庠序、聚横塾者，盖布之于邦域矣。

甚至于说这些经学儒生：

> 分争王庭，树朋私里，繁其章条，穿求崖穴，以合一家之说。

无论是官学或私学，当时都很发达，俨然政治集团一般。据说东汉末年，在京师的太学生即有三万人之多，不少私学门徒亦常达千人以上。经学风气如此兴盛，一旦门户对立斗争起来，当然也就格外激烈了。

在汉代今、古文经学派长期的对立斗争中，起先壁垒分明，各不相让：在政治上，今文经学派配合时务，关心世事，古文经学派则主张复古，专心学术，趋于保守；在思想上，今文经学派倡言阴阳五行，以谶纬图书附会政治人事，古文经学派则讲究典章制度，论政亦悉依古圣先王；在学术上，今文经学派喜就经文以阐发微言大义，古文经学派则多按字面以训解经文本义。演变到后来，不论是今文经学派还是古文经学派，学者多株守一经，家有家法，师有师法，陈陈相因，牢不可破矣。起码在西汉末年已是如此。

西汉自武帝"罢黜百家，独尊儒术"之后，由于帝王的提倡和公卿的好尚，设科射策，劝以官禄，今文经学非常昌盛，很多今文经学派的学者受到重用，有的立为博士，而古文经学则多流行于民间。可是这种风气，到了王莽当政，或者说到了东汉以后，却有所改变。不但兼通数经的学者越来越多，而且兼采今、古文经的风气，也逐渐兴盛起来。理论上，学校里传授的是今文经，社会上通行的是隶书，但实际上，西汉以来，今文经学者畅言微言大义的结果，难免假托圣人之言，求之过深，往往凿空而谈，因而流弊丛生。例如有人解释《尚书》中"尧典"二字或"曰若稽古"四字，可以多达数万字以上，烦言碎辞，令人厌烦。真如《汉书·艺文志》所说："幼童而守一艺，白首而后能言。"而且只懂今隶，不识古文字，也难免在说文解经时，望文生义，凭空臆解，说些什么"一大为天""日生为星"（见《春秋说题辞》）、"马头人为长""人持十为斗"（见《说文解字·叙》）之类的外行话。因而到了东汉以后，大约从和帝、章帝到安帝数十年间，经学界起了反动，鼓起了新风潮，这也正是许慎学术上从成长到成熟的时期。

汉代经学的今古文之争，直至东汉末年而未息。兼采今古文经而编纂《说文解字》的许慎，就生活在这个时代里。

第二章
许慎生平与著作考述

第一节　许慎的家世里籍生卒年

许慎的生平资料非常少，见于正史的，只有范晔《后汉书·儒林列传》的寥寥八十五个字：

> 许慎，字叔重，汝南召陵人也。性淳笃，少博学经籍。马融常推敬之。时人为之语曰："《五经》无双许叔重。"为郡功曹，举孝廉。再迁，除洨（xiáo）长。卒于家。
>
> 初，慎以《五经》传说臧否不同，于是撰为《五经异义》，又作《说文解字》十四篇，皆传于世。

不但介绍文字少，而且语焉不详，叙述非常简略。因此要了解许慎的生平，不能不以此为基本，另从其他文献资料中钩稽考索。

一、许慎的家世

许慎《说文解字·叙》的末段，曾经自述其身世及著作的志向。其中有云：

> 曾曾小子，祖自炎神。
> 缙云相黄；共承高辛。
> 太岳佐夏；吕叔作藩。
> 俾侯于许，世祚遗灵。
> 自彼祖召，宅此汝濒。

这段话不容易懂，笔者先直译如下：

> 曾孙的曾孙小子许慎，远祖源自炎帝神农氏。
> 祖先缙云辅佐过黄帝；祖先共工曾尊奉高辛。
> 祖先太岳辅佐过夏禹；祖先吕叔作为周藩镇。
> 后来被派到许昌为侯，世世代代都承受遗荫。
> 最后从许昌迁往召陵，就定居在此汝水之滨。

根据以上许慎的自述，可以知道他的家世谱系。他的祖先源自姜姓的炎帝，即神农氏；他有好些位远祖，在历史上赫赫有名：远祖缙云，在黄帝时曾经为相，襄理政事；远祖共工，曾与高辛氏争衡抗胜，虽败犹荣；远祖太岳（《左传·隐公十一年》："夫许，大岳之胤也。"），曾经辅佐夏朝大禹治水，被封为吕侯；远祖吕叔，又称文叔或甫侯，承袭太岳吕侯封名，曾经帮助周武王灭商，成为周朝的藩镇屏障。后来他被封为许侯，许为国名，古作"鄦"，在颍川，即今河南许昌附近。从此好几代的祖先，以国为姓，都承受恩泽，享有俸禄。最后才由许昌迁移到召陵来定居，目前家族仍然住在汝水之滨的召陵（今河南郾城东一带）。

此外，宋初徐锴《说文解字系传》所介绍的许慎家世，亦抄录如下：

> 许出神农之后，姜姓，与齐同祖。谓为缙云氏，于黄帝时。后三世至高辛。世为太岳。胤侯为禹心膂之臣，故封于吕。周武王封苗裔文叔于许，以为太岳。岳胤在颍川许昌县。召谓汝南郡召陵县，后世所居也。

明显可以看出，此系摘引许慎《说文解字·叙》而来。因为该《叙》全文笔者书中下文另有译介，读者可以自行对照参阅，兹不赘述。

古人著书或为他人作序，常溯及家世远祖，一则强调渊源所自，有所承传，一则说明撰述的宗旨。通常在言及自己的祖先时，会歌功颂德，隐恶扬善，略去不光彩的一面。像上述许慎的自叙中，他历数不同时代祖先的丰功伟业，加以歌颂，但他所略去的不光彩部分，像末段中"共承高辛"及"自彼祖召"

二句，即隐讳了若干史实。

历史传说中，共工与高辛氏争王抗胜时，家族曾被残灭殆尽。许慎讳言其事，在此仅以"共承高辛"一语带过。"承"有奉承、尊奉之意，但也有礼让的意味。另外，《左传》等历史文献记载，西周初年周武王封给许慎远祖吕叔的许国，在春秋时期开始衰落，先后受到郑国和楚国的侵略逼迫，曾经四次迁徙，到了战国初期，还真的被楚国消灭了。许氏家族子孙，失国逃散，其中的一支即许慎的祖先（自吕叔受封的第二十四代），才迁到河南汝水之南的召陵，定居下来。许慎对于这一段不光彩的过程，在此也仅仅以"自彼祖召"一语带过。清代文字训诂学家段玉裁注"宅此汝濒"一语有云："盖自文叔以下二十四世。当战国初，楚灭之。后有迁召陵者，为许君之先。"就说得很清楚。

相对的，许慎对远祖的功业认为有可称述的，即使在书中个别说"文"解"字"时，亦不惮其烦加以叙述。例如《说文解字》卷七下篇解释部首"吕"字时，即补叙了远祖吕叔：

　　昔太岳为禹心吕之臣，故封吕侯。凡吕之属皆从吕。膂，篆文吕，从肉，从旅。（力与切）

《说文解字》卷六下篇邑部解释"鄦"字时，亦曾对远祖吕叔（甫侯）加以补述：

　　炎帝太岳之胤，甫侯所封，在颍川。从邑，无声。读

若许。（虚吕切）

"鄦"是"许"的古字，同时，和"甫""吕"等字本一声之转，古韵俱属鱼部。所以封于许国的吕侯，又称甫侯。

可见许慎对他自己的家世远祖，大体上是引以为傲的。

二、许慎的籍贯

许慎自叙家世，说他先人"自彼徂召，宅此汝濒"，从许昌迁住召陵以后，就定居下来了。《汉书·地理志》云："许，故国。姓姜，四岳后，太叔所封。二十四世为楚所灭。"说的就是许慎的家族。召陵地处汝水之南，在今河南境内。春秋战国时代，它是军事重镇，曾属楚国。西汉沿袭秦制，设立郡县，始置召陵为县，隶属豫州汝南郡。与郾城（时属颍川郡）为邻，俱在汝水之滨。因此《后汉书·儒林列传》说许慎是"汝南召陵人也"。许慎的儿子许冲在东汉安帝建光元年《上说文解字表》也自称："召陵万岁里公乘草莽臣冲。"据《汉书·百官公卿表》云，"公乘"，是秦汉时的爵位名，虽然不一定非在自己乡里不可，但通常是以里籍称。像司马迁即自称"太史令茂陵显武里大夫司马迁"。可见许慎父子都以汝南召陵为自己的籍贯所在地。

按，《说文解字》卷六下篇邑部"郎"字："汝南邵陵里。从邑，自声。读若奚。"可见当时"自""奚"二字读音相近。

邵陵，即召陵，但"郾"与上文许冲所说的"万岁里"，是否同地异名，历来说法不一。徐锴所著的《说文解字系传》引唐人李阳冰之言，说"郾"，"即许慎所居之里"。这是一种说法，认为许慎的故里是召陵的郾里。但段玉裁的《说文解字注》则说："汉时召陵有万岁里，许氏所居也。"又说："郾者，召陵里名。召陵又有万岁里。许君，召陵万岁里人也。"朱骏声《说文通训定声》"履"部第十二"郾"字下亦曰："召陵有郾里，又有万岁里。许叔重万岁里人也。"说法相同，都以为郾里是郾里，万岁里是万岁里。李阳冰虽说郾里是许慎所居之地，但段、朱二人主张许氏应是万岁里人。这是另一种说法。比较奇特的是清朝文献学家严可均，他在《许君事迹考》中起先说"许君汝南召陵万岁里人也"，后来却说"阳冰语未审所出，或万岁即郾矣"。

其实，上文所引三种说法，都可能只是推测之论。许慎说"郾"不过是指出其为召陵里名，许冲上表说他是"召陵万岁里公乘"，郾与万岁里究竟是否同地异称，无法确定。王筠《说文释例》就曾经说："里名万岁者，殆武帝登封之后，肇锡嘉名乎？"李阳冰以下所论，皆不知何据。一直到清末的许同莘（无锡人，曾任河南省政府主任秘书），对此深入考察，才有比较可信的依据。

据许同莘《汉南阁祭酒许慎祠堂墓宜复奉祀生议》（见李彬凯主编《许慎与郾城》，《河南政治月刊》1936 年六卷十一期）以及《河南通志》《郾城县记》等方志的记载，召陵在唐贞观元年就废县了，后来并入郾城县。故城在今河南郾城东二三十里。曾经隶属颍川郡，属于许昌地区。《河南通志》说许慎墓就在郾城东三十五里处，墓侧有祠及祠田；《郾城县记》更称，黑许庄在故城西六里，庄东有（许慎）祭酒墓，庄西还有公乘（许）冲墓。虽然明末有闯王之乱，先后经历几次天灾水患，但不久仍然有人加以修复。据说清代承平时，"岁以仲月后丁之日，县令、掌官到许夫子墓地致祭"，并举荐许姓优秀学子为奉祀生。经过几次政治变革，现在郾城又已划归河南漯河市。

许同莘的考察，最值得肯定的是，他考定了郎里和许氏家族的关系。他说在召陵故城西，有个村落叫许庄，原名郎许，居民多为许姓，而且自称为许慎后裔。附近村庄皆以姓氏为名。后来与邻村黑庄合并，故称黑许。等到黑姓人口递减，村名遂又改回许庄。

许同莘的实地考察，极有意义，所以后来有些学者在此基础之上，对相关问题做进一步的研究。像赵天吏等《许慎研究》（1985年，河南：《纪念许慎学术讨论会论文集》），就有学者从声韵学方面去做考证，认为"黑"与"郎"都是喉音。"黑"是晓纽职韵，"郎"读若"奚"，属匣纽支韵。也就是说，"黑"与"郎"都是牙音，互为旁纽，而"职"韵的"黑"，与"支"韵的"郎"，又互为旁对转。如今召陵方音"黑"读为"xiē"，与"郎"音亦相近。另外，也有学者从地理位置来核对，认为许庄濒临沙河，沙河古称汝水，此与许慎自叙"宅此汝濒"亦相合。凡此种种，皆可作为许庄即郎里之佐证。

古人多有怀土思乡之情，许慎既自以汝南召陵为籍贯所在，因而他在《说文解字》中也就常举当地地名及方言为例，加以说明。例如卷六下篇解说"邑"部的"郾""郎""鄾""鄔"等字，都特别标出汝南的地名。卷九上篇解释"卩"部的"卸"字时也说："卸，舍车解马也。从卩、止、午。读若汝南人写书之'写'。"卷十二上篇解释"门"部的"閆"字时也说："閆，门也。从门，干声。汝南平舆里门，曰閆。"卷十三下解释"土"部的"圣"时，更标出当地语言的特殊用法："汝颍之间谓致力于地曰圣。从土，从又。读若兔窟。"凡此皆可见之。

三、许慎的生卒年

许慎的生卒年月，已难确考。历来学者，例如东晋常璩的《华阳国志》、唐代张怀瓘的《书断》、宋代洪适的《隶释》等，虽曾考索，结论却不一致。明清以来学者的说法，更趋分歧。其中，严可均的《许君事迹考》、陶方琦的《许君年表》、诸可宝的《许君疑年录》以及林颐山的《许慎传补遗》，较受后人注意。

归纳这些资料，要而言之，大概可以分为两个系统：一以宋代洪适《隶释》之说为代表，一以清代严可均《许君事迹考》之说为代表。

首先介绍评述洪适《隶释》的说法。

他认为许慎生于东汉光武帝建武年间（25—26），卒于安帝（107—125）末年。主要的依据是，东汉安帝建光元年许慎儿子许冲《上说文解字表》中，有下列一段话：

今慎已病，遣臣赍诣阙。

慎又学《孝经》孔氏古文说。《古文孝经》者，孝昭帝时，鲁国三老所献；建武时，给事中议郎卫宏所校，皆口传，官无其说。谨撰具一篇并上。

这段话说明西汉武帝时所传孔壁古文《孝经》尚未立于学官。许慎所得者，来自卫宏的口授。

就年代而言，卫宏是西汉末年经学家，东海（今山东郯城县）人。曾师从谢曼卿、杜林学古文经，著有《毛诗序》《古文尚书训旨》等书。他在光武帝时曾授议郎（郎中令的属官），拜为侍御史，大约与郑兴同时，而比贾逵（30—101）略早。根据杜林（生年不详，卒于公元47年）、贾逵的生卒年代，大致可以借此推算出卫宏的学术活动，应在光武帝建武年间。许慎如果确实是他的弟子，学术活动时间当在其后。

就师承言，洪适认为《古文孝经》为"卫宏所校，皆口传，官无其说"，许慎既能得其传，应该是得自卫宏的口授。换言之，洪适是把许慎视为卫宏的门下弟子。

可是根据现有资料，例如许冲上的表，只能显示许慎尝从贾逵受古学，是贾逵的弟子，"考之于逵，作《说文解字》"。因此他在《说文解字》书中引用贾逵意见时，皆称"贾侍中"而不称其名，以示尊敬，而在引述卫宏时则直呼其名，显然不是尊其为师的口气。

因而洪适仅仅依据卫宏在建武年间校过《古文孝经》，而许慎所得者来自卫宏口授，就认定许慎应生于建武年间，未免失之牵强。更何况光武帝建武年号共三十一年，光说建武年间，也未免失之宽泛。即使后来清代洪亮吉（1746—1809）补证其说，进一步确定许慎生于东汉光武帝建武四年（28），也不足以令人信从。

其实，细读许冲上表原文，不过是说《古文孝经》乃"卫宏所校"，当时"皆口传"而已，不能径自解释为许慎直接受教于卫宏，更不能径自推定许慎当生于光武帝建武年间。

至于许慎的卒年，洪适亦根据许冲上表中的"今慎已病，遣臣赍诣阙"诸语，推断许慎当卒于东汉安帝年间。此说在洪适之前，唐代张怀瓘的《书断》早已发之，但未结合许慎的生年之说，较少引人注意。在洪适之后，像清代段玉裁《说文解字注》就曾进一步推断"古人著书，不自谓是，时有增删改窜，故未死以前，不自谓成"，认为许慎必定是"逮病且死"之时，才"命子奏上"的。因此他赞成许慎卒于安帝末年之说。关于卒年的问题，下文"卒于家"一节，还会做进一步的补充说明，兹不赘言。

其次，评述以严可均《许君事迹考》为代表的说法。

严可均是依据许慎的《说文解字·后叙》及范晔的《后汉书·西南夷·夜郎传》等资料来推断的。

《说文解字·后叙》署明作于"永元困顿之年，孟陬之月，朔日甲申"，即东汉和帝永元十二年（100）正月初一。严氏据此推断："《说文·后叙》作于永元十二年，彼时许君不得甚少，即使年未三十，亦必生于明帝朝也。"东汉明帝即位是永平元年（58），清代陶方琦亦据此认定许慎生于此年。然而严氏不敢肯定，他只推断许慎"生于明帝朝"，即明帝永平元年至｜八年（58—75）。

另外，严可均又根据《后汉书·西南夷·夜郎传》所记载的"桓帝时，郡人尹珍自以为生于荒裔，不知礼义，乃从汝南许慎应奉受经书图纬"诸语，认为直到桓帝时，尹珍还能从许慎"受经书"，因而推断"许君盖卒于桓帝朝"（147—167）。

严可均的推断，看起来似乎比较合理。陶方琦《许君年表》就说："言许君生卒者，惟严氏铁桥之说最为可凭。"他还进一步根据贾逵、马融（79—166）的年纪加以考证，推定许慎"盖由南阁祭酒充东观校书，遂除洨长，引病而归，居家授经，又二十余年而卒"。认为许慎应当生于明帝永平元年（58），卒年为桓帝建和二年（148）。

除了以上二说之外，也有调和二者之说的，像诸可宝在《许君疑年录》即推定许慎生于光武帝建武三十年（54），卒于桓帝建和三年（149）。前者近于洪适之说，后者近于严可均之说。

近代以来，学者于此亦各有主张，却迄无定论。例如修订本《辞源》取洪适之说，定许慎生卒年为公元30年至124年，享年九十四岁；新版《辞海》则取严可均之说，参酌周祖谟的考释，定许慎生卒年约公元58—147年，享年约九十岁。然而质疑者亦不乏其人。例如古文字学家姚孝遂《许慎与说文解字》一书，虽取严可均、陶方琦之说，却仍然有所质疑，认为许慎具体的生卒年不详。其中比较值得注意者，笔者认为有顿嵩元、董希谦等人。

顿嵩元《许慎生平事迹考辨》（原刊《郑州大学学报》，1985 年第三期）一文，认为许慎应生于光武帝建武三十年。理由是：贾逵在章帝建初八年（83）受诏"修理旧文"，选弟子及门生，许慎当于是年入京"从逵受古学"；此前，许慎为孝廉，而东汉之察举孝廉，有其年龄限制（见《渊鉴类函·孝廉》），限年三十。以此推算，许慎当生于光武帝建武三十年。这种说法，和诸可宝比较接近。

至于许慎的卒年，顿嵩元认为严可均、陶方琦、诸可宝等所引用的《后汉书·西南夷·夜郎传》比较可靠。易言之，尹珍从许慎受五经，应在许慎校书东观、教小黄门之后，已入桓帝之世。虽然俞正燮（xiè）在《癸巳存稿》中认为尹珍从许慎受教，当在明帝之世，因桓帝时尹珍已为荆州刺史，应无游学之理。但这只是推测，未必符合事实。

顿嵩元还更进一步推估尹珍之从许慎受五经，是在桓帝建和三年之后。此时许慎虽已年逾九十，但因他"五经无双"，所以仍然有人不远千里从他受教。就当时聚徒讲学的风气而言，老师不必亲自传授，可由高业弟子代劳。像郑玄在马融门下，曾三年没有见过马融。

同时顿嵩元也反对许慎卒于安帝末年之说。他认为古代称病返乡的官员，不一定是真病，只是辞官的借口，而且也不一定有病就死，因此张怀瓘、洪适以来的说法，不能成立。

董希谦的《许慎生平及其师友弟子》（见《许慎与说文解字研究》，开封：河南大学出版社，1988 年 6 月）也主张许慎应生于光武帝建武三十年。理由有三：

一是符合传统礼俗习惯。古人三十而娶，必非空言。假设许慎三十而娶，一两年后生子许冲，而许冲于建光元年赍书上表，时任公乘。依《汉官仪》序爵一岁一升迁计，约需八年始能升至八爵公乘。就此估计，往前推六十多年，大约在光武帝建武三十年左右，年岁正合。

二是与其师友年纪及生平大事相符。假如确定许慎生于建武三十年，则比贾逵小二十五岁，比马融大二十五岁。如此则大约与其生平事迹无不相合：二十岁为郡功曹；三十岁举孝廉时，正是贾逵诸儒奉诏选高才生的建初八年，入京为太尉南阁祭酒，从逵受古学；五十七岁即永初四年（100）奉诏与马融同在东观校书。

三是《说文解字》的名讳可证。许慎撰《说文解字》，至安帝时许冲上书为止，其间历经光武帝刘秀、明帝刘庄、章帝刘炟、和帝刘肇和安帝刘祜五位东汉皇帝。此五位皇帝于书中提到时都注曰"上讳"，不加任何说明，正可证明许慎必定生当这五位皇帝在位的期间。

以上严、陶、诸、顿、董等人所论，颇有参考价值，即使稍有牵强附会处，亦大体可从。至于他们论述许慎卒年的相关问题，以及一些不同的意见，下文在"卒于家"段落，还会做进一步的补充说明。

第二节　许慎的仕宦经历

　　许慎不只生卒年难考，他的生平履历，也同样资料不足。兹据上引《后汉书》本传所述，钩稽其他相关史料，补充论列于后。

一、性淳笃，少博学经籍

　　这是说许慎天生淳厚笃实，从小就广泛学习，涉猎古代儒家经典文献。前者言其品性，后者言其学养。据《大戴礼记·保傅》篇云：

　　　　古者年八岁而出就外舍，学小艺焉，履小节焉；束发而就大学，学大艺焉，履大节焉。

"束发"指成童，约十五岁，所以《白虎通》云："八岁入小学，十五入大学。"大学，同太学。又《汉书·艺文志》云：

> 古者八岁入小学，故《周官》保氏掌养国子，教之六书。谓象形、象事、象意、象声、转注、假借，造字之本也。

《汉书·食货志》亦云：

> 八岁入小学，学六甲、五方、书计之事，始知室家长幼之节。十五岁入大学，学先圣礼乐，而知朝廷君臣之礼。

核对《周礼·地官·保氏》《大戴礼记·保傅》《礼记·内则》《礼记·曲礼》等的记载，例如：《礼记·内则》云："十年出就外傅，居宿于外，学书计。"《礼记·曲礼上》云："人生十年曰幼，学。"古代至迟从周朝起，小孩从八岁到十岁左右，就"出就外舍"，入小学接受教育。教的是六书和一些简单的生活常识与技能，以识字为主。汉代沿袭这个传统，像王充《论衡·自纪》就说他自己"八岁出于书馆"。书馆，就是外舍小学。许慎自亦理当如此。不过，八岁入小学，初以识字为主，所学的"六书"，大概也是从认识象形、会意等汉字基本构造学起，还谈不上"博学经籍"。

当时学童所读的字书，一般以为是指秦"三仓"而言，包括李斯的《仓颉篇》七章、赵高的《爰历篇》六章、胡毋敬的《博学篇》七章，实则不全对。因为秦人"三仓"所用的字体，主要是"皆取史籀、大篆，或颇省改"的小篆，这种兼采古代籀文、大小篆的字体到了西汉初年，已不流行，一般吏民日常所用的几乎全是隶书。而且是汉代人所说的"今隶"，非秦朝以前流行的"古隶"。因此秦代的"三仓"，到了汉初，已被民间闾巷的塾师合编为一书，却仍称《仓颉篇》。新编本内容趋于简易，以便学童肄习。因为他们还要匀出一些时间，学习隶书。他们不仅要辨认不同字体，还要练习书法。按照汉初所订尉律"学僮十七以上始试，讽籀书九千字，乃得为吏；又以八体试之""书或不正，辄举劾之"。可见当时小学教育，也颇严格。因而当时有一些学者与时俱进，陆续编纂字书，以供学童作为教本。武帝时，司马相如编有《凡将篇》；元帝时，史游编有《急就篇》；成帝时，李长编有《元尚篇》；哀帝时，扬雄编有《训纂篇》等。据说扬雄《训纂篇》所收，已达五千三百四十字。这些都是当时学童所用的通行教本。许慎生于东汉初年，虽然当时已通行隶书，但用篆书编成的识字教本，和用籀文古文写的古代典籍文献资料，他应当都读过学过。这与他后来编撰《说文解字》所收的字有必然的关系。更值得注意的是，东汉和帝时，贾鲂又编有《滂熹篇》，据说所收字数，更达七千三百八十字。这本字书颇受时人重视，不久就又有人将它与汉人新编的《仓颉篇》、扬雄的《训纂篇》，合编而成新的"汉三仓"。由此可以看出当时学者竞相编纂字书的风气。东汉和帝时，约当许慎年届三十岁、举孝廉前后，他没有理由不曾阅读新"三仓"。这虽是稍后之事，但和他后来编撰《说文解字》，也有必然关系。

《后汉书》本传说许慎"少博学经籍"的"少"，应当如《汉书·食货志》所言，指的大约是"十五岁入大（太）学"时，也就是《大戴礼记·保傅》所说的"束发"以上的年纪。聪慧一些的，可以早三两年"学先圣礼乐"，诵读经籍，但要"博学经籍"，没有较为成熟的心智和时间的积累，恐怕不能成功。

所谓"经籍"，主要是汉初以来武帝所立的"五经"，也包括先秦的诸子百家等文献资料。因为今文经学派一直居于领导地位，这些经籍绝大多数都是用汉代流行的隶书抄写的，一般的儒生学子，所能接触的，也多限于这些。《汉书·艺文志》所谓"武帝末，鲁恭王坏孔子宅"所得的"壁中书"，包括《礼》《记》《论语》《孝经》等，以及北平侯张苍所献的《左氏春秋传》和郡国山川所得的钟鼎彝器铭文，这些用古文古字写成的先秦经典文献，都没有得到帝王真正的重视，未列于学官，只能在民间流传，也只有少数的古文经学者，才会注意及之。这种现象一直到了刘向、刘歆父子整理宫中所藏文献，尤其是到了王莽新朝建立、提倡古学之后，将古文经立于学官，才有改观。以前的经学经师，多专注一家，家有家法，师有师法，到了东汉以后，风气才逐渐改变，很多儒生兼学今古文经，兼容并重，不再拘守门户之见。在这样的学术环境之下，许慎入小学所受的教育，起先必然是今文经学派的家法，后来才接触到了古文经的经籍资料，从而对古文经发生浓烈的兴趣。他后来举孝廉，入京师洛阳，从贾逵受古学，应该都与此有关；他后来编撰《五经异义》《说文解字》，兼采今古文经之说，当然更与此有关。

《后汉书·儒林列传》介绍许慎"少博学经籍"之后，马上接着说："马融常推敬之。时人为之语曰：五经无双许叔重。"这是插叙文字，说明许慎从小就博学经籍，所以后来在经学上才有那么高的造诣，也才会赢得经学大师马融的推重和时人的称颂。"五经无双"，可能正由于他兼采今古文经。"许叔重"，也让我们后代读者晓得许慎的字号。"叔重"的"叔"，或许借以说"慎"，也或许是兄弟排行的称号。如果是的话，我们虽然不知道许慎的父母是谁，但我们知道他上面应该还有兄长。

二、为郡功曹

《汉官仪》云："功曹、督邮，郡之极位。"功曹，是汉代地方官名，为州郡的佐吏之长，协助郡守处理公务，掌管人事升迁。《后汉书》本传说许慎"为郡功曹"，指的是担任汝南郡的功曹。《汝南先贤传》（《太平御览》卷二六四引）云："许慎为郡功曹，奉上以笃义，率下以恭宽。"可以为证。

佐吏这种职位，层级较低，通常是由刚出道的年轻人所担任。许慎何年担任汝南郡的佐吏之长功曹，本传没有明言，但依当时状况推求，仍然可以知其大概。

按照汉代廷尉的法令规定，想要踏入仕途，必须学童十七岁以上，才能参加考试，而且要能"讽籀书九千字，乃得为吏（吏，一作'史'）"。"讽籀书九千字"，据段玉裁《说文解字注》（简称《段注》）说"讽，谓能背诵尉律之文。籀书，谓能取尉律之义，推演发挥而缮写至九千字之多"，也有人认为籀书系指古代字体而言，像《汉书补注》引王鸣盛之说，认为籀书者"即史籀大篆也"，而"讽"字自当解作背诵、诵读。王鸣盛的说法，比较可取。因为佐史之职主要的工作，只是协助州牧郡守掌理一些公文档案而已，最要紧的就是看得懂公文档案和起草文书。当时的公文档案，固然以汉朝通行的隶书（所谓"今隶"）为主，但秦朝所颁布通行的小篆，以及秦以前流通已久的籀文、"古文"或所谓"古隶"，也时时有之。作为官吏，是不能不懂的。所以班固（32—92）《汉书·艺文志》和许慎《说文解字·后叙》等，在说明"讽籀书九千字，乃得为吏"之外，都还补上"又以八体试之"。八体，即指秦书八体：大篆、小篆、刻符、虫书、摹印、署书、殳书和隶书。这是秦时通行的八种字体书法，写在不同器物、用于不同用途的古今文字。后来这些秦书八体，在汉朝略有变革，到重视古文经的王莽当权摄政之时，已改为六种，包括古文（孔子壁中书）、奇字（即古文而异者）、篆书（即小篆）、左书（即秦隶）、缪篆（用于摹印）和鸟虫书（用以书幡信）。由此约略可以看出来，这些指的都是汉人所谓古今文字的字体书法。《汉书·艺文志》所著录的无名氏《八体六技》一书，应该也就是专为学童参加考试所编的教本。（请参阅拙著《汉字从头说起》一书）

也因此，我们有理由相信，前面所谓"讽籀书九千字"，指的是汉代学童入小学后所受的教育，是他们识字读书时所采行的教本。包括上文所说的秦"三仓"、汉"三仓"等。

用今天的话来说，汉代十七岁以上的学童，参加尉律的考试，犹如今天学生的毕业会考，优秀的拔擢为吏，否则还要多准备几年。

范晔《后汉书》本传只说许慎"为郡功曹"，虽然没有明言何年，但我们核对相关资料，可以推测，应当是在他十七岁以后。陶方琦《许君年表》认为是二十岁，诸可宝《许君疑年录》认为是十八岁。如果是指他初入仕途为吏而言，应该是虽不中亦不远矣。套用前面《大戴礼记·保傅》篇和《汉书·食货志》的话来说，许慎八岁入小学，从识字开始，学小艺、小节、六甲、五方、书计之事，室家长幼之节，以迄于束发、十五岁入大学，兼习今古文字，接触今文经学派等经典文献，学先圣礼乐而知君臣之礼，都能知行并重，学有所成，所以顺利通过考试，担任汝南郡的佐吏；后来数年之间，升任郡功曹，襄助郡守处理公务，掌管人事升迁，而且像《汝南先贤传》所说的那样"奉上以笃义，率下以恭宽"，应该是顺理而成章之事。《后汉书·楼望传》说楼望二十六岁为郡功曹，正可拿来作为旁证。

三、举孝廉

为郡功曹，要先经过笔试，那是学识的表现；举孝廉，则重在品德修养，与"性淳笃"相呼应。

许慎举孝廉，与其任郡功曹，在《后汉书》本传中是上下文紧相连接的，事实也是如此。因为担任郡吏表现优异，所以才升任功曹；因为品性淳笃，善事父母，才被推举为孝廉。根据《后汉书·百官志》本注："凡郡国……岁尽遣吏上计。并举孝廉……"可知举孝廉必在功曹之后。严可均《许君事迹考》引用《汉官仪》也说："汉制，孝廉皆于郡吏中举之。"

应劭《汉官仪》是这样说的：

> （章帝）建初八年十二月己未，诏书辟士四科：一曰德行高妙，志节清白；二曰经明行修，能任博士；三曰明晓法律，足以决疑，能案章覆问，文任御史；四曰刚毅多略，遭事不惑，明足照奸，勇足决断，才任三辅令。皆存孝悌清公之行。

> 自今以后，审四科辟召，及刺史、二千石察举茂才尤异孝廉吏，务实校试以职。……

汉章帝重视古学，爱好儒术，建初四年即曾下令："盖三代导人，教学为本。汉承暴秦，褒显儒术，建立五经，为置博士。其后学者精进，虽曰承师，亦别名家。……此皆所以扶进微学，尊广道义也。"因而曾大会诸儒于白虎观，讲议《五经同异》，也才会在建初八年十二月颁布察举孝廉的诏令。

东汉的选官制度，承袭西汉而来。光武帝建武十二年下诏，令三公以至州牧，每年向朝廷荐举秀才、孝廉一至三人。以郡为单位，岁举二人。和帝时，改按人口计，每二十万人举荐一名。后为保证人才素质，章帝时才试行试职制度。后来顺帝更加实行考试制度："限年四十以上，儒者试经学，文吏试章奏。

如有颜回、子奇之类，不拘年齿。"

许慎举孝廉，应在和帝、章帝之间。据《后汉书·百官志五》记载："岁尽，遣吏上计，并举孝廉。郡口二十万，举一人。"又据《后汉书·郡国志二》的记载，当时汝南郡管辖"三十七城，户四十万四千四百四十八，口二百一十万七百八十八"，可知汝南郡可以推举的孝廉，按人口二十万可推举孝廉一人计，全郡可以推举十人左右。许慎由于"性淳笃"，品学兼优，政绩明显，所以也在被荐举之列。

许慎究竟何时举孝廉，史无明言，历来学者的各种推估，也仅能供参考。陶方琦说是和帝永元二年（90），当时许慎三十三岁。陶氏还引用《后汉书·孝顺孝冲孝质帝纪》的记载，说东汉"令郡国举孝廉，限年四十以上"，是顺帝初年才颁布的事，此前"不甚限年齿"，因而"许君此年三十余，正宜举孝廉时也"。诸可宝则说是章帝建初五年（80），当时许慎二十六岁。诸可宝还引《后汉书》本传说胡广（生于公元118年）二十七岁举孝廉为证。另外，也有人（如董希谦）根据和帝年间崔瑗上书"臣闻孝廉皆限年三十，乃得察举，恐失贤才之士也"，株守文字，认为有"限年三十"的说法，所以认定许慎三十岁举孝廉。

其实，前后核对资料，最有可能的时间是章帝建初八年（83）前后，这时许慎年约三十。有些人忽略了一件事：许慎任郡功曹，要有政绩表现，要能以孝廉闻名，被称赞为"奉上以笃义，率下以恭宽"，是需要一段不短的时间的。不会是一升任郡功曹，即被推举为孝廉。因为许慎虽然不是出身寒素，但毕竟父祖不是当时的权贵豪门，没有两三年以上的时间，恐怕达不到。

同时，汉章帝于建初元年（76）诏令贾逵入宫讲学，建初八年又下诏："令群儒选高才生，受学《左氏》《谷梁春秋》《古文尚书》《毛诗》，以扶微学、广异义焉。"贾逵，就是许慎入京以后从学古文的老师。许慎能于建初八年以后入宫校书，也应与此有关。

四、"再迁"所牵涉的问题

《后汉书》许慎本传，叙述许慎的生平，在他"举孝廉"之后，只说"再迁，除洨长"二句，接着就以他"卒于家"结束。"除洨长"部分，下文再谈，这里先说明"再迁"所涉及的问题。

"再迁"，意思当然是指职位二度升迁。本传对此并无交代，我们只好从相关资料中来探索。

许冲《上说文解字表》曾云"臣父故太尉南阁祭酒慎，本从逵受古学"，又说"慎前以诏书校书东观，教小黄门孟生、李喜等"。许冲是许慎之子，他上表给皇上谈到父亲的仕宦经历，自无戏言。表中所提到的"太尉南阁祭酒"和"校书东观，教小黄门"这两件事，是本传中未曾提及的，我们正可借此探索孰先孰后以及"再迁"的意义。

对此，清末蔡寿昌《许叔重先为祭酒，后为洨长，卒于桓帝以后，非卒于安帝之世考》一文即云："许君当由孝廉拜校书郎，由校书郎辟太尉南阁祭酒，由祭酒除洨长耳。"可能受了蔡寿昌的影响，近年的向光忠《说文学研究第五辑》中"许慎生平考述"更进而推论："举孝廉者往往被任为郎，东汉尤为求仕进者必由之路。许慎性淳笃，恭行孝道，操守廉直，自当适时获举孝廉，被拜为郎而校书东观，复辟祭酒而出入太尉南阁。"他前面说许慎举孝廉而后为郎是没错，但他似乎不了解"校书东观"的意义，也把"祭酒"的职位看得太高了，因而所论大有商榷余地。

许慎由孝廉拜为郎，是当时职官升迁的常态。郎，指帝王宫中的侍从。给事宫中称郎中，给事禁中称中郎。当时举孝廉后，是有入宫为郎或郎中的，例如杨仁、杜根等人；也有辟为三府或四府的掾（yuàn）属的，例如种暠、黄宪等人；另外也有由郡功曹直接辟除的，例如杜诗、法雄等人；甚至有被征召却辞拒就任的，例如颍容、蔡玄等人。他们的资料，都见于《后汉书》本传。因为各人情况不尽相同，所以须视各人实际情况而定。许冲既然说他父亲许慎是"故太尉南阁祭酒""前以诏书校书东观，教小黄门"，自当依此而论。

事实上，要校书东观，或在宫中教宦官近臣读经书，必须在学术或年辈上已有声望才可以；而所谓"太尉南阁祭酒"，则不过是当时太尉府中一个掾属而已。即使是掾史之长，也万万不可与太尉相比拟。因此要谈许慎"再迁"的问题，须就"太尉南阁祭酒"与"校书东观，教小黄门"二事分别言之。

（一）补太尉南阁祭酒

卫宏《汉官旧仪》："令丞相设四科之辟，以博选异德名士，……第一科曰德行高妙，志节贞白……补西曹南阁祭酒。"核对上节所引应劭《汉官仪》"建初八年十二月己未，诏书辟士四科……"之语，可知许慎所举孝廉，正以第一科品德出众入选。所以他举孝廉之后，入京任职，按例可补"西曹南阁祭酒"一类的官位。

根据《后汉书·杜诗传》说杜诗"少有才能，仕郡功曹，有公平称。更始时，辟大司马府"及《后汉书·法雄传》说法雄"初仕郡功曹，辟太傅张禹府"等资料，都可证明许慎由郡功曹被举孝廉、入京任职的，应即"太尉"之类的官府。太尉旧名大司马，原是汉三公之一，当时与司徒、司空、大将军合称四府。因此与上文所谓太傅、大司马职级相同。他们府中的掾曹史属，多从郡功曹辟除而来。据《后汉书·百官志一》的记载，太尉下设长史一人，署诸曹事，下设东西曹，掾史属二十四人。西曹主府史署用，东曹下则分户曹、法曹、尉曹、兵曹、仓曹等。各曹正职称掾，副职称属。俸秩在二百石至四百石之间。若自辟除而来，则多仅百石而已。可见"太尉"虽然贵为三公四府，但在其府中担任掾史，俸秩是很低的。

"太尉南阁祭酒"，据段玉裁注："太尉府掾曹，出入南阁者之首领也。"一名"阁下令史"，主阁下威仪事，可谓是掾史之长，通常由聪明威重者担任。虽然官微而位尊，这对于原任郡功曹者而言，当然是升迁，所以严可均《许君事迹考》云：

"本传所云再迁者，此其一迁也。"

不过，《段注》还有补充说明的必要。南阁祭酒，太尉府中并无此职，顾名思义，南阁或指"东观"，即宫中藏书、讲学之所，因正位于南宫，故称。祭酒，原指古代宴飨时酹酒祭神的长者，作为官名，意即诸曹之长，东汉时多学识博者之尊称，博士之长，亦称祭酒。许慎曾校书东观，故学者亦以此称冠诸许慎。

许慎入京任职太尉南阁祭酒的时间，诸家说法不一。严可均《许君事迹考》以为是和帝永元八年（96），陶方琦《许君年表》以为是和帝永元二年，诸可宝《许君疑年录》则以为是章帝建初五年。另外，朱竹君《说文解字·叙》以为是章帝建初八年。

核对相关资料，最可取的是朱氏的章帝建初八年之说。这一年，许慎入京任职太尉府中，当时的太尉应是邓彪，翌年即换郑宏。许慎随太尉入宫时，常有机会接触到儒学生员和经学博士。他的儿子许冲说他接触到古文经大学者贾逵"本从逵受古学"，应该是基于这个因缘。

贾逵，字景伯，扶风平陵（今陕西咸阳西北）人。《后汉书》有传。他的父亲贾徽，是刘歆弟子，善读《左氏春秋》《周官》（《周礼》）《古文尚书》《毛诗》等古文经。贾逵"悉传父业"，虽为古学，还兼通今文《尚书》及五家《谷梁》之说。可见他已经开启兼通今古文经的风气。

章帝建初元年（76），倡复古学，因喜好《古文尚书》及《左氏春秋》，诏令贾逵入北宫白虎观、南宫云台讲学，非常礼遇。到了建初四年（79），章帝"大会诸儒于白虎观，考详异同，连月乃罢"，并命史臣撰集成书，著为《白虎通义》，可以想见当时讨论今古文经异同的热烈气氛。不仅如此，到了建初八年，章帝乃诏诸儒各选高才生，受《左氏》《谷梁春秋》《古文尚书》《毛诗》。由是"四经"遂行于世。而且"皆拜逵所选弟子及门生为千乘王国郎，朝夕受业黄门署，学者皆欣欣羡慕焉"。"千乘王国"是郡名，当时是章帝子刘伉的封地，"王国郎"只是一种封号，俸禄只"中二百石"，"石"是计算俸禄谷米的单位，品级不高，但具有这封号的人，通常是朝廷各部的秘书等级，所以由此亦可以想到章帝对儒生和古文经学是如何的重视。

许慎"性淳笃"，举孝廉，既任职太尉府中，又"少博学经籍"，从小就对经书有兴趣，因此，就在皇帝倡学、宿儒招生的大好时机里，拜贾逵为师。在以前所学的今文经学的基础上，从受古学。到了和帝时，贾逵为中郎将，复为侍中，领骑都尉。内备帷幄，兼领秘书近署，更见重用。学者宗之，称为通儒。许慎朝夕请教，加以太尉接任者一度是他汝南同乡张酺，他得到更多支持，声名大进。其获得"南阁祭酒"的称号，也应在此时。一直到和帝永元十三年贾逵去世为止，前后长达十余年。

在这期间，古文经学派与今文经学派正处于强烈的对立斗争之中，许慎既从贾逵受学，也经常参与诸儒五经同异的讨论，对于今古文经的异同得失，有一定程度的认识，所以本传说他："初，慎以五经传说臧否不同，于是撰为《五经异义》。"同时也大致从这个时候起，许慎利用宫中藏书，"博问通人""考之于逢",开始《说文解字》的撰写工作。当时汇集古今文字编为字书的风气很盛,像贾鲂所编的《滂喜篇》即编成于此时。唐张怀瓘《书断》说"(许慎)官至太尉南阁祭酒,少好古学,喜正文字,尤善小篆,师模李斯,甚得其妙。作《说文解字》"。

根据《五经异义》和《说文解字》这两本著作的引述,我们知道许慎另有《孝经孔氏古文说》和《淮南子注》等书,俱应成于这期间,可惜皆已亡佚。由此亦可觇(chān)见他真的"博学经籍"。

也因此,许慎从东汉章帝建初八年,即三十岁左右,入京任职太尉府中以后,一直到"再迁,除洨长"之前,前后三十几年,都一直担任太尉南阁祭酒的职务。如前所言,它与校书东观是有密切关系的。这不禁令人有所疑问,其中是否有什么问题。例如段玉裁就曾怀疑许氏之为洨长,是否在任职太尉府之前。笔者也曾怀疑,会不会他刚任职太尉府时,起先也只是一般的府属掾史而已,后来因为表现良好,才逐渐升任为南阁祭酒的。不过,文献不足,不能仅凭臆测而断言。

(二)校书东观,教小黄门

许冲《上说文解字表》中说许慎"前以诏书校东观,教小黄门孟生、李喜等"一事,曾经有人(例如上举蔡寿昌以及后来的江举谦《说文解字综合研究》)质疑或在许氏任职太尉南阁祭酒之前。不过,因为《后汉书》的《孝安帝纪》和《和熹邓皇后纪》都有记载涉及此事,可相对照,其校书东观,必在任职太尉南阁祭酒、从贾逵受古学之后,应无疑义。

《后汉书·孝安帝纪》永初四年，有云："诏谒者刘珍及五经博士，校定东观五经、诸子、传记、百家艺术。整齐脱误，是正文字。"

《后汉书·和熹邓皇后纪》亦云："乃博选诸儒刘珍等及博士、议郎、四府掾史五十余人，诣东观雠校传记。事毕奏御，赐葛布各有差。"又："诏中官、近臣于东观受读经传，以教授宫人。左右习诵，朝夕济济。"所谓中官，与上文之黄门，皆指太监而言，黄门，是皇帝内宫的禁门；中官即黄门内宫中的太监。他们和近臣都是帝后最亲近的人，职位可能不高，但权力很大。除此之外，《后汉书》在刘珍、马融、蔡伦等传中，也都有类似的记载。

据《后汉书·儒林列传》说，东汉自光武中兴，爱好经术，四方学士，云会京师。建武五年修起太学，中元元年，初建三雍，经学勃然而兴。到了明帝即位，亲行其礼。到了章帝之时，更是大会诸儒，讲论学术，有如上述。到了和帝，"亦数幸东观，览阅书林"，表示对儒学和经籍的重视。可是，到了安帝即位之初，薄于艺文，博士倚席不讲，且当时贾逵已死，经传之文多不正定，儒学一度中衰。当时邓太后临朝，虽然志在典籍，却好用事，她促使安帝在永初四年（110）召选刘珍、刘騊駼（táo tú）、马融等儒生、博士、议郎、四府掾史共五十余人，诣东观，典校宫中所藏秘书。但她固执专权，倚重外戚，凡忤逆意旨者概在摈（bìn）斥之列，例如杜根上谏而被捕杀，马融因上《广成颂》讽谏而"滞东观，十年不得调"。马融正是与许慎同时在东观校书的同事。

东观是宫中的藏书宝库，也是当时宦官近臣受学读经之所。贾逵以前教学，即曾在此。许慎既为太尉南阁祭酒，自在四府掾史之列，当然也在其中。但他当时的参与校书，应属借调兼差性质，他的本职则仍是太尉南阁祭酒。

这个经历，让他涉猎更广，并有机会直接得睹宫中秘藏罕见的经籍图书，其中应该包括西汉初年的今文经、孔府壁中的《周官》等古文经，旁及诸子、传记、百家艺术，还有班固于章帝建初七年左右新著的《汉书》，以及东汉明帝永平年间出土的宝鼎等各种古文字资料。这对于他正在编撰中而尚未完稿的《说文解字》一书，必有很大的帮助。而且也使他交友更广，认识了像马融这样的后起之秀。那时候，马融也正"拜校书郎中，诣东观，典校秘书"。他们算是同事，许慎年近六十，而马融才三十几岁。他们曾经一起为《汉书》及《淮南子》作注。马融对于许慎经学上的造诣，非常推重。林颐山《许慎传补遗》说："马不甚推敬于贾（逵），而独推敬于许（慎）"，又说："《汉书·儒林列传》自韩婴、申培、后苍、孟卿、庸生、江翁外，大都专治一经，而兼治数经者不多见。至《后汉书·儒林列传》兼治数经者始多。然惟许（慎）郑（玄）两大儒为最者。而许尤为郑之先进。"所谓兼治数经，恐怕不止兼治数经，而有兼采今古文经之意。而且，郑玄（生于顺帝阳嘉二年，公元一三三年）正是马融的得意弟子，兼采今古文经，是古文经派的集大成者。他不但对许慎的《五经异义》有所驳议，著有《驳五经异义》，而且在注"三礼"时，也常常引用许氏《说文解字》的意见。这是非常难得的一段学术因缘。《后汉书》许慎本传的记载，说"时人为之语曰：五经无双许叔重"。应该也就是由此而来。

另外，他所教授经传的门生之中，有些中官宦者，像许冲特别提到的孟生、李喜等人，在顺帝永建年间前后，曾为中常侍，都是当权的"近臣"。或许他们在后来《说文解字》修订完成或上呈给皇帝的过程中，也果然如一些学者所料，曾给予助力。

以上所说，都是许慎任职太尉南阁祭酒，所谓"一迁"时的事。他校书东观，教小黄门，用今天的话说，只是借调的性质。说到真正的"再迁"，那必须谈到下节的"除洨长"。因此，本传中的"再迁，除洨长"二句，其实是应该合读的。

还有一点应该补充，林颐山《许慎传补遗》说，邓后称制以后，学者颇懈，像马融等人纷纷见斥，"许君盖有感愤时俗之意"。如果真的如此，那么许慎除洨长而不就任，反而称病辞职归故里，而且他在安帝建光元年太后驾崩，召回马融复在讲部之际，遣子赍上《说文解字》及《孝经孔氏古文说》，个中道理也就可以思过半矣。

五、除洨长

上文说"再迁，除洨长"二句宜连读，清人俞正燮《癸巳存稿》中《书后汉书·西南夷·夜郎传》一文，谈到这个问题时就说："其云再迁者，太尉南阁祭酒，一也；洨长，再也。未至洨长官，故云除洨长，卒于家。"意思是说，许慎第一次升迁是升任太尉南阁祭酒，第二次升迁是升任洨县的县长，但他没有真除到任，所以本传中特别标出一个"除"字。除者，除旧官而就新官也。

洨县，故城在今安徽灵璧南，北临洨水（沱水）。汉代属沛郡，豫州刺史所管辖。根据《后汉书·百官志》的记载，太尉官属的俸秩并不高，包括祭酒、令史的官职俸禄都低于郡县的令、长。清人洪颐煊（xuān）《呈孙渊如夫子书》即云：

> 令史，旧注：百石，自中兴以后，不说石数，其官甚微，故三公府得自辟除。
>
> 《百官志》云：县，万户以上为令，不满为长。又云：每县邑道，大者置令一人，千石；其次，置长，四百石；小者置长，三百石。是长本大于令史。

可以为证。洪氏之论，实据严可均《许君事迹考》援引而来。上文已经说过，太尉祭酒职同令史，令史俸仅百石，令、长之俸，则在三百石以上。所以许慎由太尉南阁祭酒调任洨县的县长，自属升迁无疑。这从《后汉书》的周泽、孔僖等传中，也可以看出来。周泽于建武末年，辟大司马府，置议曹祭酒，数月，征试博士，中元元年，迁渑池令。孔僖于元初二年（115）校书东观，冬，拜临晋令。都可证明许慎由太尉南阁祭酒或校书东观后，调任洨长，是当时官场升迁的常态。

那么，许慎调任洨长，又是何时呢？

《后汉书·孝安帝纪》云:

> （元初）六年春二月乙巳，京都及郡国四十二地震，
> 或坼裂，水泉涌出。壬子，诏三府选掾属高第、能惠利牧
> 养者各五人，光禄勋与中郎将选孝廉、郎，宽博有谋、清
> 白行高者五十人，出补令、长、丞、尉。

颇有些学者根据这条资料，来断定许慎调任洨县县长，是在安帝元初六年（119）。这个判断，极有道理。因为核对许冲的《上说文解字表》和《说文解字·后叙》的一些记载，可以解释本传所谓"除洨长，卒于家"的意义。

安帝建光元年九月二十日，许慎遣儿子许冲上《说文解字》十五篇及《孝经孔氏古文说》一篇，距离元初六年仅约二年之久，许冲表中所称："慎前以诏书校东观，教小黄门孟生、李喜等，以文字未定，未奏上。今慎已病，遣臣赍诣阙。"这几句话极为重要，值得细细推敲。

前人于此，早已注意及之。例如严可均《许君事迹考》云:

> 时许君去官，且病，故许冲表云"今慎已病"，又云
> "故太尉南阁祭酒"，"故"者，已去官之词。是年辛酉，
> 上距永元庚子作《说文·后叙》之年，已二十二年矣。

陶方琦《许君年表》亦引《隶释》所录《汉外黄令高彪碑》为证云:

范《史》许君本传云："除洨长，卒于家。"而许冲《后叙》乃云"故太尉南阁祭酒"。《高彪碑》亦云"师事故太尉汝南许公"，此必许君除洨长，不之官，居家，授经以终其身。……其引疾不之官，无疑也。范《史》题其除而不受之官，《高彪碑》及许冲《叙》，皆因许君既不之官，仍题其太尉掾属旧官，义亦相因也。

诸可宝的《许君疑年录》更进一步推论：

今按，范书似据除阶而书为洨长，许冲表则据其本官而称。或者当时除令长而即引疾不之官，家居终老耳。如《杨赐传》辟大将军梁冀府，出除陈仓令，因病不行。即其例也。不然，高彪碑立于许冲上表之后，皆弃新除而署故官，岂有王朝令长反不屑称，而顾重此三府掾属耶？

总而言之，诸家所论，要点都在于：许慎虽被任命为洨县令长，但他并不就任，反而称病辞官，归老家居。陶、诸二家所引"高彪碑"，指《隶释》所录《汉外黄令高彪碑》。其上刻有"师事□□尉汝南许公……明于《左氏》，桓帝立博士"诸语。桂馥《说文解字义证》以为阙文当是"故太"二字。然许慎只是太尉府的属官，不得称太尉，又查《后汉书·孝灵帝纪》嘉平五年有"司空许训为太尉"，许训正亦汝南人。回头看许冲表中所称"今慎已病""慎前以诏书校东观，教小黄门孟生、李喜等，以文字未定，末奏上"诸语，可以推知他当时虽属三府掾史高第，却辞官不就的原因，表面上有两点：一是因病将无以"惠利牧养"人民，二是自己撰写多年的《说文解字》尚未完成，"以文字未定，未奏上"。也因此，他才在告老返乡大约两年之后，把一面养病一面修订最后完成的《说文解字》十五篇，遣儿子呈上。但实际上，是否像笔者上文所引林颐山之言，许慎称病辞归，居家授徒，"盖有感愤时俗之意"，所以才选在太后去世、安帝召回马融复在讲部的建光元年九月二十日，遣他儿子许冲赍上《说文解字》十五篇及《孝经孔氏古文说》一篇。结果是，"十月十九日，中黄门饶喜以诏书赐召陵公乘许冲布四十匹。即日受诏朱雀掖门。敕勿谢"。个中消息，真的值得读者深思。

六、卒于家

卒于家，当然是说许慎最后死在家乡故里，但死于何时，死时多大，却是众说纷纭。

上文说许慎"除洨长"而未就任，托病辞官归里，《后汉书》本传此下再无其他叙述，而以"卒于家"作结。据《说文解字·后叙》，我们才知道他在安帝建光元年九月二十日曾遣许冲赍上《说文解字》十五篇及《孝经孔氏古文说》一篇，当时他"已病"而未卒；又据《后汉书·西南夷·夜郎传》我们才知道，桓帝时，尹珍还跟从他读过经书，表示他在桓帝时还在世。桓帝在位二十年有余，比安帝建光元年晚二十多至四十多年。若果如此，许慎享年至少在八十岁以上，可谓高寿矣。

从安帝建光元年到桓帝在位期间，前后约二十年，许慎难道都在病中吗？如果《后汉书·西南夷·夜郎传》所记无误，那么我们不难推知，许慎的称病辞官，生病只是借口，遣儿子赍书上表时说"今慎已病"，那更是个借口，否则岂不犯了借病辞官的欺君大罪？再说，"已病"并非"病危"，所以前人从洪适到洪亮吉等据此就推断许慎卒于安帝末年，并不足信。如果到了桓帝时，尹珍还能不远千里而来从他读经，那表示他在桓帝时尚且健在，怎么可能死于安帝末年？

除非以上说法的立论依据、资料有误或有别的解释。果然，从清代开始，就有人从资料的鉴别和解读方面提出新看法。

先从《说文解字·后叙》的"今慎已病"说起。刚刚说过，"已病"并非"病危"，但有人于此有另一种解释。像清代段玉裁的《说文解字注》就说，古人著书，未死之前，"不自谓成"，许慎的《说文解字》一定是"逮病且死"之时，才"命子奏上"的。况且，"病"的本义即病重，《说文解字》卷七下："病，疾加也。""疾加"，也就是病重的意思。"已病"更有已经病得很重之意，几乎等于今人所说的病危。清代另一大学者钱大昕，也同样据此推测："当卒于安帝之末也。"所以至今仍有学者，如董希谦的《许慎生平及其师友弟子》（见《许慎与说文解字研究》第二章）就以为，永元十二年许慎已"草说文竟"，只是"以文字未定，未奏上"。这说明了许慎想尽力补充修订，"而今重病在身，心力都感不足，难以坚持下去，唯恐一生的心血白费，不得已才立即遣子把书呈献给皇帝"。董希谦也考虑到

"已病"未必即死的道理，所以他又说："当然，不能说有了病就一定要死去，但安帝以后，确实没有一点儿直接记载许慎活动事迹的材料。而那些证明卒于桓帝朝的论据大都不能成立。"所以他同意钱大昕的推测，"当卒于安帝之末"，即安帝延光四年（125）。距其约生于光武帝建武三十年（54），享年七十二岁左右。

以上所述，许慎卒于安帝末年之说，是有关其卒年的第一种说法。这似乎言之成理，但它立论的基础，是建立在"那些证明卒于桓帝朝的论据大都不能成立"之上。换言之，只要《后汉书·西南夷·夜郎传》等的记载属实，这种卒于安帝末年之说，就不攻自破了。

也因此，《后汉书·西南夷·夜郎传》的记载说桓帝时许慎尚且健在，意即许慎应卒于桓帝时，可视为许慎卒年的第二种说法。

严可均《许君事迹考》说：

> 《西南夷·夜郎传》云："桓帝时，郡人尹珍自以生于荒裔，不知礼义，乃从汝南许慎、应奉受经书、图纬。"计桓帝元年上距建光元年许冲上《说文》时，已二十七年。是许君之寿，当以八十余为断。桓帝在位二十一年，起丁亥，止丁未。

严可均首先引用《后汉书·西南夷·夜郎传》来证明许慎不应如前人所云卒于安帝末年，而应卒于桓帝朝，可谓是一大发现。

不过，桓帝在位二十年有余，只说"桓帝朝"，未免过于笼统，所以陶方琦的《许君年表》"乃取许君之师友弟子间互相考证，并备著其生卒，详考其事迹，皆以见于许君本传及《说文》二叙、史书、汉碑，旁推其时，爰得数端，以左验严氏之说"。其中其师友如贾逵、马融，史书如《许慎本传》《说文·后叙》等，上文皆已一再引述，不必赘述，但"弟子""史书""汉碑"三端，则或有可供参考处。兹将其要点摘录如下：

> 尹珍事迹无可考，惟《后汉书·西南夷·夜郎传》曰："桓帝时，郡人尹珍自以生于荒裔，不知礼仪，乃从汝南许慎、应奉受经书、图纬。学成还乡里教授，于是南域始有学焉。珍官至荆州刺史。"晋常璩《华阳国志·南中志》亦云："桓帝（今传本皆作"明、章"）之世，毋敛人尹珍，字道真，以生遐裔，未渐庠序，乃远从汝南许叔重受五经，又师事应世叔学图纬，通三材，还以教授。于是南域始有学焉。"许君与应奉皆汝南人，然尹珍先事许君，后事应奉，必不同时。考《应奉传》，奉于永兴元年拜武陵太守，兴学校，举侧陋。尹珍师事奉，必在此时。盖此时许君已卒，珍遂学于应奉。由是推之，许君之卒，在永兴以前，为桓帝初年无疑矣。此一证也。
>
> 又，《隶释》载《汉外黄令高彪碑》："师事□□尉汝南许公（原注：桂氏曰：阙处乃'故太'二字，许冲表亦云故太尉可证）明于《左氏》，桓帝立博士，□□不就孝廉□□。……后迁外黄令，光和七年六月卒。"

是高彪卒时，其年仅及七十。以光和七年上距许冲献《说文》时之建光元年，计六十四年。是高彪在安帝末年，不及十岁，安能师事许君？是知许君之卒，决非在安帝末年，而在桓帝之初年无疑矣。此又一证也。

陶方琦为文考证的目的，在于强调许慎卒年不在安帝末年，而在桓帝初年。看他的论据和推论，似无问题，但经过仔细核对和推敲，却发现仍有商榷余地。兹补充说明如下：

1. 他引用常璩的《华阳国志》和范晔的《后汉书》写到尹珍的部分相对照，立意很好，但查今传所有版本的《华阳国志》卷四《南中志·牂柯郡》这段引文的开头，皆作"明、章之世"，而非"桓帝之世"。如果尹珍在明帝、章帝之世，就能来跟从许慎读五经，那么他的年纪应该与许慎差不多。应奉（应劭之父）的年龄比许慎还小，恐怕年辈、声望都还不足以吸引尹珍远来受教。顿嵩元《许慎生平事迹考辨》说得很有道理：如果许慎生于光武帝建武三十年，那么明帝永平元年许慎才五岁，章帝建初元年，许慎才二十三岁。即使是章帝末年（88），许慎也只有三十五岁。应奉更小，章帝末年最多也才十几岁。所以显然《华阳国志》的"明、章之世"是误写无疑。

晋朝常璩《华阳国志》编成的年代，比晋、宋之间范晔（生于晋孝武帝太元二十三年，公元398年）的《后汉书》要早八十年左右。范晔编书时，原以《东观汉记》为本，"又广集学徒，穷览旧籍，删繁补略，取资实宏。"《华阳国志》自在收览之列，因此，尹珍之从许慎受五经，应作"桓帝之世"为是。

陶方琦考证尹珍师事应奉的部分，主要在说明永兴元年以后，"师生并显"的事实。与本文关系不大，不拟详述。陶方琦的用意，本来也用来强调：许慎之卒应为桓帝初年而已。

2.陶方琦引用洪适《隶释》的《汉外黄令高彪碑》文，所谓"师事□□尉汝南许公……"，并引桂馥《说文义证》以为阙文是"故太"二字，本意是希望此碑文所谓"汝南许公"即指许慎，用来证明许慎不可能死于安帝末年，而应卒于桓帝初年。因为从其残缺不全的碑文中，有"明于《左氏》"和"桓帝立""光和七年六月卒"等字句，再核对《后汉书·高彪传》，说高彪曾拟从马融问学，曾举孝廉、除郎中、校书东观等，似乎皆与许慎有所关联，因而附会解释，认定高彪为许慎弟子。其实，高彪年寿比许慎晚很多，我们试看《后汉书·高彪传》，说他"家本单寒，至彪为诸生，游太学，有雅才而讷于言。尝从马融欲访大义……后郡举孝廉，试经第一。除郎中，校书东观。数奏赋、颂、奇文，因事讽谏，灵帝异之。"可知他虽拟从马融问学而未果，年纪应比马融略小（马融比许慎小二十几岁），在灵帝时校书东观，但这跟许慎校书东观的时间恐不相及。顿嵩元就曾如此推论：

> 按高彪碑的内容，就是高彪寿年七十余，而高彪"游太学"时，许慎也早已离开京师（许慎于公元119年除洨长，离开京师）。许慎离开京师时，高彪才六七岁，不可能"游太学"。

又说：

> 桂馥认为高彪碑的阙文是"故太"二字，即"师事'故太'尉汝南许公。"在封建社会里，书写官衔是很严肃的。许慎只是在太尉府任南阁祭酒，根本没有任过太尉，怎么能把"太尉"二字加在许慎头上呢？

更难得的是，他还从《后汉书》中找出了"汝南许公"应该指的是许训：

> 我疑"太尉汝南许公"，应是指汝南平舆许训。《后汉书·灵帝纪》，熹平五年五月，"司空许训为太尉"（许训五月任太尉，七月罢，任职三个月）。《后汉书·刘宽传》注，引《汉官仪》曰："许训，字季师，平舆人。"……
>
> 许训任太尉后的九年，高彪卒。即使高彪从许训学习是在许训任太尉之前，高彪碑也要书写许训的最尊之称。

引录至此，证据可谓确凿，不必赘述了。结论是，高彪并非许慎弟子，除了同好《左氏春秋》之外，二人应无关系。所以陶方琦想以此证明许慎在桓帝时尚有弟子高彪，必然死于安帝之后的说法，不能成立。

虽然此说不能成立，但并不影响上述《后汉书·西南夷·夜郎传》尹珍在桓帝时曾从许慎学读五经的事实。只要这条资料无误，即使是孤证，我们也必然要接受下列推论：许慎除洨长不就之后，归里授徒，隐而不仕，像当时很多年高德劭的经学宿儒一样，最后他"卒于家"。

《后汉书·儒林列传》云："若乃经生所处，不远万里之路；精庐暂建，赢粮动有千百。其耆名高义、开门受徒者，编牒（dié）不下万人，皆专相传祖，莫或讹杂。"这说明了东汉中期以后授徒讲学的风气之盛。其中如张兴"弟子自远至者，著录且万人"，魏应"弟子自远方至，著录数千人"，丁恭"诸生自远方至者，著录数千人。当世称为大儒"；隐居教授的儒者，如牟纡"隐居教授，门生千人"，周泽"隐居教授，门徒常数百人"。核对这些资料，即使许慎死于桓帝建和年间，即使他年逾九十，在他年老未死之前，仍有尹珍这样不远千里慕名而来的学生，从他受教，就当时聚徒讲学的风气，实在不足为奇。如果担心他年老体衰，不能亲授，就当时讲学授徒的风气而言，也无足多虑。因为弟子众多，老师不必亲自传授，可由高徒大弟子代劳。像郑玄在马融门下，起先三年就未曾见过马融。

第三节　许慎的著作及其流传

一、著作及流传概况

《后汉书·儒林列传》提到许慎的学术著作有两种：起初以五经传说臧否不同，撰有《五经异义》；后来又作《说文解字》十四篇。

《五经异义》十卷，在《隋书·经籍志》《旧唐书·经籍志》《新唐书·经籍志》等均有著录，但到了宋代，已经亡佚。清人王谟（mó）辑有《五经异义二卷》，收入《汉魏遗书钞》经翼第四册；陈寿祺则著有《五经异义疏证》，共三卷。另外，清人王仁俊辑有《五经通义》一卷，收入《玉函山房辑佚书续编》。

除此之外，关于许慎的著作，上文中提到的《淮南子注》《汉书注》等书，清人亦各有辑佚之作，兹列目于后：

《许慎淮南子注》一卷　孙冯翼辑　问经堂丛书，丛书集成初编

《许叔重淮南子注》一卷　蒋白豫辑　蒋侑石遗书　滂喜斋学录

《淮南鸿烈注》一卷　黄奭（shì）辑　黄氏逸书考

《淮南鸿烈闲诂》二卷　叶德辉辑　郋园先生全书

《汉书许义》一卷　王仁俊辑　玉函山房辑佚书续编

至于许冲上表中所提到的《孝经孔氏古文说》，有人以为既说是"鲁国三老所献""卫宏所校""皆口传，官无其说"，那则未必是许慎自己的著作。或许是因为该书谈"始于事亲，中于事君，终于立身"的孝道，又出于孔府壁中，特别珍贵，所以许氏父子"谨撰具一篇，并上"，以供皇帝观览。

因此许慎的著作，最重要而且至今尚存的，只有《说文解字》一书而已。

《说文解字》一书，许冲上表时，称"十四"篇。实则另有叙目一篇。后以一篇为卷，故又称十五卷。初稿约成于东汉和帝永元十二年，几经修订，在安帝建光元年上献。

数十年后，许慎的这部著作逐渐流行。像郑玄注《周礼·考工记·治氏》时，曾引用《说文解字》"锾（huán），锊（lüè）也"之语；注《仪礼·既夕礼》与《礼记·杂记上》时，亦曾引用《说文解字》"有辐曰轮，无辐曰辁（quán）"之语。另外，像应劭的《风俗通》、陆玑（jī）的《毛诗草木鸟兽虫鱼疏》等，也都曾注明引用过《说文》一书。

到了魏晋南北朝，虽然通行的是汉隶和楷书，而以篆文为主的《说文解字》比较不受重视，但仍然有些学者以它为楷模。其中像吕忱和顾野王就是。

晋代吕忱《字林》一书，仿《说文解字》五百四十个部首编次，增收字数，共一万二千八百二十四字，比《说文解字》多三千四百多字，释义也略有不同。郦道元的《水经注》、颜之推的《颜氏家训》都曾引用过它。清代任大椿在《字林考逸·序》中也说它"实承许氏之绪，开《玉篇》之先"。

梁朝顾野王《玉篇》一书，系奉梁武帝之命编纂，用以考证古今文字训诂异同。该书所收楷书，共一万六千九百一十七字，参照《说文解字》，分为五百四十二部，其中十三部与《说文》不同，排列次序亦略有变更，在释义时又广采《方言》《尔雅》等书加以补充，并开创了先注音、后释义的体例。注音时，《说文》用"读若""读与某同"等，《玉篇》则改用反切；释义时，《说文》多只训本义，《玉篇》则旁及引申义及假借义。今所见《玉篇》，是宋真宗时陈彭年等人奉旨重修，原名《大广益会玉篇》，所收字数已达二万二千五百一十六字。

唐宋以后，《说文》传本渐趋繁多。唐玄宗以之试士，使它流传更广，版本不及备载。其中为世所称者，有中唐篆体书法家李阳冰的《刊定说文解字》。他在唐代宗大历年间曾对当时所见的《说文》传本做了整理，在形音义及书体笔法方面，皆有所补订，惜书已佚，唯徐锴《说文解字系传·祛妄篇》曾引述其说五十多则，可以窥见内容大概。我们现在所能看到的《说文》本子，最早的是唐人的残写本，只剩下"木"部的一百八十八个字，相传是清代同治年间莫友芝在安徽所发现的。有人拿它和传世的大小徐本对照，篆体相异者只有五个字而已，其他内容方面都大同小异。因此可以证明中唐以后《说文》的通行本，应该没有经过李阳冰的"删改"。关于唐写本，近年李宗焜编著的《唐写本说文解字辑存》一书，大多学者认为此写本当据李阳冰刊本所抄，值得读者注意。

南唐徐锴著有《说文解字系传》《说文解字韵谱》等书。前者尤为重要，人称"小徐本"。全书四十卷，除前二十八卷通释《说文》正文，诠释名物、疏证古义，补充订正之外，第二十九至三十卷训释《叙目》，叙述前后叙及目录；第三十一至三十二卷，扼要说明五百四十部部首之间相依相次的道理；第三十三至三十五卷为"通论"，以一百多个例字说明字义由来及构形含义；第三十六卷《祛妄篇》则对李阳冰的意见加以评论。以下各卷并抽绎书中若干字义，或加以综述，或提出疑义；类聚错综，自述旨趣，可说已开"《说文》学"的研究风气。

李阳冰除了依据秦刻石对《说文解字》的小篆"修正笔法"之外，对于许慎的说解文字，也常常"别立新义"，提出自己的不同意见。徐锴对前者表示赞许，谓之"学者师慕，篆籀中兴"，对后者则斥之为"以师心之见，破先儒之祖述"。不过，李阳冰的新解，徐锴认为也并非全无可取。例如下列例子：

> 《说文》：木，冒也。冒地而生。东方之行。从屮，下象其根。　徐锴《系传·祛妄篇》：李阳冰云：象木之形。木者五行之一，岂取象于草乎？

《说文》：尸，陈也。象卧之形。　徐锴《系传·祛妄篇》：按，李阳冰云"尸，展"是也。

说的自有道理，所以徐锴并未加以否定。

北宋太宗雍熙年间，徐锴之兄徐铉（字鼎臣），与葛湍、王惟恭等受诏校定《说文解字》，补缀阙漏，根据孙愐的《唐韵》加注反切，并增四百多个"新附字"，通行天下，号为善本，人称"大徐本"。此后人间所传，唯此二徐本。有关这方面的问题，文字学家周祖谟的《唐本说文与说文旧音》《说文解字之宋刻本》《徐锴的说文学》等论文，可供读者参考。北宋除了"大徐本"之外，受到《说文》影响的字书，还有王洙等人修撰的《类篇》、郑樵的《六书略》和王安石的《字说》等书。《类篇》仿《说文》而增收字数至三万一千多字，郑樵、王安石之著，则已开商榷反对《说文》之风。

宋明之间，郑樵的《通志》，提出文字乃符号而非图画，以及"文有子母。母主义、子主声"等说法，对后来学者影响颇大。戴侗的《六书故》、杨桓的《六书溯源》、周伯琦的《六书正讹》、赵撝谦的《六书本义》、吴元满的《六书正义》、赵宦光的《说文长笺》等，虽然另辟蹊径，以古文字校改篆体，赋予新的诠释，可惜成就多数不高，皆难以脱离二徐本的范围。

到了清朝，研究许慎及其《说文解字》者，风气大盛。无论版本之校勘、文字之订正、音义之注疏、作者之考述等，俱成就可观，可谓度越前修。据丁福保《说文解字诂林》一书所引，清人以研究《说文》而有著述传世的，即多达二百余人，由此可见一斑。其中，风气以干嘉时期为最盛，名气则以段玉裁、桂馥、王筠、朱骏声所谓四大家为最显著。段玉裁的《说文解字注》，长于校订，对于形音义三者之间的关系，能够通其条贯，考其文理，兼取众说之长，又能别出新意，真是成绩斐然，难怪同时的大经学家王念孙，推许之为"千七百年来，无此作矣"。另外的三家，像桂馥的《说文义证》，取证宏博，析义精审，"前说未尽，则以后说补苴之；前说有误，则以后说辨正之"，不轻下己意；王筠的《说文释例》《文字蒙求》和《说文句读》，以字体实例阐述六书，条例缜密，便于初学；朱骏声的《说文通训定声》，博引群书，通释训诂，分韵定声，都分别在二徐本的基础上，做不同的探究，标示出傲人的成就，也都成为后来研究者不可或缺的参考著作。

二、著作内容述要

先说《五经异义》。

这本书应是许慎记录他师从贾逵，在宫中白虎观参加当时今古文经学者讨论五经异同时的心得。著成年代应在章帝建初八年前后。

《五经异义》十卷，宋时已佚，据清人陈寿祺《五经异义疏证》辑录所得，仅存一百一十三篇。他所说的一篇，等于我们平日所说的一则、一条。窥探其内容，分为二十五类，包括田税、役赋、祭祀、婚冠、禄位、奔丧、天文地理、五行天象等。

通常是作者先引述各种经传之说，再加按语选采一说，然后再引用郑玄的驳议之文。陈氏将郑玄对许慎该书的驳议，分系于各条之后。郑玄有驳议的，陈氏直书其后；没有驳议的，陈氏则标明："郑氏无驳，与许同。"这不但可以看出许慎对当时的经学家，在博采众说之余，勇于提出不同的主张，同时也意味着后来的郑玄，对许慎的经学见解有异有同，充分表现出他们就事论事、兼采今古文经的特色。

例如讨论到"田税"时，陈寿祺先列许慎的主张于前，次列《周礼》，最后加按语：

> 《异义》第五"田税"。今《春秋公羊》说：十一而税，过于十一，大桀小桀；减于十一，大貉小貉。十一税，天子之正；十一行而颂声作。故《周礼》国中园廛之赋，二十而税一；近郊，十而税一；远郊，二十而税三。有军旅之岁，一井九夫，百亩之赋，出禾二百四十斛，刍秉二百四十斤，釜米六十斗。
>
> 谨案，《公羊》十一而税，远近无差。汉制收租，田有上中下，与《周礼》同义。

这是说，今文经《春秋公羊传》的说法，是十一而税，远近无差。而古文经《周礼》的说法，则是远近有别，分别是：国中二十而税一，近郊十而税一，远郊二十而税三。许慎主张采用《周礼》的说法。

陈寿祺在胪（lú）陈许慎的《五经异义》的说法之后，接着又引录郑玄的"驳议"于后。事实上，郑玄的所谓"驳议"，不全是反对许慎的意见，大多只是立论依据的经传不同，或者只是做补充说明而已。前者冠以"郑驳之云"，后者则言"玄之闻也"，以示区别。像论"田税"这一篇，郑玄的驳议之文如下：

> 玄之闻也，《周礼》制税法，轻近而重远者，为民城道沟渠之役，近者劳、远者逸故也。其授民田，家所养者多，与之美田；所养者少，则与薄田。其调均之而足，故可以为常法。汉无授田之法，富者贵，美且多，贫者贱，薄且少。美薄之收，不通相倍莜而上中下也，与《周礼》同义，未之思也。
>
> 又，《周礼》六篇，无云军旅之岁。一井九夫，百亩之税，出禾、刍秉、釜米之事，何以得此言乎！

对照许慎《五经异义》的原文，可以发现郑玄驳议的前一大半，只是在补充说明《周礼》"远近有差"的道理，"又《周礼》六篇"以下，才是真正的有所驳议，指出《周礼》并无"军旅之岁"以下的记载。这或许是他们所本不同，但也可能是"军旅之岁"以下的种种意见只是许慎个人的主张。

从陈寿祺所辑证的资料来看，许慎之于五经，既引"古尚书说"，又引"今尚书欧阳、夏侯说"；既引"古毛诗说"，又引"今齐、鲁、韩说"；既引"古春秋左氏说"，又引"今春秋公羊说"；既引"古周礼说"，又引"今戴礼说""今大戴礼说"，真可看出他能兼取今古两家之长，从而定其是非。

《后汉书·儒林列传》许慎本传说他从小就博学经籍，马融常推敬之，时人还誉之为"五经无双"，可以想见许慎在东汉中期经学界的声望与地位。马融曾与许慎同时校读东观，可能一起讨论过《淮南子》和《汉书》，可是他们对五经同异的看法，传世的文献资料却很少谈及。郑玄是马融的得意弟子，俱为贯通今古文经学的大家，他对许慎的《五经异义》提出一些驳议的意见和补充说明，并在注解三礼时，多所引用许慎《说文解字》的一些说法，一反一正，用不同的方式都为许慎的经学造诣和学术成就增添了很多注意力和光彩。

其次，说《说文解字》。

许慎的《说文解字》，"博采通人，至于小大"，他虽然师从贾逵，但仍熟悉刘歆、杜林、爰礼等人的言论著作，对古文经学如《左氏春秋》《古文尚书》《毛诗传》《周礼》《古论语》等典籍也多所涉猎，同时对董仲舒、京房、班固以来的学者，以及今文经学著作，如《春秋·公羊传》《谷梁传》《今文尚书》《鲁诗故》《齐诗故》《韩诗故》《春秋繁露》等，也都应已遍览无遗，他一方面觉得文字是经艺之本、王政之始，一方面又觉得隶书大行，六书古义已渐泯没，今文经传仅据隶书抄录解说，难免乖违本义，所以发愤而撰写《说文解字》。"今叙篆文，合以古籀"，期使后人可以识古。许冲上表既云："慎博问通人，考之于逵"，说明许慎与贾逵关系密切。贾逵卒于和帝永元十三年，而《说文解字》初稿于永元十二年正月草就，修订到安帝建光元年才告完成，遂遣其子许冲随表赍上，前后凡二十二年。涉猎之广，成就之高，贡献之大，传世之久，可谓实非偶然。关于它的内容体例以及其他有关事项，已分见本书各章节，兹不赘述。

最后，说《淮南子注》等书。

许慎在受诏校定东观五经诸子等宫中秘藏时，曾撰成《淮南子注》二十一卷，可见于《隋书·经籍志》，与高诱注的二十一卷并列。然《宋史·艺文志》则云许慎注二十一卷，高诱注十三卷。今所见者唯高诱注而已，不知何时许注已尽并入其中矣。清人所辑许氏《淮南子注》多种，断简零章，已难以窥其全貌。

至于清人王仁俊所辑《汉书许义》一卷及《五经通义》一卷，皆应著成于校书东观期间。前者盖可推知许慎应对《汉书》或《史记》若干史事有所涉猎评骘（zhì），后者亦可印证许慎对五经盖能通贯今古文学者之说，然皆以所存者甚少，实无从概括或细究矣。

校后补记：关于许慎《五经异义》的学术思想，友人黄永武教授在其博士论文《许慎之经学》一书中，曾取《说文解字》所引见者，与汉魏诸儒杜子春、郑众、贾逵、郑玄、王肃、虞翻、荀爽等人之经说逐条比对，证明《五经异义》与《说文解字》二书，虽然著述旨趣稍有不同，但论其兼采今古文学派经学之见解，则前后一致，未尝以门户自限。举证翔实，可以确信。另一友人叶国良教授亦曾择取许氏礼说二则，发表《论许慎经学的几个问题》一文，证成此说。这些观点，都与拙见相近，但因与《说文》没有直接的关系，兹不赘论。

第三章

《说文解字·叙》析论

第一节 《说文解字·叙》原文

有人说，要研究《说文解字》，首先必须了解《说文解字·叙》，其次必须认识《说文解字》的部首。了解《说文解字·叙》，才能明白许慎著书的动机及其宗旨所在；而认识《说文解字》的部首，也才能明白此书的编撰体例及其诠释方式。

《说文解字》原十五卷（或称篇），每卷分上下篇。第一卷到第十四卷是正文；到了第十五卷，上篇是前叙和部首，下篇则是后叙。据后叙说，全书包括九千三百五十三字，重文一千一百六十三，说解的总字数共十三万三千四百四十一字。许慎把它们归类，分为五百四十部，各部立一部首，以统其余八千多字。每一部的第一个字，称为部首。每一部首底下，通常关联若干字，这些关联的字群，都和部首的形体构件有必然的密切关系。

除了正文十四篇和部首目录之外，许慎自撰的《说文解字·叙》，则叙述了汉字的起源、形体的演变、六书的条例和著书的目的。早期的版本我们不清楚，据五代后蜀林罕《字原偏旁小说·序》称"李阳冰就许氏《说文》复加刊正，作三十卷。今之所行者是也。"可知在中唐李阳冰时，许书已分为三十卷。可惜的是，李阳冰刊行之书早已亡佚，详情我们无法了解。可以确知的是，从五代、北宋之际徐铉、徐锴兄弟开始，他们已把《说文解字·叙》和部首目录另外合为一篇，而且把叙文分为前、后两部分，以"此十四篇，五百四十部"为断，中间安插了五百四十部首目录。徐铉在目录之后加了"叙曰"二字，徐锴更标明"后叙曰"。从此许慎的《说文解字·叙》被分为前叙和后叙，按照一般的理解，前叙应是许氏下笔之初，先定其规模，后叙则应是初稿完成或最后定稿时所作。

不过，也有人认为这篇叙文前后相承，浑然一体，不宜分开。像段玉裁《说文解字注》，他就根据《左传注疏·宣公十五年》所引的《说文·叙》有"仓颉之初作书"诸语，来证明唐人仍然统称为"序"而不分前后，并且说："许书十四篇既成，乃述其著书之意，而为五百四十部最目，记其文字都数，作韵语以终之。略仿太史公自序云。"太史公司马迁就是在《史记》成书之后，才写自序附于书后的。

段玉裁说的颇有道理，但为了读者阅读对照的方便，笔者先将徐锴《说文解字系传》的叙目原文刊印于下，并且在解析说明时，依现代图书排印惯例，把许氏自叙和部首目录移于正文之前，叙文则仍分前、后，以便读者了解个中因由。徐锴《说文解字系传》叙文中有若干词句，与《段注》及其他传本不同，因无关紧要，故不一一注明。

　　兹先据清道光年间祁寯（juàn）藻刻本（根据顾千里所藏影宋抄本与汪士钟所藏宋刊残本校勘而成）引录《说文解字》叙目原文如下：

説文解字通釋卷第二十九

繫傳二十九

文林郎守祕書省校書郎臣徐鍇傳釋

古者庖犧氏之王天下也仰則觀象
於天俯則觀法於地視鳥獸之文與
地之宜近取諸身遠取諸物於是始
作易八卦以垂憲象及神農氏結繩
爲治而統其事庶業其繁飾僞萌生
黃帝之史蒼頡見鳥獸蹄迒之迹知分
理之可相別異也初造書契百工以
乂萬品以察蓋取諸夬夬揚于王庭
言文者宣教明化於王者朝廷君子
所以施禄及下居德則忌也

【通釋弟二十九】　二

書蓋依類象形故謂之文其後形聲
相益即謂之字字者言孳乳而浸多也
箸於竹帛謂之書書者如也
呂迄五帝三王之世改易殊體
泰山者七十有二代靡有同焉

【通釋弟二十九】　二

臣鍇曰如謂如其事也

臣鍇曰謂書字者孳乳而浸多也

封亏

白虎通封禪

周禮八歲入小學保氏教國子先以

六書一曰指事指事者視而可識察

而可見上下是也二曰象形象形者

畫成其物隨體詰詘日月是也三曰

形聲形聲者以事為名取譬相成

江河是也四曰會意會意者比類合

誼以見指撝武信是也五曰轉注轉

【通釋第二九】　〔三〕

注者建類一首同意相受考老是也

六曰假借假借者本無其字依聲託

事令長是也
臣鍇按周禮司徒之屬保氏下大夫
掌養國子以道乃教之六藝其五曰
六書　古謂八歲初學因禮甲子與方名
然後書計小年所學因謂文字為小學

史籀箸大篆十五篇與古文或同或　及宣王大

異至孔子書六經左上明述春秋傳

皆以古文厥意可得而說其後諸矦

力政不統亏王　臣鍇曰謂周
　　　　　　　之末世也
惡禮樂之害

己而皆去其典籍分為七國田疇異

晦車塗異軌律淺異令衣冠異制言

語異聲文字異形秦始皇帝初兼天

下丞相李斯乃奏其不與秦

文合者斯作蒼頡篇中車府令趙高

作爰歷篇太史令胡毋敬作博學篇

【通釋第二九】　〔四〕

臣鍇按漢書藝文志史籀大篆十五篇至建武時亡六
篇蒼頡一篇上七章李斯作爰歷六章博學七章也

皆取史籀大篆或頗省改所謂小篆

者也是時秦燒滅經書滌除舊典大

發隸卒興役戍官獄職務繁初有隸

書以趣約易而古文由此絕矣
臣鍇曰
王僧虔
云秦獄吏程邈善大篆得罪囚亏雲陽增減大篆體
去其繁複始皇善之出為御史名其書曰隸書按班固云
謂施之亏徒隸也即令之隸書而奧點畫附
仰之勢故曰古隸杜陵繇胡善古隸是也

自爾秦

書有八體一曰大篆二曰小篆三曰

剌符四曰蟲書
臣鍇曰按漢書注蟲書即鳥書以
書幡信首象鳥形即下云鳥襲是也

五曰摹印
臣鍇曰按蕭子良以剌符墓印合為一體臣
以為符印者内外之信若符形半
又云借符以寫宋然則符者竹而剖之字形半分理
應別為一體摹印屈曲填客秦墓文是子良誤合之

六曰署書
臣鍇按蕭子良云書漢高六率蕭何
題以題蒼龍白虎二闕羊欣云蕭何所定
銘几杖記亦書父云以為古盤盂有
然後

七曰殳書
臣鍇按蕭子良及書以為古盤盂有試故及書
云殳書者董仲舒言災異異庶棄州未上即為棄庶原棄令漢興有殳書知所
之初也但史記上言官奪庶原棄令漢興有殳書知所
言墓鞶傳橐字垃作墓
殳是剌詞非也

△通釋第二十九　五

八曰隸書漢興有殳

尉律
漢律篇名

學僮
十七以上始試諷籀書九千乃得為
吏又以八體試之郡移大史并課最
者以為尚書史書或不正輒舉劾之
令雖有尉律不課小學不修莫達其

說久矣孝宣皇帝時召通蒼頡讀者
張敞從受之
臣鍇按漢書蒼頡多古字俗師失其
讀宣帝時徵齊人能正讀者張敞從
受之傳至外孫
子杜林為作訓也
涼州刺史杜業沛人爰
禮講學大夫秦近亦能言之孝平皇
帝時徵禮等百餘人令說文字未央
庭中呂禮等為小學元士黃門侍郎揚
雄采以作訓纂篇凡蒼頡已下十四

△通釋第二十九　六

篇凡五千三百四十字群書所載略
存之矣
臣鍇按蒼頡爰歷博學通謂之三蒼故并訓
字凡一章凡五十五章又按漢書閭里師合三蒼斷六十
凡將篇則蒼頡篇中正字凡將則無出入蒼頡訓纂
者順續蒼頡又易蒼頡中重複之字凡八十九章班固又
續揚雄作十三章凡一百二篇

及亡新居攝使大司空甄
豐等校文書之部自以為應制作頗
改定古文時有六書一曰古文孔子

壁中書也　臣鍇按肯所言自秦興隸書古文從此絕
矣故此古文是魯恭王壞孔子宅所得世
之聞無

二曰奇字即古文而異者也　臣鍇按蕭子良
云史籀書即大篆新臣甄豐謂之奇字
史籀增古文為之故與古文異也

三曰篆書即小
篆秦始皇帝使下杜人程邈所作也
臣鍇按漢書李斯等作蒼頡爰歷多取史籀篇而篆體復
頗異所謂秦篆然則斯等雖改史籀篇而程邈復同作也

四曰左書即秦隸書五曰繆篆所
墓印也六曰鳥蟲書所以書幡信也
臣鍇曰此即肖
所謂蟲書也

壁中書者魯恭王壞孔子
宅而得禮記尚書春秋論語孝經又
北平庚張倉獻春秋左氏傳郡國亦
往往于山川得鼎彝其銘即前代之
古文　臣鍇曰若漢汾陰巫得鼎文張敞云槚邑得
尸臣之鼎有文也彝宗廟之常器尊彝是也　皆
自相侶雖口復見遠泯　臣鍇曰泯音昧　其詳可
得略說也而世人大共非訾以為好奇

受錢芍之字止句也　臣鍇曰言不知而說之也　若此者甚
屈中也廷尉說律至以字斷法芍人
一本作馬頭人為長人持十為蟲者
頡時書云父子相傳何得改易乃猥
竟逐說字解經誼稱秦之隸書為蒼
可知之書變亂常行以燿於世諸生
者也故詭衺正文鄉壁　臣鍇曰鄉音向　虛造不

眾皆不合孔氏古文繆於史籀俗儒
鄙夫翫其所習蔽所希聞不見通學
未嘗觀字例之條怪舊執而善野言
以其所知為祕妙究洞聖人之微恉
又見蒼頡篇中幼子承詔因曰古帝
之所作也其辭有神僊之術焉其迷
誤不諭豈不悖哉書曰予欲觀古人

之象言必遵修舊文而不穿鑿孔子
曰吾猶及史之闕文今亡矣夫蓋非
其不知而不問人用己私是非無正
巧說邪辭使天下學者疑蓋文字者
經藝之本王政之始葢人所以垂後
後人所以識古故曰本立而道生知
天下之至賾而不可亂也今叙篆文

合以古籀博采通人至于小大信而
有證稽撰其說將以理群類解繆誤
曉學者達神怡　臣鍇曰怡音
　　　　怡意旨也
分別部居　旨意旨也
　　臣鍇曰謂分部相
　　從自慎為始也
萬物咸觀
不相雜廁也　臣鍇曰謂中
靡不兼載厥誼不昭爰明以諭　臣鍇曰
多引詩書　其傭易孟氏　臣鍇按漢書易有施孟梁
氏辭氏王氏丁氏之說　丘三家又有周氏服氏揚
為證也　　書孔氏詩毛氏禮周
今慎取孟氏為證下同

官春秋左氏論語孝經皆古文也其
於所不知蓋闕如也

說文解字通釋第一

一　丄　示　三
王　玉　玨
士　︱

說文解字通釋第二

屮　艸　蓐

說文解字通釋第三

屮　八　釆　半
萬

說文解字通釋第四

說文解字通釋第五

【通釋第二十九】

士

說文解字通釋第六

說文解字通釋第七

【通釋第二十九】

士

說文解字通釋第八

說文解字通釋第九

〔通釋第二十九〕

十三

說文解字通釋第十

〔通釋第二十九〕

十四

說文解字通釋第十一

說文解字通釋第十二

説文解字通釋第十三

【通釋第二十九】

十三

説文解字通釋第十四

【通釋第二十九】

十五

説文解字通釋第十五

説文解字通釋第十六

說文解字通釋第十七

說文解字通釋第十八

十七

說文解字通釋第十九

說文解字通釋第二十

十八

說文解字通釋第二十一

說文解字通釋第二十二

說文解字通釋第二十三

說文解字通釋第二十四

說文解字通釋第二十五

說文解字通釋第二十六

說文解字通釋第二十七

說文解字通釋第二十八

說文解字通釋卷第二十九

說文解字通釋卷第三十

繫傳三十

文林郎守祕書省校書郎臣徐鍇傳釋

後敘曰此十四篇五百四十部也九
千三百五十三文重一千一百六十
三解說凡千三萬三千四百四十一

字其建首也立一爲耑 臣鍇曰耑音端
一

聚物以羣分同條牽屬共理相貫
《通釋第三十》

雜而不越 臣鍇曰類聚爲水部水部相次同條共
理謂中之類與中同從門而貫之雖雜
而各有部分不相踰越也

據形聯系引而申之曰究萬
原 臣鍇曰據形聯系謂之部因次
呂七部從呂究盡萬事之原也

畢終於亥知
化窮冥 臣鍇曰謂亥生子終則復始故託於一寄
終於亥則物之該盡故曰窮冥也

時大漢聖德熙明承天稽唐敷崇殷
中 臣鍇曰漢承堯後故稽考唐堯之道肵正也正中也
遐邇被澤渥衍

沛湯廣業甄微學士知方探賾索隱
臣鍇曰
賾音索

孟陬之月朔日甲子 臣鍇曰永滐和帝年號
也二年歲在庚子
正月爲陬

厥誼可傳粵在永元困頓之季
臣鍇曰永滐和帝年號
歲在于曰困頓永十

曾曾小子祖自炎神縉雲

相黃共承高辛太岳佐夏呂叔作藩

俾矦于許世祚遺靈自彼徂召宅此
臣鍇按許出神農之後姜姓與齊同祖謂爲縉雲
世至高辛時爲太岳亂矦爲禹

汝瀕氏於黃帝時後三世
《通釋第三十》

心營之臣故封於呂周武王封苗喬文叔於許以爲太岳
岳胤在潁川許昌縣召謂汝南郡陵後世所居也

切印景行敢涉聖門其弘如何節彼
南山欲罷不能旣竭愚才惜道之味

聞疑載疑演贊其志次列微
臣鍇曰言疑
則闕之也

辭知此者稀儻昭所尤庶有達者理

而董之 臣鍇曰董正也

召陵萬歲里公乘 臣鍇曰公乘
因秦制二十等爵公乘第八也

艸莽臣沖稽首再拜上書

皇帝陛下臣伏見陛下曰神明盛德
承遵聖業上考度於天下流化於民
先天而天不違後天而奉天時萬國
咸甯神人以和猶復深惟五經之妙
皆爲漢制博采幽遠窮理盡性以至
於命先帝詔侍中騎都尉賈逵修理
舊文殊藝異術王教一端苟有可以
加於國者靡不悉集易曰窮神之化
德之盛也書曰人之有能有爲使羞
其行而國其昌臣父故太尉南閣祭
酒愼本從達受古學蓋聖人不空作
皆有依據今五經之道自昭炳光明而
文字者其本所由生自周禮藻律皆
當學六書貫通其意恐巧說衺辭使

學者疑愼博問通人考之於逵作說
文解字六藝群書之詁皆訓其意而
天地鬼神山川艸木鳥獸蚰蟲雜物
奇怪王制禮儀世間人事莫不畢載
凡十五卷十二萬令說文作十三萬
三千四百四十一字愼前以詔書校
書東觀教小黃門孟生李喜等曰文
字未定未奏上令愼已病遣臣齎詣
闕愼又學孝經孔氏古文說古文孝
經者孝昭帝時曾國三老所獻建武
時給事中議郎衛宏所校皆口傳官
無其說譴誤其一篇竝上　臣鍇按後漢書
漆書尚書後呂傳衛宏
及徐巡愼又從宏受也　臣誠惶誠恐頓首
首死皋死皋謹曰再拜曰聞皇帝陛

下建光元年九月巳亥朔二十日戊

午上臣錯曰建光元年瀋安帝之十五年歲在辛酉也召上書者汝南

許沖詣左掖門外會令幷齎所上書

十月十九日中黃門饒喜吕詔書賜

召陵公乗許沖布四十匹卽日受詔

朱雀掖門敕勿謝

《通釋第三十》　五

說文解字通釋卷第三十

第二节　叙文题解及白话译注

一、题解

《说文解字·叙》，指该书的序文，它包括前叙和后叙。按现代人的观念，序文是放在全书的前面，但古人不同。古代最初是把序文放在全书的后面。不但许慎的《说文解字》如此，司马迁《史记》的《太史公自序》、班固《汉书》的《叙传》、刘安《淮南子》的《要略》、王充《论衡》的《自纪篇》、刘勰《文心雕龙》的《序志》，也都是这样。

序，是提纲挈领的意思，用来说明撰述写作的宗旨。自序通常会提到写作的动机、态度、方法、体例及内容，因而具有目录的性质。序，也可以写作"叙"。叙，有次第、排列的意思，兼具有目录的含义。

前面说过，要了解《说文解字》，有人以为必先了解《说文解字·叙》，其次要学习五百四十个部首，最后才读全书的正文。下文先白话直译前后叙文，然后再注解分析。

二、《说文解字·前叙》直译

古者庖牺氏之王天下也，仰则观象于天，俯则观法于地。视鸟兽之文与地之宜，近取诸身，远取诸物，于是始作《易》八卦①，以垂宪象。

【直译】

（《易经·系辞下传》说：）古代庖牺氏（伏羲氏）称王天下的时候啊，抬起头来，就观察在天空中的气象，低下头来，就观察在地面上的法则。端详鸟兽的纹彩和适应各地的产物，近的从身上选取，远的从外物上选取，于是开始创制《易经》中的八卦图案，用来显示宇宙间永恒不变的现象。

及神农氏结绳为治而统其事。庶业其繁，饰伪萌生，黄帝之史仓颉，见鸟兽蹄迒（háng）之迹，知分理之可相别异也，初造书契②。

【直译】

等到神农氏用结绳的方式来治理天下，而且统一它们所代表的大小事情，群众的事务就趋于繁杂，增饰虚造的事情也就随之而生了。黄帝的史官仓颉，看见鸟兽蹄印的痕迹，知道分别处理它们，可以互相比较，区别同异，因而首先创造了刻在事物上的书契文字符号。

"百工以乂（yì），万品以察，盖取诸夬（guài）。""夬，扬于王庭。"言文者宣教明化于王者朝廷，君子所以施禄及下，居德则忌也③。

【直译】

（《易经·系辞上传》于是说：）"百官因而得以统御，万物因而得以治理，因为从中都可取决乂事物的可以分别。"（《易经·夬》卦辞也说：）"分别了，发扬在王庭之上。"意思是说，文字符号这些东西，可以宣明教化在王者朝廷之上，（像《易经·夬》象辞说的）"让在上位的君子可以用来推行功名禄位给下属臣民，修养品德，遵守禁令"啊！

仓颉之初作书，盖依类象形，故谓之文。其后形声相益，即谓之字。（文者，物象之本④；）字者，言孳（zī）乳而浸多也。箸于竹帛谓之书；书者，如也。以迄五帝三王之世，改易殊体⑤。封于泰山者，七十有二代，靡有同焉。

【直译】

仓颉最初创造书契符号的时候，大概是依照事类，各象其形，所以称之为"文"，称之为"文"的形状，后来和声音互相增益，就称之为"字"。（据《段注》引文补：所谓"文"者，是万物形象的根本，）所谓"字"者，是说滋生乳育而逐渐加多啊。刻写在竹片布帛上，就称之为"书"。所谓"书"者，就是"如"，如其物状的意思。一直到五帝、三王的时代，文字改变转换了不同的形体，封禅在泰山、梁父山的石刻文字，总共有七十二代君王，都没有相同的呢。

周礼：八岁入小学，保氏教国子，先以六书[6]。一曰指事。指事者，视而可识，察而可见（《段注》作"见意"）。上、下是也。二曰象形。象形者，画成其物，随体诘诎（jié qū），日、月是也。三曰形声。形声者，以事为名，取譬相成。江、河是也。四曰会意。会意者，比类合谊，以见指㧑（huī）。武、信是也。五曰转注。转注者，建类一首，同意相授，考、老是也。六曰假借。假借者，本无其字，依声托事，令、长是也。

【直译】

按照周朝的礼制：学童八岁入小学，保氏教养公卿大夫的子弟，先从认识"六书"六种书写符号开始。第一种叫"指事"。"指事"，种文字符号，看了就可以认识辨别，观察了就可以看出含义。像"上""下"二字就是呀。第二种叫"象形"。"象形"这种文字符号，是画成那些原来事物的形状，随着形体而屈折弯曲。像"日""月"二字就是呀。第三种叫"形声"。"形

声"，是用相关事物来造字，作为共同的名称，再取一个可以
譬喻其声的形体，配合而成新字。像"江""河"二字就是呀。
第四种叫"会意"。"会意"，是说比并两个以上相关事物的字
体类，会合它们所代表的意义，即可看出它们所要指示或发挥
的道理。像"武""信"二字就是呀。第五种叫"转注"。"转
注"，是说设立两个以上相关事物的字体类，在统属同一部首
之下，有同样形体构造意义的字，就彼此可以互相转用引申注
释授受。像"考""老"二字就是呀。第六种叫"假借"。"假借"，
是说本来没有这个字，只是依照语言中有这个声音，就借用别
的同音字来代替使用，但它仍然具有语言中指示事物的功能。
像"令""长"二字就是呀。

　　及宣王太史籀，箸大篆十五篇，与古文或异。至孔子
书六经，左丘明述《春秋传》，皆以古文，厥意可得而说。
其后，诸侯力政，不统于王，恶礼乐之害己，而皆去其典
籍。分为七国，田畴异亩，车涂异轨，律令异法，衣冠异
制，言语异声，文字异形。

　　秦始皇帝，初兼天下，丞相李斯乃奏同之，罢其不与
秦文合者。斯作《仓颉篇》，中车府令赵高作《爰（yuán）
历篇》，太史令胡毋敬作《博学篇》，皆取《史籀》大篆，
或颇省改，所谓小篆者也。是时，秦烧灭经书，涤除旧典，
大发隶卒，兴役戍，官狱职务繁。初有隶书，以趣约易，
而古文由此绝矣。

　　自尔，秦书有八体：一曰大篆，二曰小篆，三曰刻符，

四曰虫书，五曰摹印，六曰署书，七曰殳（shū）书，八曰隶书。⑦

【直译】

等到周宣王时，太史籀撰写了大篆十五篇，与以前的古文字比较，有的字体又不一样了。到了孔子编订六经，左丘明撰述《春秋传》，也都用古文字写，但它们构成的意义，都还可以得到清楚的解释。此后，诸侯各国发展武力，互相征伐，不统摄于周王朝，他们厌恶礼乐制度妨害自己的发展，就都废弃了那些儒家的经典古籍。天下分为七个国家，田亩有不同的制度，车路有不同的轨道，法令有不同的规定，衣冠有不同的式样，语言有不同的发音，文字有不同的形体。

秦始皇刚兼并天下的时候，丞相李斯于是上奏，建议把这些乱象统一起来，废除那些不跟秦朝文字相合的部分。于是李斯编撰了《仓颉篇》，中车府令赵高编撰了《爰历篇》，太史令胡毋敬编撰了《博学篇》。书体都采用太史籀的大篆，有的颇加简化、改造。就是今天大家所说的"小篆"呀。这时候，秦始皇烧光了儒家的经典书籍，清除了旧时的典章制度，大规模发动官吏士卒，纷纷起来卫戍边防和从事劳役。官员狱吏职务非常繁重，开始出现了隶书，以便趋于省事简单，于是古文字就因此逐渐失传了。

从此秦朝的文字书写，共有八种形体：第一种叫"大篆"，第二种叫"小篆"，第三种叫"刻符"，第四种叫"虫书"，第五种叫"摹印"，第六种叫"署书"，第七种叫"殳书"，第八种叫"隶书"。

汉兴有草书。尉律：学僮十七以上，始试，讽籀书九千字，乃得为吏。又以八体试之，郡移大史并课。最者以为尚书史。书或不正，辄举劾之。今虽有尉律，不课；小学，不修。莫达其说久矣^⑧。

孝宣时，召通《仓颉》读者，张敞从受之。凉州刺史杜业、沛人爰礼、讲学大夫秦近，亦能言之。孝平时，征礼等百余人，令说文字未央廷中，以礼为小学元士，黄门侍郎杨雄采以作《训纂篇》。凡《仓颉》以下十四篇，凡五千三百四十字，群书所载，略存之矣。

【直译】

汉朝兴起后，又有了"草书"。汉朝廷尉的律令：学童十七岁以上，才能参加考试。能够背诵、理解和书写九千字，才能成为郡县的文吏。又用上述秦朝的八种书体来测试他们，通过后由郡县举荐移送朝中太史，同时课试考核。最杰出的录用他当尚书史。如果文字书写有不正确的，就会检举弹劾他。现在虽然还有廷尉的律令规定，却已不课试考核，因而学童对读书识字的小学功夫不再讲究，不能了解那些文字背后的意义，这种情形为时已经很久了。

汉宣帝在位时，曾经召集能通晓《仓颉篇》音读断句的人，派张敞去跟从学习。后来的凉州刺史杜业、沛县人爰礼、讲学大夫秦近，也都还能讲解古文字。汉平帝在位时，征召爰礼等一百多人，命令他们在未央宫廷中讲解文字。并且封爰礼为小学元士。黄门侍郎扬雄，采集了当时大家讨论的结果，编撰成《训纂篇》一书。合计《仓颉篇》以下，共十四篇，总共收有五千三百四十字。各种书籍所记载的文字，大概都收在里面了。

及亡新居摄，使大司空甄丰等校文书之部，自以为应制作，颇改定古文。时有六书：一曰古文，孔子壁中书也。二曰奇字，即古文而异者也。三曰篆书，即小篆。秦始皇帝使下杜人程邈（miǎo）所作也。四曰佐书，即秦隶书。五曰缪（móu）篆，所以摹印也。六曰鸟虫书，所以书幡信也。

【直译】

等到现已灭亡的新朝王莽在位摄政时，派遣大司空甄丰等人，校定宫中文书的部类。他们自己以为是应皇帝之命来做事，真的颇为改定了一些古文字。当时又有所谓"六书"，六种不同的书写形体。第一种叫"古文"，指的是孔子"壁中书"，即孔府旧宅破壁中所藏书籍的字体。第二种叫"奇字"，就是"古文"的异体字。第三种叫"篆书"，就是"小篆"，是秦始皇帝差遣下杜人程邈所发明的。第四种叫"佐书"，就是秦时佐助篆书的隶书。第五种叫"缪篆"，是用来摹刻印章的。第六种叫"鸟虫书"，是用来写在旗帜和符节上的书体。

壁中书者，鲁恭王坏孔子宅而得，《礼记》《尚书》《春秋》《论语》《孝经》。又北平侯张仓献《春秋左氏传》，郡国往往于山川得鼎彝（yí），其铭即前代之古文，皆自相似。虽叵复见远流，其详可得略说也。

而世人大共非訾（zǐ），以为好奇者也，故诡更正文，乡壁虚造不可知之书，变乱常行，以耀于世。诸生竞逐说字解经，喧称秦之隶书，为仓颉时书，云：父子相传，何得改易！乃猥曰：马头人为长，人持十为斗，虫者屈中也[9]。廷尉说律，至以字断法。苛人受钱，苛之字止句也[10]。若此者甚众，皆不合孔氏之文，谬于史籀。

俗儒鄙夫，玩其所习，蔽所希闻。不见通学，未尝睹字例之条，怪旧艺而善野言，以其所知为秘妙，究洞圣人之微恉。又见《仓颉篇》中"幼子承诏"，因号："古帝之所作也，其辞有神仙之术焉[11]。"其迷误不谕，岂不悖哉！

【直译】

所谓"壁中书"，是指汉初鲁恭王拆毁孔子故宅，却发现《礼记》《尚书》《春秋》《论语》和《孝经》。另外，北平侯张苍也献上《春秋左氏传》，郡国各地也往往在山野川原之间发现钟鼎彝器，那些器物上的铭文，就是以前历代的古文字。它们本来就都很相似。虽然不能再从中看出远古文字的流变，但及其详情大致上还是可以说得清楚的。

然而社会上一般人对这些新的发现，非常普遍地加以批评訾议。认为这是标新立异的现象，说是有人故意诡辩改变正常的隶书，面向孔壁凭空造出这些不能了解的文字资料，来混淆改变通行的字体，炫耀迷惑世人。当时很多儒生竟也争相追随，在说字解经时，放言宣称秦时的隶书，就是仓颉时的书体，并且说古今字体父子相传，哪里有改变的可能。竟然还胡说些什么"马头人为长""人持十为斗""虫者，屈中也"。掌管法律的廷尉，在解释律令时，甚至按隶书的形体来判断法案，例如把"苛人受钱"的"苛"这个字，解释为"止句也"。像这类的事例还非常多。这些歪解，都不合乎孔子壁中的古文字，也有悖于太史籀的大篆，都错了。

可是一些庸俗的儒生、浅陋的人士，习惯于他们所熟知的事情，囿于他们所罕闻的道理，没有见过宏通博学的大儒，更从未曾亲眼看过造字范例的条目，竟然怪罪传统的古文经传，而爱好俗滥的无稽之谈，以为他们所知道的都是奥妙的知识学问，可以细究洞察圣人的微言深意。又看到了《仓颉篇》中有"幼子承诏"这句话，因而附会说那是远古黄帝所撰著的书籍，书中的文辞蕴藏着修炼成神仙的法术。他们的执迷不悟，难道不是悖乱事实吗？！

《书》曰："予欲观古人之象。"言必遵修旧文而不穿凿[12]。孔子曰："吾犹及史之阙文，今亡矣夫[13]！"盖非其不知而不问，人用己私，是非无正，巧说邪辞，使天下学者疑。

盖文字者，经艺之本，王政之始，前人所以垂后，后人所以识古。故曰"本立而道生"，"知天下之至赜（zé）而不可乱也[14]"。

【直译】

《尚书·益稷》说："我想要观察古人所画的物象。"强调必须遵守继承古代的传统文化，却不可穿凿附会。《论语·卫灵公篇》孔子说："我还来得及看到史书中那些阙疑的文字……如今却消失不见了呀。"大概是批评那些不知道却不请教而随意解字的人。人用一己的私心，是非就没有准则了。他们的巧言邪辞，使天下学者都产生了疑惑。

因为所谓"文字"，是经传学艺的根本，是王道政治的基础，前人借此将典范传给后代，后人借此来认识古代文化。所以（《论语·学而篇》说）根本树立了，道理就会产生。（《周易·系辞上传》也说）要知道天下最深远的道理，就不可以错乱啊。

今叙篆文，合以古籀，博采通人[⑮]。至于小大，信而有征。稽撰其说，将以理群类，解谬误，晓学者，达神恉。分别部居，不相杂厕。万物咸睹，靡不兼载。厥谊不昭，爰明以谕。其偁《易》，孟氏；《书》，孔氏；《诗》，毛氏；《礼》；《周官》；《春秋》，左氏；《论语》；《孝经》：皆古文也。其于所不知，盖阙如也。

【直译】

现在《说文解字》这本书论列篆文，还配合附上古文和籀文。曾经广泛采取古今学识渊博的大儒的说法，甚至于大大小小的问题，都要求真实可靠而且要有证据。在稽考诠释那些说法时，都预期可以整理众多字类、破解各种错误，告知所有学者，通达六书妙旨。同时分别若干部类，依序排列，使它们不会互相间杂错乱。因此万事万物都可以在书中看得到，没有不周全加以记载的；哪些字的意义模糊不清楚，也都会详细地加以说明。至于书中所称引的：《周易》是孟喜本；《尚书》是孔安国本；《诗经》是毛亨本；《礼经》；《周礼》；《春秋》，左丘明本；《论语》；《孝经》，都是古文经的本子。对于那些不知道的，就暂时空着，存疑不论了。

三、《说文解字·后叙》直译

叙曰：此十四篇，五百四十部。九千三百五十三文，重文一千一百六十三，解说凡十三万三千四百四十一字。其建首也，立一为耑。方以类聚，物以群分。同条牵属，共理相贯。杂而不越，据形系联（此据《段注》本）。引而申之，以究万原。毕终于亥，知化穷冥。

【直译】

叙文说：这本书十四篇，分为五百四十部。包括九千三百五十三个象形的"文"，附有重文一千一百六十三个，连解说的文字总共十三万三千四百四十一个字。它所设立的部首呀，标举"一"字作为开端。按方法性质，相同的字以类相聚，归为同部，按事物分类，不同的字加以区别，分属各部。部与部之间，同条共理，互相牵连贯串，虽然间杂，却不混乱，大体根据字形来系联排序。如果引申来看它，可以推究万物的本原。最后结束于"亥"这个字，用意在于体认自然造化，穷究万物奥秘。

于时大汉，圣德熙明。承天稽唐，敷崇殷中，遐迩（xiá ěr）被泽，渥衍沛滂（wò yǎn pèi pāng）。广业甄微，学士知方，探赜索隐，厥谊可传。粤在永元，困顿之年，孟陬（zōu）之月，朔日甲申 ⑯。

【直译】

时当大汉王朝，天子圣德光明。承天命、稽唐尧，布尊崇、守正中。远近广被恩泽，丰沛流衍无穷。重经学，会诸儒，学者知道方向。探幽深，索隐秘，此道将可永传。

时间是在汉和帝永元十二年庚子年间，正月初一这一天。

曾曾小子，祖自炎神 ⑰。缙云相黄，共承高辛 ⑱。太岳佐夏，吕叔作藩 ⑲。俾侯于许，世祚遗灵 ⑳。自彼祖召，宅此汝濒 ㉑。

窃卬景行，敢涉圣门 ㉒。其弘如何？节彼南山 ㉓。欲罢不能，既竭愚才 ㉔。惜道之味，闻疑载疑 ㉕。演赞其志，次列微辞。知此者稀，傥（tǎng）昭所尤。庶有达者，理而董之。

【直译】

曾孙的曾孙小子许慎，远祖源自炎帝神农氏。祖先缙云辅佐过黄帝，祖先共工尊奉过高辛。祖先太岳曾辅佐夏禹，祖先吕叔做过周藩镇。后来被派到许昌为侯，世世代代都承受遗荫。最后从许昌迁往召陵，就定居在此汝水之滨。

私下景仰崇高的德行，斗胆涉足圣贤的门庭。圣贤门庭高耸像什么？高耸就像那终南山顶。想要停止攀登却不能，我已经用尽全部精神。仍然珍重求道的意志，听到疑问就记下疑问。我愿推广所得的知识，依次列出浅薄的见闻。了解这道理的不会多，倘若看到有什么过错，希望有通达的大学者，能够出来校订改正它。

四、《说文解字·叙》补注

1.《周易·系辞下传》云：

> 古者庖牺氏之王天下也，仰则观象于天，俯则观法于地，观鸟兽之文与地之宜，近取诸身，远取诸物，于是始作《易》八卦，以通神明之德，以类万物之情。

许慎略变其辞而全用其意。"庖牺"，一作伏羲。

2.《周易·系辞下传》："上古结绳而治，后世圣人易之以书契。"结绳之制，神农氏之前，早已有之。许慎之意，盖以为"结绳为治而统其事"，乃始自神农。

3.《周易·系辞下传》："百官以治，万民以察，盖取诸夬。"《周易·夬卦》卦辞："夬，扬于王庭。"又，夬卦象辞："夬，君子以施禄及下，居德则忌。"

清人桂馥《说文解字义证》以为"则忌"当作"明忌"。

4."文者物象之本"六字，段玉裁据《左传注疏·宣公十五年》所引《说文·叙》补。

5.段玉裁《说文解字注》：

自黄帝而帝颛顼高阳、帝喾高辛、帝尧、帝舜为五帝。夏禹、商汤、周文武为三王。其间文字之体，更改非一，不可枚举。传于世者，概谓之仓颉古文。

6.此"周礼"泛指周朝之礼制，非一书之专称。故引文"八岁入小学"之语，见于《大戴礼记·保傅篇》及《汉书·艺文志》等书，而不见于《周礼·地官·保氏》。

7.请参阅拙著《汉字从头说起》一书。启功《古代字体论稿》云：

今据秦书不全面的实物，再结合文献来做总的考察，"秦书八体"实有四大方面：一是小篆以前的古体，即大篆；二是同文以后的正体，即小篆；三是新兴的"以趋约易"的俗体，即隶书；四是其他不同用途的字体。自上观之，秦人对于文字既用法律手段进行"同"和"罢"，而秦文在不同用途上风格又不尽同，例如颂功刻石与权量诏版书写风格不同等，可知当时曾对于字体的书写风格在用途上各划出它们的范围，不得相混，所以规定字体名称，实是有其客观需要的。

8. 同上注。马叙伦《说文解字六书疏证》引《汉书.艺文志》言"汉兴，萧何草律，亦著其法，曰：大史试学童，能讽书九千字以上，乃得为史"云："则此律乃萧何所草，实即汉律。"

9. "马头人为长"一句，是说"长"字由"马头"和"人"构成。"长"字金文作"𢎛"，小篆作"𨱏"，隶书作"镸"，其形上则略似马头，下则略似人字。"人持十为斗"一句，是说"斗"字由"人"持"十"构成。"斗"字金文作"𣂏"，小篆作"𣁋"，隶书作"𣂆"，左形似人字，右侧似十字。"虫者，屈中也"一句，是说"虫"字只要写时把"中"字的中间一笔写得弯弯曲曲即可。"虫"字金文作"𧈷"，小篆作"𧉲"，隶书作"虫"。这些字的隶体写得潦草随便的话，确实容易予人错误的联想。

10. "苛"是"诃"的假借字。"苛人受钱"就是诃人受钱。原是汉朝律令的规定，诃责威吓人家而接受贿赂，是违法的。但有廷尉把"苛"解析为"止句"（因为字形近似），而"句"古通"勾"，因而把"苛人受钱"解为"止勾人受钱"，据《段注》说，意思就是"止之而钓取其钱"。"苛人受钱"三句，据《段注》：

诃，责字。见三篇言部。俗作"呵"，古人多以"苛"

字、"荷"字代之。《汉令乙》有所苛人受钱，谓有治人之责者，而受人钱。……苛，从艸可声，假为"诃"字，并非"从止句"也。而隶书之尤俗者，乃伪为"茍"。说律者曰：此字从止句，"句"读同"钩"，谓止之而钩取其钱。其说无稽，于字意、律意皆大失。

意思是说："苛人受钱"，原指呵责有人不法，接受贿赂，但解释法令者因"苛"字隶书作"茍"，遂解此字为"止句"。"句"读同"钩"，而把此句解为"止之而钩取其钱"。

11. "幼子承诏"，见居延汉简《仓颉篇》首章："仓颉作书，以教后嗣。幼子承诏，谨慎敬戒。"王筠《说文句读》云：

盖《仓颉篇》中之一句。"幼子"盖指学僮，"承诏"盖谓承师之教告。俗儒不知是篇为李斯作，因后世谓君命为诏，遂谓是篇为古帝作。既由仓颉而移之黄帝，即生且战且学仙之说矣。

《段注》则谓，黄帝乘龙上天，而少子嗣位为帝，"盖指胡亥即位事"，稍嫌拘泥史实。

12. "予欲观古人之象"，见《尚书·益稷》。

13. "吾犹及史之阙文"二句，见《论语·卫灵公篇》："子曰：吾犹及史之阙文也。有马者，借人乘之。今亡矣夫！"许慎引文略加省改。

14. "本立而道生"一语，见《论语·学而篇》。"知天下之至啧而不可乱也"一语，约取《周易·系辞上传》。啧，一作"赜"。

15. 书中所引"通人"之说，计有伊尹、孔子、楚庄王、孟子、吕不韦、韩非、司马相如、京房、淮南王、董仲舒、刘向、刘歆、扬雄、爰礼、尹彤、逯安、王育、庄都、欧阳乔、谭长、周成、官溥、张彻、桑钦、杜林、卫宏、徐巡、班固、傅毅、贾侍中（贾逵）等三十余人。

16. "粤"，发语辞。"永元"，东汉和帝年号。"困顿之年"，岁星在子的年代，即永元十二年（庚子）。"孟陬之月"，正月。"朔日"，初一。"甲申"原作"甲子"，据《段注》本改。

17. "曾曾"，层层，重重，犹言曾孙之曾，下一代子孙的下一代。"小子"，谦称。古代通称裔孙为曾孙。"炎神"，炎帝神农氏，居姜水，因以为姓。

18. "缙云"，即缙云氏，炎帝的苗裔，在黄帝时曾辅佐为官。共工，亦炎帝之后，帝喾时曾与高辛氏争王，败而受命为诸侯。讳其言，故曰"承"。

19. "太岳"，一作"太嶽"；"吕叔"，一作"文叔"，俱指炎帝之后裔。太岳原为官名，此指远祖在夏禹之时，曾为心吕之臣，封为吕侯。吕侯后裔至商季而国微，周武王乃封文叔于许，以为周朝藩屏。文叔，吕侯之后，故亦称吕叔。"许"，一作"鄦"，时为国名。见《说文解字》邑部及《史记·郑世家》。

20. "俾"，使。"世祚"，世禄。是说吕叔受封为许侯，世世代代享受俸禄。"遗灵"，犹言余荫。

21. "彼"，指许国。"召"，召陵，地名，今河南郾城区东一带。吕叔以下第二十四世，当战国时代，因楚入侵，乃迁往汝水之滨的召陵。见《史记·郑世家》及《汉书·地理志》。

22."卬"，同"仰"。《诗经·小雅·车辖》："高山仰止，景行行止。"仰望高山，行于大道。"圣门"，圣贤门庭。"窃卬"与"敢涉"对，自谦之辞。

23."节"，高峻的样子。《诗经·小雅·节南山》："节彼南山，维石巖巖。"

24."欲罢不能"二句，用《论语·子罕篇》"欲罢不能，既竭吾才"语。

25."闻疑载疑"，用《谷梁传·桓公五年》"信以传信，疑以传疑"语意。

第三节　内容分析及段落大意

　　许慎的《说文解字·叙》，阐述了汉字的起源，周、秦之间文字的演变，六书的观念，以及西汉以降文字发展的概况。它不但使我们了解了《说文解字》撰写的动机和产生的背景，而且也可以了解许慎写作的态度和撰述的体例。

　　上文说过，"叙"，也叫作"序"，综述著者写作的宗旨，有提纲挈领的意思。它的作用，和"目录"一样，可以使读者在短时间内一目了然。古人通常把序文或目录放在全书的后面，据刘知几《史通·因习》说，从南北朝刘宋时代的范晔开始，才将序文、目录移到书的前面，以便读者在读全书之前，先认识著者的写作背景、著述内容等，可以预先找到阅读的门径。后来大家相沿成习，才将序文和目录统统放在书前。

　　《说文解字·叙》分为前叙和后叙两个部分，中间安插了五百四十部的部首目录。下面依次分析其内容概要及段落大意。

一、先说前叙的段落大意及其相关问题。

前叙的部分，首先，第一大段自"古者庖牺氏之王天下也"至"靡有同焉"为止，阐述的是汉字的起源及其早期的演进过程。

许慎认为文字的起源，固然起于先民生活的需要，尤其和古史传说中的几位圣王，关系更为密切。在他之前，像孔安国《尚书·序》（即《尚书·伪孔传》）所说的："古者伏牺氏之王天下也，始画八卦，造书契，以代结绳之政。由是文籍生焉。"这是把结绳、八卦、书契等的发明，都笼统地归属于伏羲氏的时代，甚至还有一些"河出图，洛出书""天雨粟，鬼夜哭"等近乎荒诞的传说，真是令人无法信从。相对而言，许慎就比较客观。他从文字发展演进的过程，有源始有流，有流则有变，来讨论汉字起源的问题，看起来层次比较分明。

他认为汉字的产生，有其前后演进的过程。先是庖牺（伏羲）氏发明了类似八卦的一些符号，也就是后来演化为《易经》八卦的图像。那是伏羲氏通过观察天文地理、鸟兽万物的现象，"近取诸身，远取诸物"而得来的。

上古之时，在文字尚未发明之前，先民基于生活的需要，为了帮助记忆，通常会结绳或做些记号，大事大其绳，小事小其绳，或用若干简单的符号来记事。卦，就是挂绳或挂物的符号。伏羲氏是上古圣王，传说他教民结网，从事渔猎畜牧，并制八卦。所谓八卦，应该是指他把先民挂绳或挂物的符号、图像归纳整理，订定八种固定通行的符号。那是他参考天文地理、鸟兽万物的现象所制定的，为大家所共同使用。它们只是八卦的雏形，而非等同于后来《易经》的八卦。后来神农氏，使民复结绳而用之，时代逐渐进步，社会逐渐复杂，"庶业其繁，饰伪萌生"，简单的符号已不敷使用，民智已开，所以就把八种固定通行的符号，应用到宇宙万物上面去，从而印证了"变易"中有"不易"者在的《易经》的道理。

《周易·说卦传》说："乾为首，坤为腹，震为足，巽（xùn）为股，坎为耳，离为目，艮（gèn）为手，兑为口。"即所谓"近取诸身"。《周易·说卦传》说："乾为马，坤为牛，震为龙，巽为鸡，坎为豕，离为雉，艮为狗，兑为羊。"即所谓"远取诸物"。进一步说，"远取诸物"也可以是："乾为天，坤为地，震为雷，巽为风，坎为水，离为火，艮为山，兑为泽。"

从最初的符号、图像，到能用八卦来象征天地万物，占卜吉凶，推测事理，必然要经过一段漫长而悠久的历程。同样的道理，从上古结绳记事到黄帝时仓颉发明书契文字，更要经过一段漫长而悠久的历程。我在《汉字从头说起》一书的第一章"汉字的创始"中，曾对汉字的起源和汉字的创造做了比较详细的分析和说明，读者可以参考，这里就不再重复了。

基本上，我的分析讨论，就是根据许慎《说文解字·叙》第一大段阐述文字的起源而来的。从中我们可以发现，许慎在对周代以前汉字的创始演进过程中，能注意到历史发展的阶段性，并不会将结绳、八卦、书契、文字等的发明归于一人，混为一谈，而且还能注意到文字的社会政教的功能，认为它的产生可以导致"百工以乂，万品以察"，可以"宣教明化于王者朝廷，君子所以施禄及下"。简言之，它除了表达情意、传递信息之外，还有其政教功能，可以辅佐"王政"。

更值得注意的是，许慎除了注意到语言文字外在社会政教的功能之外，也注意到语言文字内在的构造形成的规律。他说："仓颉之初作书，盖依类象形，故谓之文。其后形声相益，即谓之字。"他既能认识到汉字依类象形的本质及形义相兼的表意特征，又能认识到汉字结合语言既有形符又有声符、既表意又表音的特征，这对古人而言，真是颇为难得的独到见解。

接着他又说："文者，物象之本；字者，言孳乳而浸多也。箸于竹帛谓之书；书者，如也。"更一语道破了文字作为语言传播工具的事实。写在竹帛上的文字，可以代表语言，把个人的思想情感腾之于口而笔之于书，广为传播，充分表达，所以说是"书者，如也"。据徐锴说，"如"就是"如其事"的意思。因为有每个人各自不同的因素，也有时代各自不同的因素，所以文字所构成的"书"，会产生种种的分歧与变化。也因此它的形体结构在不同时代的演进过程中，容易产生分歧变化。

文中所谓"以迄五帝三王之世，改易殊体。封于泰山者，七十有二代，靡有同焉。"即此之谓也。这对古人而言，当然也是难能可贵的独到见解。

前叙的第二大段，自"周礼：八岁入小学"至"秦书有八体"的"八曰隶书"为止，阐述了周、秦之间文字演变的情况。重点有三：一是周代礼制所推行的六书之说；二是太史籀大篆十五篇与六经"古文"的问题；三是战国群雄的分立到秦始皇

的一统对文字演变发展的影响。

（一）对于六书之说，许慎所谓："周礼：八岁入小学，保氏教国子，先以六书。"他所说的"周礼"，并非书名专称的《周礼》，而是泛指周代的礼教制度而言。当然，书名专称的《周礼》一书中的有关记载，也必然与此有相同处。《周礼·地官·保氏》就说掌管教育的官员保氏："掌谏王恶，而养国子以道。乃教之六艺：一曰五礼，二曰六乐，三曰五射，四曰五驭，五曰六书，六曰九数。"可见保氏除了谏诫王恶、辅佐王政之外，还要教育贵族子弟学习礼、乐、射、御、书、数六艺。依每个人年纪的长幼、学龄的高低，给予不同的训练。书、数，指写字、算术之类，是最先学习的基本技能；其次是射、御，指射箭、驾车之类，是古人生活中必须具备的体能训练；最后才是礼、乐，指礼仪、音乐等，这是古人为人处世必须了解的行为规范。由此可见"六书"是周代教导国子必备的知识技能。

根据许慎的说法，六书包括：指事、象形、形声、会意、转注、假借。这个说法，和班固、郑众所传的说法在名目和次第上略有不同，但它们都传自刘歆，这点毫无疑问。班固的说法可见《汉书·艺文志》，它是根据刘歆的《七略》删订而成的；郑众的说法可见《周礼·保氏注》。郑众的父亲郑兴是刘歆的弟子，许慎虽然和刘歆没有直接的关系，但他的古文经学师从贾逵，而贾逵的父亲贾徽，也是刘歆的门下弟子。衡以汉代经学遵守家法师法的传统，他们的六书之说，同样源自刘歆，这是毫无疑问的。

为讨论的方便，兹将班固、郑众、许慎三家的"六书"次第名称，胪（lú）列于下：

班固：象形　象事　象意　象声　转注　假借

郑众：象形　会意　转注　处事　假借　谐声

许慎：指事　象形　形声　会意　转注　假借

　　三家六书名目的差异，例如"指事"作"象事"或"处事"、"形声"作"象声"或"谐声"等，都还比较无关紧要，因为名称的不同并未影响实际的内容，但三家对于六书次第的彼此间的差异，则会涉及对文字起源的认知问题。

　　其中最引起后人注意的是，许慎将"指事"置于"象形"之前，这和班固、郑众都列"象形"为"六书"之首显然不同。三家对于六书名目次第的安排，应该不是出于偶然无意，而是有其学理上的依据。所以，许慎置"指事"于"象形"之前，一定有其道理。

　　一般人认为汉字依类象形，因其形可以知其意，因此视"象形"为六书之本，列为六书之首，乃理所当然。然而在许慎的观念中，"象形"是"画成其物，随体诘诎"，在描摹物体形状时并不简单，因为笔画线条要随着物体的轮廓而曲折，象日、月二字，甲骨文"日"作 ⊟ ⊡ ⊙，"月"作 ☽ ☾ ☽，除了画出日月的轮廓外，中间都还另有指示性的笔画线条，可以是一笔一画，一竖一横，甚至只是一点。那是一种符号，一种有书契文字作用的符号。如果只画出日、月的轮廓，那么就只有一个圆圈或一个半圆的图形，读者未必能因其形而知其意，必须要加上一个有指示性的符号，才能帮助读者唤醒记忆，了解其意义之所在。

再举个例子，像"刀"字，甲骨文作"𠚥"，在"刀"的象形上加一点或一笔，那是指示性的符号，也就是"指事"。又如"寸"字，甲、金文不见，篆文作"彐"，仍然可见在彐（手）的象形上加上一笔或一点，来表示那是人手的寸口动脉所在，那一笔一点的指示符号，"视而可识，察而可见"，当然就是"指事"。

因此，许慎列"指事"于"象形"之前，是有道理的。在还没有发明文字之前，先民因生活的需要，必然有所记事，记事时或用结绳，或用挂物，或用符号，或用图画，来提醒自己或示于人，后来才慢慢演进为书契文字，这是任何民族文字产生的必然过程。象形字固然是汉字造字的根本，但有指示作用的符号，即《易经》八卦的符号，应该比它更早。因此，许慎列"指事"于象形之前，有其道理。其他有关的一些问题，将并入下文"六书说"中一起讨论，兹从略。

（二）其次，谈周宣王太史籀大篆十五篇与六经皆用"古文"的问题。这一部分，许慎说得非常简略，也颇可商榷。这可能是东汉时许慎所能看到的古文字资料，较之今日所见尚不周全的缘故。徐铉在《校定说文》中曾说："和帝时，申命贾逵修理旧文。于是许慎采史籀、李斯、扬雄之书，博访通人，考之于逵，作《说文解字》。"可见许慎之著作，深受古文经学大师贾逵的影响，确然采取了"史籀"及"李斯、扬雄之书"，作为参考的资料。"史籀"即指周宣王的史官太史籀所厘定整理的"大篆"十五篇，后来亦称《史籀篇》，这是当时朝廷所颁布推行的童蒙读本。《汉书·艺文志》就说："《史籀篇》者，周时史官教学童书也。与孔氏壁中古文异体。"它所采用的字体，因系太史籀所编纂，故称为"籀文"；因受时局限制，仅流传于西土周、秦所统治的地区，故称为"大篆"，不但与"孔氏壁中古文异体"，亦与秦始皇统一文字后所采行的"小篆"不完全相同。后来李斯所编的《仓颉篇》、扬雄所编的《训纂篇》等，包括西汉以来流行的"三仓"之书，无不采用其字体，沿袭其体例。相关的问题，我在《汉字从头说起》一书中已有论述，这里不想重复，但必须强调，在许慎编著《说文解字》时，《史籀篇》尚未亡佚，只是民间不流行而已，专家学者见到此书的，可谓不乏其人，上文所引贾逵即是一例。也可能因为如此，所以许慎谈及此一问题时，只用"与古文或异"一语带过。

"与古文或异"的"古文"，是就许慎时代的观点来说的，自指古文字而言。它既与"籀文"大篆不同，所指应是比大篆更早的古文字。当时甲骨文尚未出土，金文所见亦颇有限，所以许慎用"或异"二字，表示或有不同，不敢肯定。当然，这也涉及下文"皆以古文"的问题。

许慎说的"至孔子书六经，左丘明述《春秋传》，皆以古文，厥意可得而说"这一段话，表面上看是说孔子编写的六经，和左丘明撰述的《春秋传》，都采用"古文"的字体，虽然与当时所通行的篆书、隶书不同，但书中的内容大意都还是可以理解的。实际上，它的言下之意是指这些事广为当时学者专家所知悉，所以也不必多说。他要强调的，也只是它们"皆以古文"，即都是用"古文"的字体抄写的，和篆书、隶书的写法真的不一样而已。

这些"古文"经籍，应包括下列西汉初年新出土问世的古籍：

（1）汉文帝时任过丞相的北平侯张苍，呈献了"古文"抄写的《春秋左氏传》，也就是上文所谓的左丘明《春秋传》。张苍在秦朝曾任御史，这可能是他秦火焚书时所珍藏的古抄本。等到汉惠帝下令除挟书之禁，文帝征求经籍旧典，他才捐献出来。

（2）汉景帝、武帝之际，鲁恭王为扩建宅院而拆除孔子的旧居，在其墙壁间发现了很多用"古文"字体抄写的经书本子。此即所谓"壁中书"。包括《尚书》《礼》《记》《春秋》《论语》《孝经》等。

（3）汉武帝的弟弟、河间献王刘德，崇尚儒学，搜集到的"古文"经籍，有《毛诗故训传》《周官》《尚书》《孟子》等。

除此之外，还有鲁国民间出土呈献的《古孝经》和《礼古经》等。关于这些，许慎下文另有说明。它们都是用"古文"写的，和当时用隶书抄写的本子相比，不但有字句上的差异，甚至卷数篇幅都不一样。像河间献王所献的《毛诗》是用古文写的，属古文经，而浮丘伯所传的《鲁诗》《韩诗》《齐诗》三家诗，则属今文学派。今古文之间，文字互有差异。像孔宅"壁中书"出土的古文《尚书》有四十五篇，而由伏生口授、用隶书抄录的今文《尚书》则仅有二十九篇。

这里所说的"古文"，自清末民初以来，经过王国维等人的考证，我们已经知道它指的是战国时代六国所使用的东土文字。这种文字，相对于汉代所通行的隶书而言，当然是古文字，加以它的字体又与上述的籀文、小篆不同，而西汉以来出土的一些古代彝器铭文，数量少，更难以为据，所以许慎等汉儒只能笼统地称之为"古文"。

这一部分文字虽然简短，但和第一大段末尾所说的"改易殊体""靡有同焉"却两相呼应，都在说明古今字体的分歧变化。

（三）第三部分，承接上文，谈的是从战国群雄的分立到秦始皇的一统对文字演变发展的影响。叙述时，一因一果，一正一反，互为因缘。

"诸侯力政，不统于王"，这是说明战国时代，群雄割据，分立为王，不听从周天子的节制命令。"恶礼乐之害己，而皆去其典籍"，这是说明战国群雄破坏了周王朝的典章制度，舍弃六艺六经，不讲礼乐文化。结果是崇尚武力，各为己私，最后"分为七国，田畴异亩，车涂异轨，律令异法，衣冠异制，言语异声，文字异形"。就本文而言，重点在于言语异声、文字异形。

接着，许慎马上用三小段文字，来叙述秦始皇统一天下后的文字政策、行政措施及所产生的流弊：

（1）采用李斯建议，统一文字。把六国通行的文字形体，不管是字体或书体，只要"不与秦文合"，就在摈弃之列。

（2）统一文字为"小篆"。这种字体，是由"史籀大篆，或颇省改"而来的。史籀的大篆十五篇，本来就是周宣王时由周王朝颁布实施的，只是施行未久，王室衰微，群雄并起，"不统于王""皆去其典籍"，所以只流行于周、秦所统治的西土地区。秦始皇倡行的小篆，取史籀大篆为法，有宣告继承法统之意。"或颇省改"者，则由于籀文大篆有的形体太繁，不便书写，为了简易方便，所以或省略形体，或改易形体，一并加以改革。当然，沿用不改的，也一定不少。

同时为了贯彻命令，丞相李斯编定《仓颉篇》，中车府令赵高编定《爰历篇》，太史令胡毋敬编定《博学篇》。三人职司不同，各自管辖范围，以小篆为字体来编写教材，以号召天下，积极推行。

（3）说明秦朝推行"小篆"的结果。因为秦始皇焚书坑儒，穷兵黩武，役戍频繁，官狱忙碌不堪，吏民贪求简约方便，恰好有一种新兴的书体叫作"隶书"的（相对于后来的汉隶，称秦隶或古隶）正在流行，所以大家纷纷用它来做书写工具。言下之意，暗指小篆的实施、推行未广，为时不长，所以成效亦不彰。但连带的，字体结构比小篆更繁杂的"古文"，民间罕人使用，也就"由此绝矣"。

在这三小段的叙述之后，许慎总结周、秦间文字演变的结果，说到秦朝灭亡之前在秦所流行的文字，有八种不同的书体，即大篆、小篆、刻符、虫书、摹印、署书、殳书、隶书。这秦书八体之中，除了大篆、小篆已见上述是朝廷推行的字体及隶书（秦隶不同于汉隶）为一般吏民所乐用之外，其他的五种，应该都是大篆、小篆的变体，或用之于玺印，或用之于刻符，或用之于幡信，或用之于兵器，都是经过艺术化的字体，只是书写或刻契时，受到不同器物的影响，做不同的艺术处理而已。关于这些，我在《汉字从头说起》一书中，亦已多所论列，兹不赘述。

前叙的第三大段，自"汉兴，有草书"至"其迷误不谕，

岂不悖哉"，叙述西汉以来文字发展的概况，以及一些学者是
非混淆的见解。

前一部分，举例说明西汉初年，君臣承秦之遗，尚能制定
律令，以秦书八体来课试士子，后来在汉宣帝及汉平帝时，尤
其能倡复古学，出现一些鸿儒名著，可是到了王莽摄政篡位期
间，托古改制，"颇改定古文"，又把古文字的传统破坏了。

先说"汉兴，有草书"，承上启下，有其道理。说明西汉
初年一般吏民的书写状况，仍然沿袭秦书八体的写法。秦书八
体中，除了篆书和隶书之外，其他的几种书体，都经过艺术
化的处理，多少有"草书"的倾向。这里的所谓"草书"，和
后来所谓"章草""今草"等草书的性质不同，它指的是介乎
篆、隶之间，一种既求快速又求美观的书体，像"刻符""虫
书"之类，因求其速成，难免潦草。就因为如此，所以汉初廷
尉制定的律令中，才对应试的学童有种种颇为严格的规定：限
制十七岁才有应试资格；至少要能识读当时有关律令条文通行
的九千个汉字（应该包括籀、篆、古隶等不同字体），才可以
做郡县管理文书的小吏；还要认得秦书八体，通晓古今公私文
字的形体，才可以到中央机构担任秘书；万一书法写字不端正
合格，动辄会被检举弹劾。许慎叙述这些，是用来说明汉初承
秦之遗，对"统一文字"有相同的认识，认为文字是"经艺之
本，王政之始"，不可轻忽。"今虽有尉律不课，小学不修，莫
达其说久矣"，那是许氏著书时的感叹之辞。

许慎特别提到汉宣帝时期对《仓颉》古字的提倡，还特别
标举了张敞、杜业、秦近等几位著名学者；另外，在汉平帝时，

也特别标举爰礼、扬雄等人，并赞叹"《仓颉》以下十四篇""略存之矣"，用意都在于说明君臣相得，古道之复兴可期。

可惜到了王莽摄政到自立为皇帝时，一切锐意更"新"，自言制礼作乐，托古改制，曾派大司空甄丰等人校定宫中文书。他们自以为受命应制而作，竟然乱改文字，妄增笔画。例如"叠"字，据扬雄的说法，"以为古理官决罪，三日得其宜乃行之"，所以"从晶，从宜"。王莽、甄丰却"从三日太盛，改为三田"，这是违背了六书造字的原则，以为随便增加一些笔画就近乎"古文"。可以说这不但不是复兴古学，反而是破坏古文字的传承了。

虽然古文学派借王莽之提倡托古改制而乘势崛起，但在许慎看来，很多流弊亦随之而生。

因此，下文"时有六书"所提到的"古文""奇字""篆书""佐书""缪篆""鸟虫书"，是否由秦书八体变化而来，虽然无法确定，但配合前面的"颇改定古文"、后面的"鲁恭王坏孔子宅"等文字来看，许慎认为它们多少带有"草书"的性质，是可以理解的。许慎批评的重点，是在书体，而非字体本身，这也是可以理解的。文字发展到这时候，朝向两个方向发展，一是正规标准化，一是别体多样化。二者可以并行而不相悖。例如"奇字"的"奇"，意味着是"古文"的别体；"佐书"（即秦隶）的"佐"，意味着是"小篆"的别体；"缪篆"的"缪"，说明它是不合规范的篆书；"鸟虫书"的"鸟""虫"，说明它是动物图形、不合规范的艺术字。这些情况说明了当时的六书之中，何以没有包括当时正兴起流行的"今隶"（即汉隶），同时也说明了汉字的今体、俗体日益滋蔓，包括草书、楷书、行书等，何以在此先后纷纷继起的原因。

以下两段文字，是许慎用来说明东汉以后一些学者误解古文字的例子。

第一个例子，他列举鲁恭王拆孔宅"壁中"所得古文《尚书》《论语》《孝经》等书和北平侯张苍所献的《春秋左氏传》，以及郡国山川所得的古代鼎彝铭文，来说明那些都是真正的"古文"，绝非造假，虽然不能确定其产生及通行的年代，但"其详可得略说也"。然而，有些不明所以的人"大共非訾"，乱加批评，说是好奇之士为了炫耀学问故意搅乱常规，改变现行篆隶正字的写法，假托出自孔子的旧宅，其实都是向壁虚构的假文字，没有人看得懂。此其一。

第二个例子，说的不是上述的"世人"，而是"诸生"和"廷尉"等知识分子。诸生，指读经书的儒生而言。廷尉，指在朝居高位的职官。这和上文前叙第三大段的"尉律：学僮十七以上始试"和"今虽有尉律不课，小学不修"等，是前后相呼应的。

许慎说有些儒生在解说经书的文字及大义时，将前秦通行的古隶称为上古仓颉时代的文字，并且说文字乃父子相传，哪里有改变的可能，竟然还敢只据隶书的字形，私相妄称："马头人为长""人持十为斗""虫者，屈中也"。把这几个字用当时流行的俗体或隶书的字形写得潦草一点的话，"长"字确实有点上像"马头"下加"人"形；"斗"字确实有点像左旁是"人"形，右侧是"十"字；"虫"字确实有点像"中"字的中间一笔写得弯弯曲曲就是。所以这些儒生似乎可以说得头头是道，但其实全是错误的。这不必用甲骨金文或"古文"籀文，只要拿小篆来对照就知道了。像篆文的"苛"作"𦬁"，从"草"头，"可"是声符，意义是"小草"，怎么会是"止句"呢？

至于有些官员，像掌管法令的廷尉，竟然也有人不谙古文，曲解法令，只根据隶书的字形，把法律条文中"苛人受钱"的"苛"字，误解为"止句"，卖弄他懂得"句"字古通"勾"（鈎），望文生义，加以穿凿附会。

据许慎所知，"若此者甚众"。究其原因，自然都是因为他们不知古文字的条例，"谬于史籀"的缘故。因此，在这种风气影响之下，不见通学大儒，俗儒野夫反而"怪旧艺而善野言"，甚至迷信神仙之说，附会到古书中来。像汉代通行的《仓颉篇》中，有"幼子承诏"一句，本来是说学童秉承师长的告示，俗儒野夫却因后世解释"君命"为"诏"，不知《仓颉篇》原为李斯所编，就附会汉代所改编的《仓颉篇》真乃黄帝时仓颉所作，而把"幼子承诏"解释为"黄帝乘龙上天，而少子嗣位为帝"，更有人附会为胡亥二世即位之事。真是鬼话连篇，荒诞之至！所以许慎慨然言之。

其实，此等风气之由来，自西汉初年已肇其端。据《史记·儒林列传》及《汉书·五行志》记载，董仲舒好《公羊春秋》，又喜以阴阳五行说经，为儒者宗。由于今文经学受到帝王的崇尚，盛极一时，至东汉光武帝时，天人感应之说更发展而成谶纬（chèn wěi）之学。明帝号称尊崇儒术，不但亲自主持谶纬书籍的编写工作，还亲自制作五行章句，以谶纬解经义。章帝号称会集经学名儒于白虎观，讲论五经同异，后来还由班固等人整理而成《白虎通义》，实则是将儒学与阴阳五行、谶纬之说结合在一起。连当时的古文经学大师贾逵，也不得不写《春秋左氏传解诂》，曲引谶纬，证明《左氏》与图谶相合。范晔在《后汉书·贾逵传》中，曾经说到光武帝问郑兴郊祀之事，郑兴答以"臣不为谶"，因而惹怒光武帝，不受重用；又，光武帝问桓谭是否可以谶决事，桓谭答以"臣不读谶"，竟亦因此获罪，贬为六安县丞。范晔因而感叹道："世主以此论学，悲矣哉！"明乎此，我们更可体会许慎当时写作时的悲愤心情。

如果我们查查汉朝流行的纬书及它们所残留下来的经说，更可明白汉代的所谓俗儒，他们在解释文字时，是如何的牵强附会。例如《春蘵（秋古字）元命苞》一书即云：

> 屈中挟一而起者为史，史之为言纪也。天度文法，以此起也。
>
> 刑字，从刀从井。井以饮人，人入井争水，陷于泉，以刀守之，割其情欲，人畏慎以全命也。故字从刀、从井也。
>
> 王者置廷尉，谳（yàn）疑刑，官之平、下之信也。尉者，慰民心、抚其实也。故立字，士垂一人，诘屈折著为廷；"示"戴"尸"首以"寸"者，为言"寸"度治法数之分，示唯尸稽于寸，舍则法有分，故为尉示与尸寸。

这些真是穿凿附会，荒谬至极！段玉裁《说文解字注》说得好：

> "而世人大共非訾"以下至此，皆言"《尉律》不课，

小学不修，莫达其说"之害。盖自不试以讽籀《尉律》九千字，不课以八体书，专由通一艺进身而不读律，则不知今矣；所习皆隶书，而隶书之俗体又日以滋蔓，则不知古矣。以其滋蔓之俗体说经，有不为经害者哉！

此许自言不得不为《说文解字》之故。

前叙的第四大段，自"《书》曰予欲观古人之象"到"盖阙如也"为止，说的就是许慎《说文解字》的基本态度和写作旨趣。

首先，他引用《尚书·皋陶谟》和《论语·卫灵公篇》的言论，来说明编纂该书的基本态度：

一是遵修旧文而不穿凿，表示言必有据；二是己所不知则阙其疑，表示言不虚发。他批评那些不知旧文、不问是非的人，存的是私心，说的是邪辞，会迷惑天下读书人。所以他要说"文"解"字"，从学问的根本做起。以下的两段文字，是这两个基本态度的阐述。

就"遵修旧文而不穿凿"而言，他所要遵循修治的"旧文"，不是民间流行的隶书，而是学问根本的篆文和"古文""籀文"。这些古文字，是"经艺之本，王政之始"，是读书人治学从政的入门功夫。古代文化靠它延续，古代传统靠它保存。《论语·学而篇》所说的"本立而道生"，就是这个道理。

"今叙篆文，合以古籀，博采通人。至于小大，信而有征，稽撰其说"，是说《说文解字》这本书，将以小篆为说解的主要对象，同时参酌对照新出土的"古文"和籀文大篆。说解时，会博采古今通人达儒的见解，一切务求信而有据，绝不穿凿附会。甚至会引当代的实际语言为佐证。例如解释"自"字，引用俗语，解释"姐""娃"等字，引用蜀中吴越方言，真的是"至于小大"。其目的在于"理群类，解谬误，晓学者，达神恉（zhǐ）"，已由写作态度谈到写作目的。

就阙文存疑、不知不问而言，许慎强调书中所说解的文字，都分门别类，不相混杂，求其条理分明，可以兼摄万物。并且声明他所参考、引证的经籍，包括孟喜的《易经》、孔安国的《书经》、毛亨的《诗经》、《周官》（即《周礼》）、《春秋左氏》（即《左传》）、《论语》和《孝经》等，都是古文经的版本。这也是"言必遵修旧文"的例证。最后，他再次强调："其于所不知，盖阙如也"，表示一切都信而有据，言不虚发，对于己所不知或知之未详的事物，不做臆测。例如"旁"（旁）字中间的"门"，这代表什么意义，他不清楚，就标一"阙"字。黄侃说："许君说字，皆有征信，经典之有征者，则征之经典；经典之无征者，更访之通人；其有心知其意，无可取征者，则宁从盖阙，以避不敏。"（据黄焯《文字声韵训诂笔记》引）说的真有道理。

二、接着分析后叙的段落大意及其相关问题

《说文解字》的后叙和前叙之间，有五百四十部的部首目录。这些部首的先后次第，主要是"据形系联"，根据形体相

近的原则来排列顺序，例如卷一上篇的"一"部以下好几个部首，就是如此。其次，才"以类相从"，以义为次，"类"指的就是义类。例如卷二下篇的"齿"部和"牙"部，虽然形不相近，却以义相近而联系在一起。如果形义都不相近，那就略按性质加以归类。在同一部首内的属字，基本上也是参考各字的意义及其性质，以类相从。通常是先名后事，用今天的白话来讲，就是先列名词，后列动词和形容词等。有时候也以声音相近者为次，特别是形声字特别多的部首，更是如此。这些相关问题，在下面会另立专章讨论，还会陆续补充说明，这里就不再赘述了。

前叙、后叙之间，虽然隔着五百四十部的部首目录，但它们语气可以前后相接，意义也可以相贯。

后叙比较简短，可以分为两大段。第一大段，自"叙曰此十四篇，五百四十部"至"知化穷冥"为止，补叙了该书的卷帙体例和著者的身世背景。

第一大段所说的："此十四篇，五百四十部，九千三百五十三文，重文一千一百六十三，解说凡十三万三千四百四十一字"，应是该书的原貌，但后来辗转流传时，已有变化。

文前的"叙曰"二字，有人认为是徐铉所加；"十四篇"，也因后人将此许慎前后叙文及目录，加上其了许冲所上的书表，合为一篇，从而变成全书十五篇。许冲上表时，以一篇为一卷，后来徐铉校定时，又以篇帙繁重，将每卷又分上下，共三十卷。笔者撰文，以十五卷或三十卷，本为十五篇，故复原书"篇"名，卷数则依徐铉分上下，故称"卷一上篇""卷一下篇"云云。

至于全书"九千三百五十三文，重文一千一百六十三"等，据段玉裁《说文解字注》核对传世的大徐本，已各有增删，合计正文增加七十八字，重文（包括"古文"、籀文、奇字、俗体等）增加一百一十六字，而解说则减少一万零七百四十二字。因年代久远，故版本流传情形难以确考。篇帙字数的增删，更难以说得清楚。

从"其建首也，立一为耑"到"毕终于亥，知化穷冥"，谈的是部首的编排条例。这和上文所谓"将以理群类，解谬误，晓学者，达神恉"，是互为因缘的。这些说法，显然受到当时阴阳五行学说的影响。"立一为耑"的"一"，不是计数字的"一"，而是一种指事的符号，代表宇宙万物的本原，即所谓"道"。而"毕终于亥"的"亥"，据《说文》说"从二，二，古文上字。一人男，一人女也。从乙，象裹子咳咳之形"，它的古文写法，与"豕"同，假借为干支的"亥"字。干支之数，周而复始，"亥"尽又继之以"子"，所以说是"亥而生子，复从一起。"许慎的部首编排，以此为起讫，自有取周而复始、往复无穷之意，所以也才说是"方以类聚，物以群分……引而申之，以究万原。"用来呼应上文的"分别部居，不相杂厕。万物咸睹，靡不兼载。厥谊不昭，爰明以谕。"在说明部首编排，根据"分别部居，不相杂厕""杂而不越，据形系联"为体例的同时，也揭露了他编纂此书的旨趣。

第二大段，以辞赋铭颂之类的韵文形式，来总结全文。

先是歌颂大汉王朝，天子圣明。恭承天命，礼教成功。德泽广被，皇恩浩荡。学术昌盛，既深且广。儒者士子，皆知方向。穷精极微，将可永传。全是歌功颂德的习套，有些地方还与上文所论述者略有抵触，不过，这毕竟是古人的习套，不必深责。

然后是署明写作的年代，在东汉和帝的永元十二年（公元一○○）正月初一。这当然是"叙"文的写作年代，但是不是《说文解字》的成书年代，就不得而知了。

最后是历数其祖先世系，自远古的炎帝神农氏说起，多涉神话传说，因为上章已经译介评析，这里也就可以略而不提。

校后补记：后叙第二大段，"粤在永元"以下四句，亦可并入下读；"其弘如何"以下十二句，亦可三句一读。就韵文而言，如此断句，似更醒眉目。

第四章

《说文解字》的部首

上文说过，要认识《说文解字》，必须先看《说文解字·叙》，叙分《前叙》和《后叙》；其次要看五百四十部的部首，这些部首就像目录一般，出现在前叙和后叙之间，自有它特别的用意。上文第二章第三节谈到许慎著作时，对于清代以前《说文解字》流传的情形和相关的重要学者及其论著，已做了概略的介绍；对于涉及部首部分的意见，也已做了简单的评述。本章拟承接上文，对《说文解字》部首的相关问题，再做进一步的述论。

第一节　部首的意义与价值

　　部首，指每部的第一个字。据《说文解字·叙》，许慎把他所搜集的九千三百五十三个古文字，包括古文、籀文和小篆等，去其重复，大约从八千八百多个小篆字体中，依其形体结构分部归类，总共分为五百四十部。每部设一部首，共有五百四十个部首，许慎就用它们来统摄全书。在每一个部首之下，通常都还统领着若干属字，而且注明："凡某之属，皆从某。"表示部首第一个字的形体，都会包含在底下统领的所有属字当中。它代表这同一部里的字"义"，换言之，同一部首的属字，它的本义都必然与部首有关系。因此读者认识了部首，也就等于同时认识了部首底下所有统摄的属字。

　　《后叙》有云：

　　　　其建首也，立一为耑。方以类聚，物以群分。同条牵属，共理相贯。杂而不越，据形系联。

所谓"立一为耑""据形系联"，说的就是这一回事。耑与端，
系与係、繁，都是古今字，意义相同。"立一为耑"，是说在同
一部里，取第一字为部首。据形系连，是说在每一部首之下，
根据文字最初始最基本的形体，把形体相同、相近或相关的，
依照次序排列在一起。部首的重要性，由此可见。

在《前叙》中，许慎认为"仓颉之初作书，盖依类象形"，
在他的观念里，从一开始，绝大多数的汉字，基本上都是由象
形字或所谓"形符"构成的。起先形多独体，非常简单，仅
仅用以表意，所以称之为"初文"；后来用途渐广，日趋繁复，
不但孳乳浸多而合体成字，而且逐渐可以用来表音、表义。另
一方面，汉字形体受到不同的时代环境、政教体制等影响，随
之起了变化。到了东汉，除了当时通行的隶书之外，许慎还可
以见到一些古文字，包括古文、籀文、小篆等，不管如何，汉
字发展的结果，最后已经成为一种以象形为主的表意体系的文
字；在字形和字义之间，一直存在着非常紧密的关系。因此，
许慎的《说文解字》，按形体特征对文字进行分部归类，可以
说是把握了汉字构成的基本特质，而其标举部首，以五百四十
部来"统摄天下古今之字"，更可说是前所未有的创举。也因
此后人纷纷加以推崇，肯定其价值。

像段玉裁的《说文解字注》，对许慎这样的分部归类，曾
如此"称许"：

许君以为音生于义，义著于形。圣人之造字，有义以有音，有音以有形。学者之识字，必审形以知音，审音以知义。圣人造字，实自象形始。故合所有之字，分别其部为五百四十。

每部各建一首。而同首者，则曰凡某之属皆从某，于是形立而音义益明。

凡字必有所属之首，五百四十字可以统摄天下古今之字。此前古未有之书，许君之所独创。若网在纲，如裘挈领；讨原以纳流，执要以说详。

并且说许慎所立之部首，"与《史籀篇》《仓颉篇》《凡将篇》杂乱无章之体例"相比较，相差真"不可以道里计"。

第二节　对后世字书的影响

　　许慎把他当时的"天下古今之字"，统摄为五百四十个部首，应该如段玉裁所言，是前所未曾有的创举。《史籀篇》今已亡佚，不敢妄说，但就目前尚存可见者论，像秦、汉之际的《尔雅》一书，虽然也是一部训解字义的著作，但其编撰体例纯是以义分类，释义时也仅仅以直陈语义的"义训"为主；像汉代史游的《急就篇》，虽然也具有字典、词典的性质，开头也曾标榜"分别部居不杂厕"，并按内容分类，把同类的字，例如把木类的桐、梓、椿、樗等编列在一起，其他像水类、鸟类的字也都各自分类加以编列，而且这种编列方式应该亦曾影响了许慎的《说文解字》，但是，它还只是按内容来做笼统的分类而已，仍然未能像《说文解字》一样，不但能通过文字形体结构做比较明确的分析，即所谓形训来探求字义，同时还能通过一些语音相同或相近的字，即所谓声训来探求语义。所以对其后来字书、词典之类学术著作的影响，都无法与许慎的《说文解字》相比。

五百四十个部首，出现在《前叙》和《后叙》之间，是有其特别的意义的。许慎标举它们，不是像秦、汉"三仓"那样，仅为后学儿童教习而作。他说得很清楚，他是为了辅佐王政，"宣教明化于王者朝廷"，怀抱着汉代经学家的政治理想。他编次这些部首时，"立一为耑""毕终于亥"，想要"知化穷冥""理群类""达神恉"，也都明显可以看出他在古文学派的重视训诂之外，同时兼具有今文学派畅言阴阳五行的王道精神。他要编撰的不仅仅是一本字书，教人明白六书之说、古人造字之法，而是一部可以传之久远、经世济物的经学大著作。然而，从魏晋以后，很多学者把《说文解字》只视为字书，把部首只视为目录检索之用，忽略了它的学术价值以及对后世学术的贡献。

魏晋以后，许多文字学者常将全书的重点放在下列三个方面来讨论：

（一）为了便于读者应用，增加字数。像晋代吕忱的《字林》、梁代顾野王的《玉篇》，他们的分部归类都仿自《说文解字》，仍然分为五百四十部或略为增加（《玉篇》的分部是五百四十二部），但重点都放在如何便于读者应用而以义类聚，增收了字数。比起许慎《说文解字》的九千三四百字，前者《字林》增收了三千四百多字，后者《玉篇》则增收了一万三千二百多字。

（二）提出"偏旁""字原"之说。像唐代李腾的《说文字原》、宋代林罕的《字原偏旁小说》、释梦英的《偏旁字原》、元代周伯琦的《说文字原》，一直到清代吴照的《说文偏旁考》等，他们都从"据形系联"和"以类相从"的观点来重新审视五百四十部的意义，提出了"偏旁""字原"之说。吴照的《说文偏旁考·自叙》就说："凡五百四十部，本于仓颉。……其中八千八百一十又三文，皆从是焉出。则偏旁者，字之原也。"他们认为所谓部首者，从文字的形体结构言，可称为"偏旁"；从文字的孳乳衍生言，可称为"字原"。

（三）检讨部首的性质，重新分部归类。宋代以后，郑樵的《六书略·论子母》认为，文字有母有子，能用来组成新字的基本形体，称为字母；不能组成新字的，称为字子。虽然母子可以相生，但"许氏作《说文》，定五百四十类为字之母"，其中"误以子为母者二百十类"。郑樵在全面分析文字形体结构之后，认为"六书"之中，象类书总共是三百三十母，因而重新分部归类。在他之后，像宋末元初戴侗的《六书故》、元明之际赵古则（又赵撝谦）的《六书本义》等，都曾对许氏《说文》的分部归类，或增或减。清代吴玉搢《六书述部叙考》说得好："戴、赵二书，更变为多。分合增减，移易改并。有母部以领子，而又有子部以领孙……顾其中有实能匡弼前失、改正讹误者，亦有好为异同、肆意更张者。"明清以后的字书，一般而言，部首通常都缩减了，只剩下两百多个。

魏晋以后的很多文字学者，虽然只把《说文解字》当作字书看待，有意或无意间忽略了许慎原来编撰此书的宗旨，但就文字学本身及字书词典的发展而言，他们仍然为许慎的部首及"六书"之说，直接或间接做了不少推阐的工作。

从梁代顾野王的《玉篇》开始，一直到清代《康熙字典》的编成为止，虽然对《说文》的部首有所增删，但几乎都还沿用《说文》部首编排汉字的方法。像《玉篇》就是完全采用《说文》部首编排的方式，只易篆体为楷书而增加总字数。清代以后的字书词典，一直到目前都还一样，有的为了检字索引的方便，虽然改用笔画、四角号码或音序（拼音）等检索的编排方法，但通常都还会附有部首检字表。由此可见《说文》的部首对后世学术的影响是多么深远。

第三节　在文字学上的地位

许慎《说文解字·后叙》自称："此十四篇，五百四十部，九千三百五十三文，重文一千一百六十三，解说凡十三万三千四百四十一字。"如今传世的本子，如徐铉校定本、徐锴系传本，以及清代段玉裁的注本等，字数都各有出入。段玉裁就曾这样说：

> 今依大徐本所载字数核之，正文九千四百三十一，增多者七十八文。重文千二百七十九，增多者百一十六字。说解字数凡十二万二千六百九十九，较少万七百四十二字。

可见，从许慎撰稿、许冲上表献书，到唐五代之际，此书已经有所增删，字数有所变动。至于实际详情，早已无从考究了。

许慎编撰《说文解字》，如上所述自有他的经学背景和政治理想，但想作为教学识字的字书之用，必然也是著书的目的之一。因为他明白汉字是以象形为主的表意体系的文字，字形与字义之间关系非常紧密，所以为了教读者识字，必须因形以知义，要注重字形的分析，才能帮助读者了解汉字的本义。他把自己所搜集到的古文字，按字的形体归类分部，立了五百四十个部首，从"分"不从"合"，特别注重字形的分析，以象形字为主，尽量采用初文，并且以小篆作为书写的主干。

许慎生于东汉时代的中叶，当时隶书业已盛行，那么为什么他在创立的部首中，还要采用小篆而舍弃隶书呢？赵伯义在《说文解字部首新论》一文（见河南人民出版社一九九一年出版的《许慎与说文研究论集》）中分析其原因，认为可以归纳为下列三点：

（1）小篆脱胎于大篆，形体接近上古文字，以小篆为部首，有利于分析汉字的结构及造字的本义。反之，隶书始于秦而盛于汉，形体与上古文字相差很远，不便于分析汉字的结构、了解造字的本义。

（2）秦代曾颁布天下"书同文"，以小篆作为统一的文字，流行很广，知晓的人较多。同时许慎曾受业于古文学派大师贾逵，出于尊师、崇古的心理，也促使他以小篆为部首。

（3）当时隶书已被广泛应用，有些人根据隶书的形体来分析汉字的结构，随便发表意见，闹了不少笑话。对此，许慎很不满意。

赵伯义的分析，很值得参考。

除此之外，赵伯义对于《说文》部首编排的次序，以及《说文》部首的学术价值，也还有一些值得商榷讨论的意见，因为篇幅有限，而且后面的章节还会有很多地方谈到相关的问题，这里就不一一评述了。

前面说过，《说文》五百四十个部首虽然都以小篆为主干，可是在说解中偶尔会列出其他的先秦古文字，包括古文、籀文、奇字等。这是表示：有特别标出古文、籀文等的部首，和当时小篆的形体不一样，是以前大篆、籀文、古文所见的字体，包括汉代先后出土的先秦铭刻资料在内，所以许慎才要特别标举出来。至于大多数部首的说解中，没有列出也未曾提及，那是表示：该部首小篆的形体，与古文、籀文等以前的古文字相同，因此就略而不提了。

这种把小篆部首和古文、籀文等其他古文字形体并列互见以推求字原的工作，从清代以后，关注的学者逐渐多了起来。许慎的时代能见到的古文字是有限的，像甲骨文和很多金文资料，他就没见过。所以关于这方面的研究工作，特别引人注目。其中像清代文字学家蒋和的《说文字原集注》《说文字原表》，就曾引起中外学者的注意。国内如王筠的《说文句读》，就对蒋和的《说文字原表》做了校正，更名为《说文部首表》，而且引其为该书的附录；国外如日本学者高田忠周的《说文字原谱》，也采用蒋和的方法，参考宋代郑樵六书"母子衍生说"的理论，析出母文，把先秦文字分为一百四十七部；日本著名甲骨学家岛邦男的《殷墟卜辞综类》，更把他所见的甲骨文字，依其基本形体分为一百六十四部。对照来看，从这些著作中可以发现小篆的形体虽与甲骨文有所不同，但也多有可系联处。

这也足可证明许慎当年的苦心孤诣，没有白花气力。

　　为了方便读者参考、比较，兹据姚孝遂《许慎与说文解字》一书所附三者对照表，引录于下。表中所列，①指许慎《说文》部首；②指高田忠周《说文字原谱》；③指岛邦男《殷墟卜辞综类》。简注则出于姚孝遂之手。

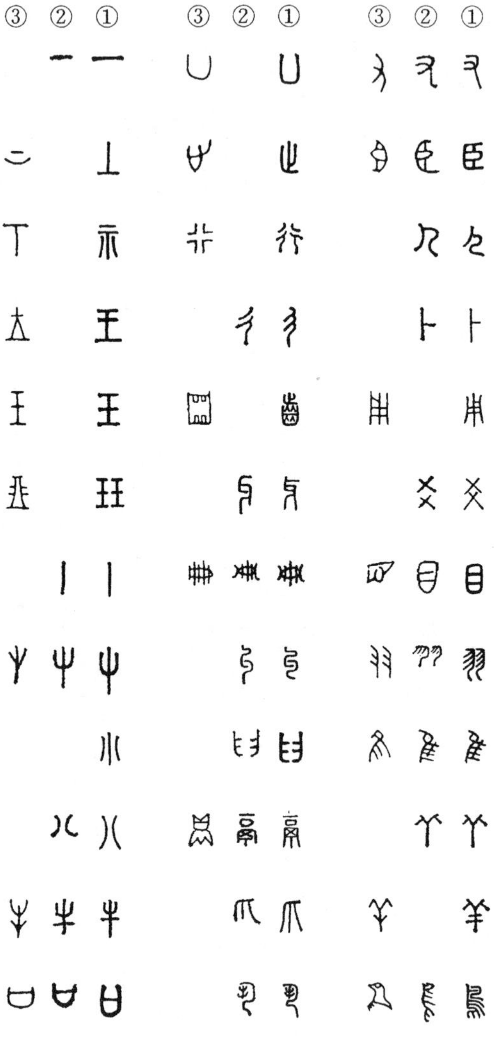

③ ② ① ③ ② ① ③ ② ① ③ ② ①

③ ② ① ③ ② ① ③ ② ① ③ ② ①

（霓）

③ ② ① ③ ② ① ③ ② ① ③ ② ①

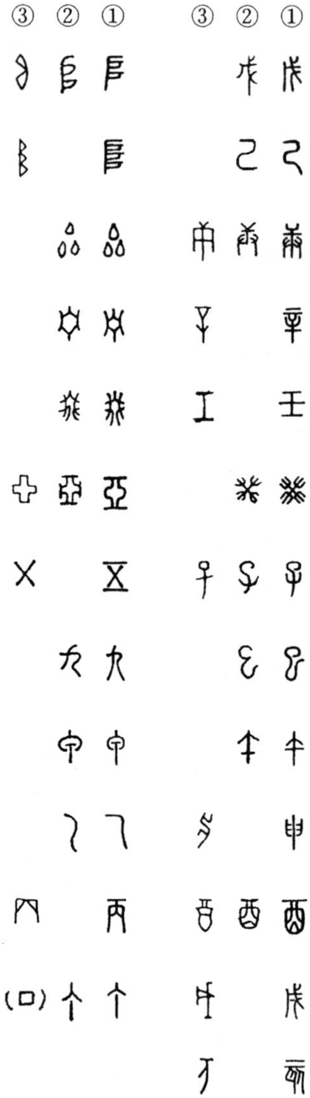
③ ② ① ③ ② ①

简注：

一、《说文字原谱》或《殷墟卜辞综类》所无之《说文》部首，均略而未录。

二、甲骨文"山""火"难以区分；"丁""口"只是形体大小之不同。

第五章 《说文解字》的编撰体例及诠释方法

第一节　编排原则

许慎运用他的"六书"理论，把书中所收录的九千多个汉字，归纳出它们形、音、义之间的关系，从而建立了汉字在形体结构上的形义体系。大致都是以形为主，因形而说音、义，但形、音、义三者之间并非孤立，而是紧密结合，融为一体。

许慎所建立的形义系统，据《说文解字·叙》云：

分别部居，不相杂厕。（前叙）

方以类聚，物以群分。同条牵属，共理相贯。杂而不越，据形系联。（后叙）

可见其编排体例，基本原则在于"分别部居""据形系联"。就"分别部居"言，他将所收录的九千多个汉字，分为五百四十个部首，依其偏旁相同、形体相关的或近似的，进行顺序排列。

每部之中，确立一字为部首，就排在一部之首。同时他受到当时学风的影响，配合谶纬思想及阴阳五行的说法，"立一为耑"而"毕终于亥"，把"一"部列为部首之首，而最后的一个部首则名为"亥"部。底下分为"部次""字次"二项，来说明其编排原则。

一、部次

部首排列的顺序，即所谓"部次"者，许慎先是根据"据形系联"的原则，把不同的部首，依形体相关或相近的程度，加以系联。例如卷一上篇，"一"部之下为"丄"部，即"二"（上）部，"二"（上）部之下为"示"部，"示"部之下为"三"部，"三"部之下为"王"部、"玉"部、"珏"部等。它们之间，由"丄"而"下"而"示"，由"三"而"王"而"玉"而"珏"，都有形体相承或近似的关系。我们下文就先以此为例，对"部首"和"部次"的意义加以说明。

这里的"一""二""三"，并不是仅指计数之名，而是别有其文化含义。老子《道德经》的："有物混成，先天地生。寂兮寥兮，独立而不改，周行而不殆，可以为天下母。吾不知其名，字之曰道。"又说："道生一，一生二，二生三，三生万物"，以及《周易·系辞上传》所说的："易有太极，是生两仪。两仪生四象，四象生八卦。"这才是它们的意义所在。

《说文解字·叙》曾说："古者庖牺氏之王天下也，仰则观象于天，俯则观法于地，视鸟兽之文与地之宜，近取诸身，远取诸物，于是始作《易》八卦，以垂宪象……黄帝之史仓颉，见鸟兽蹄远之迹，知分理之可相别异也，初造书契。"这"一""二""三"等字，正是仓颉参考《易》八卦垂示的宪象所初造的书契符号。它们都还不是描摹具体的事物或形象，而只是抽象的事物或概念而已。揆之六书，它们都是"指事"，而非"象形"。在许慎的观念中，庖牺氏或《易经》八卦所垂示的宪象，比仓颉见鸟兽蹄远之迹、依类象形所造的书契时代要早一些，也因此在六书的次第上，他才列"指事"于"象形"之前。卷一上开头这里所列的"一""二""三"，就是取义于此。它们代表的是天、地、人等古代先民的文化观念。

所以他解释"一"说是："惟初太始，道立于一。造分天地，化成万物。"它代表的不是"数之始"，不只是数目字的"一"，而是可生两仪的"道"。它可以画成一横，用来象征某一事物，例如"夫"字："从大，一以象簪"；"旦"字："从日，见一上。一，地也"；"末"字："从木，一在其下"，表示根部所在；"末"字一在其上，表示树木末梢所在等。亦可在此代表某事物的一横之上，再增加一笔画，例如增加一点或一竖等符号，用来强调是在该事物的上方，代表高处的"天"或头、顶之类的事物。例如"一"部的"元""天"等字，就是如此取义而来。

同样的道理，许慎解释"二"（上）字，说是："上，高也。此古文上，指事也。"可见他所解释的不是数目字的"二"，而是代表高低上下的"上"字。"古文"的"上"字，原来作"二"，下面的一长横，代表某一事物，上面的短画，可以是一竖、一点或一横，是一种有指示作用的抽象符号，用来代表上方或高处所在。因为"上""下"无形可象，所以用一画作辨识，加于上即为"上"，缀于下即为"下"。"二"（上）部的属字"丁"（下），许氏所以解释为："底也。指事。"底即"低"，也就是这样来的。它与"上"字的形体正好相反，所以分别代表一高一底（低）。

然后，许慎在卷一上篇解释第四部"三"部之前，先列"示"字，也自有他的道理。他解释"示"字时说：

> 示，天垂象，见吉凶，所以示人也。从二；三垂，日、月、星也。观乎天文，以察时变。示，神事也。

《周易·系辞上传》曾云："天垂象，见吉凶，圣人象之。河出图，洛出书，圣人则之。《易》有四象，所以示也。"天既可垂象，示人吉凶，董仲舒《春秋繁露》因而演化为"天人感应"之说，认为帝王之将兴，美祥先见，其将亡也，妖孽亦先见。许慎这里没有再说它是"指事"，是因为它还要读者在指事之外因其形以窥其意。"从二"，"二"者，上也，此指上天而言。"三垂"，即古人所谓日、月、星三光。日月星辰的是否按时运转，古人以为从中可以观测上天所垂示的吉凶现象。所以，许慎就把"示"部的字，因形系联于"一""二"（上）部之后，而在"三"部之前。

许慎解说"三"字时说：

三，天、地、人之道也。从三数。

"从三数"，是说由三个笔画构成。虽然已有"三"的数字观念在其中，但许慎的重点仍在阐述"三"的文化意涵，也就是其下第五部"王"部部首的含义：

王，天下所归往也。董仲舒曰："古之造文者，三画而连其中谓之王。三者，天、地、人也，而参通之者王也。"孔子曰："一贯三为王。"

可见许氏之解说"三"字，是连带下面的"王"字来说的，重在文化意涵，而非数字观念。《说文解字》的"三"部，有部首而无属字，或许与此有关。而许氏的编次体例，亦由此可见，在"据形系联"的同时，已有据义归类的趋向。

"据形系联"比较明显的例子，例如卷二上篇的"走"部，至卷二下篇的"辵"部，字形都有"止"旁，与足有关；而"辵"字"从彳，从止"，所以底下以"彳"相次，然后以形体与"彳"部相近的"廴"部相次。"延"字本来可归在"廴"部之中，但是因有以"延"为形旁的字，所以将"延"独立为一部。后面的"行"部，前承"彳"部；齿、足、疋三部，又前承"止"部。又如卷八上篇的前六部即是。首列人形的"儿"（人）部，以下是倒人形的"匕"（化）部，反人形的"匕"（匕）部，二人相从的"从"（从）部，反从而成的"从"（比）部，以及二人相背的"北"（北，即背）部。"据形系联"的关系，都非常直接明显。

以下的三十个部首，除了"毛""毳"等部与"人"形没有直接的关系之外，其他也还是全由"人"形的变化，连类而及之。甚至卷九的"页"部，卷十的"大"部等，也都还"连类而及"，与"人"形有关系。

如果部首之间，无形可以系联，许慎就"以类相从"或据义归类。例如上述卷二下篇的"齿"部，从止得声，因形体相近，便次于"止"部系列之后。又因字义相同，所以又以"牙"部次于后。同样的道理，上述卷八上篇的"毛""毳"等部，虽与"人"形没有直接关系，但却都是人身所穿，所以也就编次在"身"部之后。

卷十上篇的"马""廌""鹿""麤""怠""兔""虫""苋""犬""狀""鼠""能""熊"等部首，虽然没有形体上必然系联的关系，但由于都属兽类，所以就编次在一起。又如卷十四下篇的天干"甲、乙、丙、丁、戊、己、庚、辛、壬、癸"，和地支"子、丑、寅、卯、辰、巳、午、未、申、酉、戌、亥"，除了中间偶尔插入少数形体相似的部首之外，也都由于同属干支之类而编次在一起了。

因此，可以看出来，许慎的五百四十个部首，固然是从九千多个古籀、篆文的字体结构分析而得，但它们都各自代表某一事物的分类。此亦即所谓"方以类聚，物以群分"。也因此，同一部首的属字，应该都属于同一事类。

对于《说文解字·后叙》"方以类聚，物以群分"以下数语的理解，历代学者不尽相同。徐锴据此认定部首的排列原则是"据义相连"。他是这样说的：

> 一，天地之始也，一气之化也。天先成而地后定。天者，上也，故次之以上。在上者莫若天。二（古文上也）垂三光以示人，故次之以示。示者，三光也，故次之以三。通三才而后为王，故次之以王。玉者，君子所以比德也，天地之精也，王者所服用也，故次之以玉。玉双为珏，故次之以珏。

> 山泽以出气，山泽之精，玉石以出也，故次之以气。气象陶烝，人事以成，故次之以士。士，事也，不可不一，道心惟微，故次之以丨。丨，一也，自丨而起者中，故次之以中。中，艸之初也，故次之以艸。艸之深为蓐，故次之以蓐。蓐之广博为茻，故次之以茻。三者皆中之属也。

> 丨初分为小，小才可分也，故次之以小。八实分之，故次之以八。采，分之明也，故次之以采。分者，半也，故次之以半。牲之大而分者，莫若牛，故次之以牛。牦，牛之属也，故次之以牦。牛劳则善仰而告人，故次之以告。告必以口，故次之以口。

这些话都说得头头是道，把《说文解字》部首的编排原则，都说成是"据义相连"了。但我们寻绎其中相连的因素，其实仍然是离不开"据形系联"的影子。所以，段玉裁《说文解字注》对此有所辩解：

类聚，谓同部也。群分，谓异部也。

属者，连也。同条、共理，谓五百四十部相连缀也。

系者，悬也。联者，连也。谓五百四十部次弟，大略以形相连次，使人记忆易检寻。如八篇起人部，则全篇三十六部皆由人而及之是也。虽或有以义相次者，但十之一而已。

可见段玉裁认为《说文》一书的部次，是"大略以形相连次"为原则。

表面上看，徐锴、段玉裁他们的看法似有矛盾，但其实英雄所见略同。因为，古代的汉字本来就是形义相兼的文字，形义二者的关系紧密结合，常常是分不开的，同部之中的属字，常从部首得义。《说文》一书，正是据"立象以尽意"的原则，采"据形系联"的方式，以形说义。形、义二者是互为表里的。所以后来王筠《说文释例》谈此问题，说二者"兼而有之"，并非故作调和之论。

二、字次

以上谈"部次"即不同部首的编排原则，以下谈"字次"，即同一部首之中所属之字的编列原则。

在介绍同一部首的属字"字次"之前，我想应该先说明书中对部首字的撰述体例。上文说，同一部首的字，应该都属于同一事类，因此许慎在立部首字时，也有他的原则。他虽以指事字或象形字的初文为基础，但也常用合体字来做部首，例如"言"字"从口，辛声"，不入"口"部而自成部首；有些初文的反体，只隶属于其正体，例如"亍"从反"彳"，即依附"彳"部，而不另立部首。这些例子，都可以说明他考虑的是事物的分类而非仅仅字形。兹以今传大徐本（徐铉等人校定）卷一上篇前二部首"一"及"丄"（上）字为例。

　　一部：

　　一（一），惟初太始，道立于一，造分天地，化成万物。凡一之属皆从一。弌，古文一。（於悉切）

　　元（元），始也。从一，从兀。（徐锴曰：元者，善之长也。故从一。）（愚袁切）

　　天（天），颠也。至高无上。从一、大。（他前切）

　　丕（丕），大也。从一，不声。（敷悲切）

　　吏（吏），治人者也。从一，从史，史亦声。（徐锴曰：吏之治人，心主于一，故从一。）（力置切）

　　文五　重一

　　丄（上）部：

　　丄（上），高也。此古文上。指事也。凡上之属皆从上。𨑒，篆文丄。（时掌切）

　　帝（帝），谛也；王天下之号也。从丄，朿声。帝，古文帝。古文诸丄字，皆从一，篆文皆从二。二，古文上字。

辛、示、辰、龍、童、音、章皆从古文丄。（都计切）

𥛆（旁），溥也。从二，阙，方声。𣃟，古文旁。𣃞，亦古文旁。𩎟，籀文。（步光切）

丅（下），底也。指事。𠄟，篆文丅。（胡雅切）

文四　重七

上列"一""丄"二部的部首及所有的属字，都与天地的初文有关，易言之，都与万物生成的事类有关。"一"及"丄"为部首，所以释文中都有"凡某之属，皆从某"的字样。"从"即"從"，"從"是"从"加义符"辵"而成的，属古今字。"凡一之属，皆从一"，说明"一"部的属字，"元""天""丕""吏"等字的形体构造，都和"一"字有关，字义亦有相通处。同样，"凡丄之属，皆从丄"，也说明"帝""旁""丅"（下）等属字的形体构造，和部首的"丄"字有关系。当然，字义也必有可相通处。

因此每一个字的解说，都包含了字体和释文两个部分。《说文解字·叙》说："今叙篆文，合以古籀"，篆文就是每字开头先列的字体，通常是小篆，但如果该字有异体，像"古文""奇字""籀文"等，就列在文中或文末，供读者参考。这是通例。例如"一""帝""旁"等字即是。如果开头所列的字体，不是篆文，那就先列该字的古体，然后在释文中标出篆体，并做说明。这是变例。例如"丄""丅""帝"等字皆是。许慎以小篆为正体，盖因它是"书同文"的产物，是籀文、古文等古文字，是经过系统整理的字体，正如段玉裁所说："小篆因古籀而不变者多，故先篆文，正所以说古籀也。"因此，这个体例是符合历史演进的条件的。至于释文部分则全用当时通行的隶书，以便于读者阅读。

释文的解说，大致以释义、析形、标音为序。先用简要的单字或短语，来解说文字的意义，其次才用"从某""从某某"或"从某从某"等来分析它的形体结构，最后才标出读音。原则上都是透过字形结构的分析，来确定该字的意义，进而阐明该字义、形、音三者之间的关系。如果有不能确定或知之未详的地方，就用"阙"来标识。像"旁"字"从二"的"冖"，因为不知其代表什么意义，就注明"阙"。

汉字用"反切"切音，是从隋唐以后才发展成功的，在东汉时还未出现，所以许慎在书中只能直接标同音字。如"丕"标"不声"，"吏"标"从一，从史，史亦声"，"帝"标"朿声"，"旁"标"方声"等；或则用声训的方法，说是"天，颠也""丁，底（低）也"，让读者可以取其仿佛。上述诸字的引文中，所列的切音，是根据徐铉等人校定的所谓"大徐本"，是转引唐代孙愐的《唐韵》而来，并非许慎原书所有。至于徐锴的《说文系传》，即所谓的"小徐本"的反切，则是南唐朱翱所加的。

书中每个部首所有属字的最后，通常会注明"文若干"或"重若干"。前者指该部篆文正体的字数，后者则指部中异体字的字数，包括书中所提到的古文、奇字、籀文、篆文、或体、俗体、秦刻石及通人之说等。因为异体字与正体篆文重复，所以简称为"重文"或"重"。

现在开始谈同部属字的编次问题。

同部之中属字的编次，谓之"字次"。大致上是"以义相贯"，是按照字义的类别来编列。如果是部首字，会注明"凡某之属，皆从某"，即其《前叙》所谓的"分别部居，不相杂厕"。意思是同一部首的属字，它们之间必然有形体相同的关系。如果部中属字，有汉朝皇帝名讳的，一定排列在前，紧随部首之后，并且因"上讳"而不做说解。例如卷一上篇的"示"部，属字原有五十九字（清代陈昌治刻本列六十二字），第一个属字就列"祜"字，那是汉安帝的名号，许氏注明"上讳"，即不做任何解说。其后的"礼、禧、禛、禄、禩、祥、祉、福、祐、祺、祇、禔"十三字，皆从"示"旁，全有福祥之义；再其后的"神、祇、祕、斋、禋、祭、祀、祡、禷……祴、禂、祷、社、禓"四十一字，亦皆从"示"旁，全为神鬼先祖祭祀之类；再其次，则为"祲、祸、祟、祋"四字，亦皆从"示"旁，是有祸害之义。这也就是所谓的"以类相从"。大体上论其长幼本末尊卑，以定次序。先"实"后"虚"，先"美"后"恶"。例如：卷二上篇"牛"部，"牡"为"畜父"，"牝"为"畜母"，"犊"为"牛子"，故依次排列。"牭"为"二岁牛"，"犙"为"三岁牛"，"牭"为"四岁牛"，依次排列。卷六上篇"木"部，"橘""梨""梅""杏"皆果名，列于前，"榛""楛""枋""杨"皆木名，列于后。"根""末""枝""條"皆局部名，又其后；"牀""枕""杵""案"皆木制品，更其后。卷十一上篇"水"部，"河""江""淮""海"皆名词，列于前，"滔""涣""浮""涌"皆谓词，列于后。大抵都有一定的规律。

最后，如果属字之中，有形体与部首字复叠或相反的，就排在该部的末尾。例如"示"部的"祘"字，即是"示"形复叠而成。

关于同部"字次"的问题，前人早有论议。例如王筠《说文释例》即云，同部首之字，"先实后虚，先近后远""无虚实远近之可言，则以训义之美者列于前，恶者列于后""与部首反对者必在部末""叠部首为字者，必在部末""若有上讳，则皆在首，以尊君也"。

黄侃《说文略说》亦云"许君列字之次第，大氐先名后事""又或以声音为次""又或以义同异为次""大氐次字之法，不外此三者也"。

他们的说法，都很宝贵，也都很有参考价值。但是语言文字本来就有其不确定性，部首与部首之间，属字与属字之间，也并无必然的确定的关系，加上许氏之编著《说文解字》，原是为了说明造字的规则，而非编字典供人查检，因此，这些归纳的原则，都只是供大家参考而已，若有例外或不相契合者，例如"桑"字不收入"木"部而收入"叒"部，"牧"字不收入"牛"部而收入"攴"等比比皆是。读者固不必苛责，亦无须强为说解。

例如下列有两个比较特别的问题：

一是在五百四十个部首中，有五十五个重体部首，都独立成部，分别列在相关的独体部首之后。例如"木、林""言、誩""糸、絲""虫、蚰、蟲""人、从、众""火、炏、焱"等。这些部首在形体上是重叠的关系，意义上也大致相同，只是程度上的加深扩大而已。那么为什么不一起归入独体部首呢？想必许慎自有其道理。

另外，还有三十五个部首没有统领的属字。例如凵、久、才、克、耑、丏、冉、易、能、燕、四、五、六、七、甲、丙、丁、庚、壬、癸、寅、卯、未、戌、亥等。这些部首虽然没有属字，但它们可作为其他部首统属汉字的声符。例如"耑"是立部"端"的声符，"丁"是戊部"成"字的声符等。

这些都是比较容易引起读者疑问和争论的。附录于此，供读者参考。

第二节　著述体例

　　许慎编撰《说文解字》，据形系联，据义归类，在汉字学发展史上，有其独创意义。在他之前，周、秦的字书，原貌多已不详，但就汉代尚存的文献资料看，像《史籀》十五篇、秦代的"三仓"或汉代的《训纂篇》《滂喜篇》，基本上都是每章十五句，每句四个字，而《凡将篇》与《急就篇》则每句七个字。这些书大类都是杂取实用之字，编成有韵之句，便于诵读，与后世童蒙所学之韵书无异，谈不上有什么体例。史游的《急就篇》，虽然自称"分别部居不杂厕"，亦不过是将姓名之类归为一部，衣服之类归为一部，饮食、器用、木、水、鸟、兽之类，也各归为一部而已。这些都与许慎的《说文解字》的据形系联、据义归类，不可同日而语。所以段玉裁在《说文解字注》中，才如此推许道："凡字必有所属之首，五百四十字可以统摄天下古今之字。此前古未有之书，许君之所独创。若网在纲，如裘挈领；讨原以纳流，执要以说详。与《史籀篇》《仓颉篇》《凡将篇》杂乱无章之体例，不可以道里计。"

从以上所介绍的"部次""字次"的原则看，我们可以明白许慎编书的体例：他据形系联，因此杂而不越；据义归类，因而条理通贯。在编排顺序的过程中，他坚守据形释义的原则，同时注意"义传于音"以及音同义近的现象，故合形、音、义三者交错互求，以"六书"来解释每个篆字的意义。正如《段注》所云："许君之书，主就形而为之说解，其篆文则形也""其说解则先释其义""次释其形""次说其音"，从而构成他的著述体例。也就是上文所说的"以形为主，因形而说音、说义"，而且他解字形、说字音的目的，完全是为了阐释字义。

例如解释卷一上篇的"丕""吏"二字：

丙（丕），大也。从一，不声。

吏（吏），治人者也。从一，从史，史亦声。

首列篆文之形，通常是小篆，盖以小篆为正体，而以"古文"或"籀文"为附录。这是全书的通例。例如卷一上篇的"一"字下，即列出"古文""一"字的别体，而卷二上篇的"登"字下，即列出籀文"登"字的别体。如果首列"古文"或"籀文"，则附小篆于后。例如卷一上篇的"上"字，即如此。其次是训解的正文，"大也""治人者也"，先是释其义。再其次是分析字体结构，"从一""从一，从史"，这是释其形。最后才标音读，"不声""史亦声"，这是说其音。

这就是许慎训解"六书"中形声字最主要的诠释方式。对于象形、指事、会意字，他通常不另标音。例如上文提过的卷一上篇的"元""天""下""气"等字：

元（元），始也。从一，从兀。

天（天），颠也，至高无上。从一，大。

丅（下），底也。指事。丅，篆文下。

气（气），云气也。象形。

这些字都没有"说其音"，表示它们不是形声字。首先，列出它们篆文的字形，其中"丅"（下）字，特别于文末标出"丅，篆文下"，那是比照上文的"丄"（上）字，说所列者是"古文"，所以特别于文末加以注明。这是变例。其次，说解字义。再其次，解析字形。"从一，从兀"，是说"元"字由"一"、由"兀"（《说文》卷八下篇："兀，古文奇字人也，象形。"）会意。表示人的头部，就是"元"的本义。"从一、大"，是说由"一""大"（《说文》卷十下篇："大，象人形。"）会合起来，可以推知"天"的本义。"天"和"元"都是会意字，差别在于"从一、大"为"相连成文"，"从一，从兀"，与"吏"之"从一，从史"一样，为"对峙为义"（见王筠《说文系传校录》）。另外，特别标出"下"是指事，"气"是象形，那是因为担心读者不能因形而求义，无法体会篆文等古字的原始构造。

第三节　诠释方式

下面，我们就《说文》的著述体例，配合"六书"的次第，进一步来说明其诠释的方式和一些常用的术语。一般人谈这个问题，多分为形训、声训和义训三种方式。形训是通过文字形体结构的分析，来探索字义；声训是通过一些音同或音近的字，来探索语义；义训则是直陈语义，不借助字训或字音，例如"元，始也""姊，女兄也"等。为了更求详明，这里配合"六书"次第来析论。

依照后代学者的研究，对"六书"大致有下列共识：象形与指事乃字之初体。一般学者以为"象形"比"指事"早，而许慎则认为"指事"先于"象形"。"指事"指的是抽象的事物或概念，"象形"指的是具体的事物或形象，二者皆为独体之"文"；"会意"与"形声"则为合体之"字"，合二"文"以上之形体来"说音、说义"。"会意"纯为表意，"形声"则兼为表音；至于"转注"与"假借"，乃"字"之用，在上述"文""字"创造的基础上，或滋生繁衍，或加以节制。许慎把这些"六书"的理论用来诠释文字，或以类聚，或以群分，寻其条理，得其通贯，于是就产生了种种不同的诠释方式。归纳起来，如下列所述：

（一）对于"指事"字，许慎常明标"指事"或以"象某某之形""象某某有某某之形""从某，从某""从某某，象形"来说明。例如上文引用过的"⊥"（上）、"丅"（下）等字，即直接标"指事"。另外，如：

⼑（刃），刀坚也。象刀有刃之形。（卷四下篇）

彐（寸），十分也。人手却一寸，动脉，谓之寸口。从又，从一。（卷三下篇）

夨（矢），倾头也。从大，象形。（卷十下篇）

刀刃的"刃"、尺寸的"寸"和"矢"，都是"指事"字。因为"刃"是刀上加一点，只是表示刀口锋利的符号；"寸"是手掌下十分的动脉所在，即寸口处加一点，表示寸口所在的符号；"矢"是象人形的"大"字上，加上一个头部倾斜的符号。它们都不是随体画物，也不能单独存在，所以既非"象形"，亦非"会意"。同样的道理，卷二上篇的"八"字，"象分别相背之形"，卷六下篇的"囗"字，"象回匝之形"，都因为是抽象的符号，而非事物的图像，所以也被视为"指事"字。

（二）对于"象形"字，许慎有的直接标出"象形"，有的则以"象某某形""象某某之形"或"从某，象某某"来表示。例如上文引述的"气"，即标明"云气也。象形"。另外，如：

　　ㅂ（口），人所以言、食也。象形。（卷二上篇）

　　ψ（屮），艸木初生也。象丨出形，有枝茎也。（卷一下篇）

　　¥（牛），大牲也。牛，件也。件，事理也。象角头三、封、尾之形。（卷二上篇）

　　月（牙），牡齿也。象上下相错之形。（卷二下篇）

　　眉（眉），目上毛也。从目，象眉之形，上象额理也。（卷四上篇）

　　这些"象形"字都是依类象形，随体画物。"口""牙""眉"等字，皆人体器官；"屮""牛"等字，皆动、植物之类，这些字除了字体各肖其状之外，许慎通常都还在形义上略做补充说明。因为字体随时代而变化，小篆已与"古文""籀文"有所不同，跟金文以前近乎图画的古象形字更有差距，所以为了便于读者理解分辨，不能不做说明。"口""屮"笔画比较简单，特别强调"口"是象人用来说话饮食的嘴巴，"屮"是象初生草木所冒出的枝芽，表示与"指事"的抽象符号有虚实之分，并不相同。"牙"字特别强调是象上下相错的牡齿，表示两侧的壮牙与中间的门齿，盖有不同。"眉"字特别强调眉毛在眼睛的上方，"〈〈"那是象额上的纹理，以明其部位形状。"牙""眉"二字所做的补充说明，都是一样的道理。"牛"

字除画出它象"角头三、封、尾之形",说明此字的初文,本是前有两角和头三样东西、中间肩胛隆起、后有尾巴的形状。小篆的"牛",虽然线条化了,但依稀可见原来的形象。以上"牛""眉""牙"等字,都不是单体象形,有人称之为合体象形。但也有人(像姚孝遂)认为"象形"字应该都是一个完整的形体,不可分割,所以不应有独体、合体之分。

最值得注意的是,许慎在析形之外,还指出它们的文化意涵。例如说:"牛,大牲也。"是就牛的德性来说的。《谷梁传·哀公元年》:"全曰牲,伤曰牛,未牲曰牛。其牛一也,其所以为牛者异。"意思是说:全牛叫作牲,分割的牛叫伤,二者都可供祭祀用。未宰的牛才叫作牛。以作用不同,故名称亦随之而异。牲者,原指供祭祀用的牛、羊、豕而言。牛为六畜之一,最为大物,故可为代表。大牲,即指供祭祀用的全牛而言。古代祭祀时,可用全牛,亦可不用全牛而仅用分件,这里解释牛为大牲,显然有意突显它的文化意涵。有人称此为《说文》中的"旁见说解"。先说牛是大牲全牛,然后再说牛亦可为分件。《说文·人部》训解"件"字时说:"件,分也。"可见所谓"件,事理也",也就是从"分"字的形义引申而得。亦由此可见许慎因形而说音、说义的目的,真的是为了阐释字义。

(三)对于"会意"字,许慎通常用的诠释方式,除了标明"会意"之外,还用"从某,从某""从某某""从某,从某省""从某,从某,某亦声""从某某,某亦声"等,会合两个或几个文字的形体,来组成这个新造字的意义。例如:

八（分），别也。从八，从刀。刀以分别物也。（卷二上篇）

走（走），趋也。从夭、止。夭、止者，屈也。（卷二上篇）

保（保），养也。从人，从呆省。呆，古文孚。（卷八上篇）

瑠（琥），发兵瑞玉，为虎文。从玉，从虎，虎亦声。（卷一上篇）

珥（珥），瑱也。从玉、耳，耳亦声。（卷一上篇）

伐（伐），击也。从人持戈，一曰败也。（卷八上篇）

爨（爨），齐谓之炊爨。臼象持甑，冂为灶口，廾推林内火。（卷三上篇）

这些字之中，像"分"由"从八，从刀"会意，跟上文所举例子如"元"由"从一，从兀"会意、"天"由"从一、大"会意一样，都是一个具体事物的形体（"兀""大"皆为"人"字之象形，与"刀"同为象形字），再配合一个抽象的符号（"八""一"俱为指事字）而成。"走"由"夭""止"二字会意，《说文》卷十下篇："夭，屈也。从大，象形。"《说文》卷二上篇："止，下基也。象艸木出有址，故以止为足。"可见"走"的本义即人弯身屈腿快步在跑，它是由两个具体事物的"象形"组合而成。"保"由"人"由"呆省"二字会意。所谓"呆省"，意思就是为了书写的方便，把"呆"省形为"呆"。据近代文字学家唐兰考证，"保"甲骨文作"保"，象人背负幼子，引而申之，自有保、养之意。许慎说"保"的右旁，是"古文"的"呆"（孚）

省形而来，象覆手护子，犹得古意。可见"保"的本义，即指对幼儿的养护而言。它是由两个代表具体事物的文字组成，但其中一个是"象形"字，另一个是"会意"字，而且形体已经省略了若干笔画。只取其意而不采其全形。

"琥"和"珥"是"会意"字的另一类。它们不但是形体和形体的组合，从其形体组合中可得其义，而且也取其读音以为声，所以称为"亦声"。上文举过的"吏"字，"从一，从史，史亦声"，就是例子。这类的字，也因此称为"会意兼形声"或"形声兼会意"。说是会意字固然可以，说是形声字亦无不可。

"琥"字由"玉"和"虎"会意，玉是形符，也是义符；虎是形符，也是声符。因为以"玉"旁为形符的字很多，所以用不同声符的字来配合，组成不同的新字，代表不同的语言和意义。形声字就是因此而衍生的。如果所取的声符字，同时也可以是义符的话，那么，这类字就是"亦声"字了。

玉的种类很多，所刻的纹彩也各有不同。例如瑞玉之中，刻上老虎花纹的，就称它为"琥"；刻上龙纹的，就称它为"珑"，用以区别。因为老虎有威，所以古人就用为发兵的信物；因为龙能降雨，所以古人就用为祈雨的玉器。字，就是这样孳乳衍生出来的。

"珥"字也一样。可以作为装饰的瑞玉很多，衣上帽上，连刀剑车盖上，也都可以佩玉为饰物。因形状功用的不同，就用形声字或亦声字的方法，来造不同的新字。像古人在冠冕两旁垂下丝绳，用以充耳所系的珠玉，就叫作"珥"，也叫作"瑱"。《说文》卷一上篇"珥"字下就说："瑱，以玉充耳也。

从玉，真声。"可见"珥""瑱"意义相同，但"瑱"是形声字，它是"从玉，真声"，左形右声，而"珥"则是"从玉耳"。珥既是"形"兼"义"符，同时也是"亦声"。这是它们的差别所在。

"会意"字的诠释方式中，还有一些比较特殊的例子。像"伐"字，"从人持戈"会意。人持戈矛，通常是为了征伐作战，自有击杀之意，但击杀有胜有败，胜则击杀别人，败则被人击杀，所以甲骨文的"伐"作"�"或"�"，象人荷戈矛，亦象戈加人颈，怎么解释，恐怕见仁见智。而且"从人持戈"这样的句型，和上述"从某，从某"或"从某某"的诠释方式也不一样，是一种比较特别的方式。像卷十下篇的"夹"字，"从大，侠二人"，由"大"（象人形）夹持二人会意，也属于这一类。

"爨"字由"臼""冂"（食器省形）"冂""𦥑""林""火"几个形体组合而成，当然也是"会意"字。它象双手将甑类食器端放在灶门之上，同时双手从灶口放进木柴，并引火点燃，会合起来，自是烧火煮饭的意思。它的诠释方式，与上文所述略为不同，而且，注文说解首句"齐谓之炊爨"，亦即"齐谓炊为爨"之意。许慎之所以加此一句，应该是想在因形释义的同时，多给读者一些文化的常识。

（四）对于"形声"字，除了上述"亦声"字之外，通常用来说明的，还有"从某，某声""从某省，某声""从某，某省声""从某省，某省声"等。和"会意"字一样，"形声"字同样是会合两个文字以上的形体，来组成这个新造字的意义，但其中的形体，必然有的作形符用，有的作声符用。例如：

禧（禧），礼吉也。从示，喜声。（卷一上篇）

帝（帝），谛也；王天下之号也。从上，朿声。（卷一上篇）

夸（夸），奢也。从大，亏声。（卷十下篇）

寐（寐），卧也。从㝱省，未声。（卷七下篇）

考（考），老也。从老省，丂声。（卷八上篇）

梓（梓），楸也。从木，宰省声。榟，或不省。（卷六上篇）

薅（薅），拔去田艸也。从蓐，好省声。（卷一下篇）

羔（羔），羊子也。从羊，照省声。（卷四上篇）

囊（囊），橐也。从㯻省，襄省声。（卷六下篇）

这些字中，"禧""帝""夸"都是"从某，某声"半形半声的形式，此在"形声"字中，最为常见。但其间在形符和声符的组合上，又稍有不同。"禧"和上文举过的"丕"一样，都是最常见的模式，而且形符、声符的组合，也没有什么变化。"丕"由"一"与"不"组成，"禧"由"示"与"喜"组成，皆上为形符，下为声符。始终如一。"帝""夸"则略有不同。

"帝"字，《说文》全文如下：

帝，谛也；王天下之号也。从上，朿声。

帝，古文帝。古文诸上字皆从一，篆文皆从二。二，古文上字。辛、示、辰、龍、童、音、章皆从古文上。

"帝"者任德设刑，代天行道，所以举措必须审慎。它的字形，原由形符"上"与声符"束"组合而成，但如今篆文的"帝"和"古文"的"帝"，在形体上已起变化。形符"上"字，"古文"作"一"，而篆文作"二"，古今字形已有了歧异。

"夸"字也一样。《说文》说"夸"是"从大，亏声"，"大"是"人"的象形，"亏"讹变为于。《说文》卷五上篇："亏，于也。象气之舒。亏，从丂，从一。一者，其气平之也。"由于隶变的关系，不少的汉字在形体结构上已起了变化，有些表意的形体已变成了单纯的书写符号。"亏"部的"亏"，就是其中之一。所以从隶书、楷书以后，"凡亏之属"，未必"皆从亏"。像"虧""粤"虽都保存"亏"的形体，但"�"已变成"呼"，而"夸"的声符"亏"声也变成"于"声了。

"寐"和"考"则代表另一种"形声"字的组合方式。它们都是形符的部分，不取其全形，而仅取其局部。形符"寐"字省略了"寢"的"梦"，"老"字省略了"匕"（人），都可能是因为形体太繁、书写不便才改变的。尤其是"寢"字，由"从宀，从疒，梦声"构成，本身就是形声字，再加上"未声"来造新字，实在不能不省改重组。但就在这改变重组的过程中，古人也似乎创造或发现了转注字。

"薅""羔""梓"等所谓"省声"字，则又代表"形声"字的另一种组合。与上面"寐""考"的组合恰好相反，此一组合，是在两个形体以上的形符与声符的组合中，作为声符的字体，不采其全形而仅取其局部。"薅"是"从蓐，好省声"，虽由"好"得声，却形符不变，省略的反而是声符，把"好"省改为"女"

了。其实，此字的形符"蓐"："从艸，辱声"（见《说文》卷一下篇），本身就是形声字。在此形声字上再加"好"的声符来构造新字，形体太过繁杂，不便书写，也不美观，最好的办法自是加以改变重组。这种情形和"寐"字一样。"寐"字省去的，是形符"瘤"的局部"梦"，而此"薅"字省去的，则是声符"好"的局部"子"，差别在此。徐灏《说文解字注笺》说：

陈艸复生曰蓐，因之除艸曰薅，除艸之器谓之耨，义相因、声相转也。

这话说得不错。我认为所谓"转注"者，即起源于此。

"羔""梓"形符、声符的组合，是"省声"字常见的形式。"羔"字："从羊，照省声"，由"照"得声，却省略了声符中上半的"昭"。"梓"字："从木，宰省声"，由"宰"得声，却省去了声符中的上半"宀"。如果读者不明白这些字原来声符的全形，只以为形声字是半形半声，因而来取其音读的话，就难免贻笑大方了。

"省声"和"省形"都使形声字更便于书写，更为实用，也更美观，所以发展得很快。形声字在甲骨文中早已出现，据王筠《文字蒙求》的统计，《说文解字》全书九千三百五十三字，象形字二百六十四字，指事字一百二十九字，会意字一千二百五十四字，而形声字则有七千六百九十七字。朱骏声《说文通训定声》在《六书爻列》中统计则说，《说文解字》全书九千三百五十三字，形声字八千五十七字。二人的估计皆占八成多，可见"形声"字的数量之大。它们在汉字的发展上越来越多，也越来越快。在发展的过程中，可以判断古人一定在形相同、声相转的字与字之间，发现了它们有可以互相转注、"义相因"的道理，而且亦可依此原则来创造新字。所谓"建类一首，同意相受"，"转注"字应该是如此发展起来的。

除了上述的诠释方式之外，许慎还常用一种叫"读若"的术语，来说明"形声"字。据统计，全书约有八百三十例。"读若"是用另外一个汉字来说明本字的读音，所以也称"读与某同"或"读同某"。这是许慎注音的方法。因为当时尚未发明以反切来注音，所以现在我们看到的《说文》字下的切音，是徐铉根据唐代孙愐的《唐韵》加上去的。它通常是遇到冷僻难读的字，才用来直接注音。像下列这些字就是：

嗤（唪），大笑也。从口，奉声。读若《诗》曰"瓜瓞菶菶"。（卷二上篇）

朏（朏），呼鸡，重言之。从叩，州声。读若祝。（卷二上篇）

敳（斁），闭也。从攴，度声。读若杜。（卷三下篇）

辛（辛），罪也。从干、二。二，古文上字。……读若愆。张林说。（卷三上篇）

雀（雀），依人小鸟也。从小、隹。读与爵同。（卷四上篇）

亼（亼），三合也。从入、一，象三合之形。……读若集。（卷五下篇）

这些字大多冷僻难读，像"捧"字，"从口，奉声"，其声符"奉"字，"从手，从廾，丰声"，本身已是形声字，而且形符"从手，从廾"，盖以手之多喻事物之繁盛。因此，从"奉"得音的"捧""莑""捧"等字，其意义自可通假。许慎还特别借用古人所熟读的《诗经·大雅·生民》句子"瓜瓞莑莑"来标读音，让人可以联想到"捧腹大笑"成语中"捧"与"捧"的关系。"唰"字，"从吅，州声"，其形符"吅"字"从二口""读若讙"，本身就是"形声"字。"讙"与"喧""嚣"音读相近，意义可通。所以呼唤鸡来时重复的叫声，可以写成"唰唰"，也可以写成"祝祝"或"朱朱"，因为它们都是一声之转。"斁"字，"从攴，度声"，其声符"度"字，《说文》卷三下篇："法制也。从又，庶省声。"可见"度"有以手取法、知所限制之意，本身也是"形声"字。"斁"既由"攴""度"会意取音，因而亦有闭塞、防闲义。所以后人所用"杜门不出""杜绝"的"杜"，本字应该是这个"斁"字才对。"杜"字，据《说文》卷六上篇："甘棠也。从木，土声。"可见"杜"原只是树名，与"斁"的本义无关。然而后人惯于以"杜"代"斁"。由此可见，"杜"乃"斁"之借字。

由此亦可见，"读若"不只可注字音，有时也兼且说明了若干文字之间的通假关系。我也以为这些现象，可以说明六书中"假借"字的起源。许慎说"假借"是"本无其字，依声托事"，用上述"杜门""杜绝"的"杜"为例，语言中是有"斁"这个声音，但因为它冷僻不常用，所以就借用同音字"杜"来代替它。"本无其字"的"字"，不是说原来没有"杜"这个字，而是说"杜"这个字，原来在其"会意"或"形声"上没这个用法。上文说过的，象形、指事，谓之文；会意、形声，谓之字。转注、假借，是字之用。

所以"辛""雀""△"等字的"读若"，它们和所注明的对象"愆""爵""集"等字的关系，只是语言或音义上的借代，并无文字形体上直接的联系。"辛"字由"干、二"会意，"二"者上也，干犯上级自然有罪，它和"愆"字（《说文》："过也。从心，衍声。"）音同义近，字形却迥然不同。"雀"字由"小、隹"会意，因为它的叫声节节促促，有一种礼器"象之曰爵"，所以许慎说它音读与"爵"相同，可以借用，并非说字形相同。"△"字"从入、一，象三合之形"，音义虽像"集合"的"集"字，但形体仍然大相径庭。这些字虽然都说是"读若某""读与某同"，但它们和上述的"廐""邲"等例不完全一样。至于在标注音读之外，或明二字音义可以相通，或释二字可以假借，道理则是一致的。

姚孝遂的《许慎与说文解字》一书，则从另一个角度来看这些问题。他说，《说文》的音读体例，除"亦声""省声"之外，尚有直接注明读音的，一是"读若"（或作"读如"），二是"读同"。

他说"读若"可分三种形式：

（1）用常见字注明音读。例如：扒（扒）："读若偃。"

（2）用大家熟悉的经典词语注音，有时也兼申其义。例如：趣（趣）："读若《诗》'威仪秩秩'。"趣训"走"，"秩"仅注其音，与义无关。又如：受（受）："物落，上下相付也。从爪，从又。凡受之属，皆从受。读若《诗》'摽有梅'。"林义光《文源》："本义为付，引申为落，落犹从上付于下也。"摽训"击"，受与"摽"不仅音同，义亦可通。

（3）用人皆习熟的方言俗语注音，是"以耳中之语识目中之字"。例如：餀（餀）："饥也。从食，气声。读若楚人言恚人。"

"读同"也有两种不同的形式：

（1）"读与某同"，表示其音相同。例如：攺（攺）："敷也。从攴，也声。读与施同。"施训"旗貌"，亦从"也"得声。也、与"施"古代同音不同字，可惜现在读音差很远，已读不出来了。

（2）"读若某同"，王筠《说文释例》认为当断句读作"读若某，同"。音相同，而字则分隶两部。例如：丌（丌）："下基也。荐物之丌。象形。凡丌之属皆从丌。读若箕，同。"从原始形态来说，"丌"与象箕之形的"𠥓"不同字，但战国时代的古文"丌""其"二字已通用无别。所以《说文》也以为它是象簸之形。

姚孝遂的这些意见，可供我们做形声字分类时的参考，自有其一定的意义。但同样的例证，我们在下文里也可以做不同的分析。

这里要特别附带说明一件事，许慎对形声字，一般都以"从某某声""某省声""某亦声"等的方式来注明读音。这对了解古音的人当然没问题，但语音是会演变的，古今音常有不同的变化，所以许慎的注音，今天的读者已经不能凭借他所标明的声符读出正确的读音了。例如"祥"字，许慎《说文解字》："从示，羊声。"今天"祥"和"羊"的读音已经差很远了，这是读者必须明白的事。

第四节　引证条例

许冲上表云："先帝诏侍中骑都尉贾逵修理旧文……臣父故太尉南阁祭酒慎，本从逵受古学。"又说："慎博问通人，考之于逵，作《说文解字》，六艺群书之诂，皆训其意。"许慎既从贾逵受古学，又"博问通人"，所以他的《说文解字》，广引群书，博采通人之说，要求做到"信而有证"。

上文说过，许慎被时人誉为"五经无双"，他在书中引用古代的经典，包括今古文的《诗》《书》《易》《礼》《春秋》五经之外，还引用了《孝经》《论语》《孟子》《老子》《墨子》《韩非子》《国语》《尔雅》《吕氏春秋》《山海经》、秦刻石、《汉书》、汉律令等，据后人统计，多达一千三百多条。

在这些引证的例子之中，有的是为了解析字形，例如卷一下篇的"葬"字：

葬（葬），藏也。从死在茻中。一其中，所以荐之。《易》曰："古之葬者，厚衣之以薪。"

引文见《易经·系辞下传》。段玉裁《说文解字注》："此引《易·系辞》说从死在茻中之意也。上古厚衣以薪，故其字上下皆茻。"王国维则以为"死"借为"尸"。李孝定师《甲骨文字集释》："王说是也。"

又如卷六下篇的"买"字：

买（买），市也。从网、贝。《孟子》曰："登垄断而网市利。"

引文见《孟子·公孙丑下》篇。原文作："有贱丈夫焉，必求龙断而登之，以左右望，而罔市利。"可见许慎在引用时，已撮其语意而改变其原文，并非照书全抄。

有的引证是为了阐释字义。例如卷一上篇的"祡"字：

祡（祡），烧祡焚燎以祭天神。从示，此声。《虞书》曰："至于岱宗，祡。"禉，古文祡，从隋省。

桂馥《说文解字义证》："《虞书》曰者，《舜典》文。彼作柴，释文引马注。祡者，祭时积柴加牲其上而燔之。本书隋，裂肉也。裂当为烈，谓加牲燔柴之上。"看了桂馥的解释，可以明白《说文》对此字的解说，的确是为了阐释字义。

又如卷一下篇的"苢"字：

     🔶（苢），芣苢。一名马舄。其实如李，令人宜子。从艸，㠯声。《周书》所说。

据段玉裁《说文解字注》："示部曰《逸周书》，此不言逸……《王会篇》曰：桴苡者，其实如李，食之宜子。"可见此处所引之《周书》，指《逸周书》。所引亦为了阐释字义。

有的引证则为了印证读音。例如上文引用过的卷四下篇的"𤓰"字：

     🔶（𤓰），物落；上下相付也。从爪，从又。凡𤓰之属皆从𤓰。读若《诗》"摽有梅"。

《摽有梅》一诗，见《诗经·召南》。王筠《说文句读》"《孟子》野有饿莩，赵注引《诗》莩有梅……《食货志》引《孟子》作"芟，可证𤓰、莩、摽音读相近。

又如卷三下篇的"鞻"字：

     🔶（鞻），车衡三束也。曲辕鞻缚，直辕篆缚。从革，暴声。读若《论语》"钻燧"之"钻"。

钻燧，见《论语·阳货篇》："旧谷既没，新谷既升，钻燧改火，期可已矣。"这是宰我请教孔子有关为父母服丧三年是否可改为一年时所提问的话，是古代儒生无人不知的一段经文，所以许慎借以说明"欜"这个罕见字的读音。

汉代一般读书人对儒家经典都非常熟悉，可谓读得滚瓜烂熟，所以引用经典之文，可以帮助他们了解字的音读。不但如此，许慎在书中还会引用方言、俗语来注音读。例如卷五下篇的"餒"字：

> 餒（餒），饥也。从食，尼声。读若楚人言惠人。

又如卷九上篇的"卸"字：

> 卸（卸），舍车解马也。从卪、止，午。读若汝南人写书之写。

这是引用方言注音的例子，有些应该是参考了扬雄的《方言》。另外，像卷一上篇的"祳"字：

> 祳（祳），数祭也。从示，毳声。读若"春麦为祳"之"祳"。

像卷二上篇的"哽"字：

> 哽（哽），语为舌所介也。从口，更声。读若井汲绠。

这是引用俗语的例子。王筠《说文释例》有云："夫以俗语正读，而不易本字者，所以晓同世之人也。人皆习熟此语，则以耳中之语识目中之字，其音必不误矣。"俗语如此，方言乃至引用经典中语，亦当如此。

许慎书中所引证的例子，有时会出现文字上的歧异。例如卷六上篇的"枖"字：

枖（枖），木少盛皃……《诗》曰"桃之枖枖"。

和卷十二下篇的"娗"字：

娗（娗），巧也。一曰：女子笑皃。《诗》曰"桃之娗娗"。

一样引用《诗经·周南》的《桃夭》篇，文字竟有歧异。据段玉裁注："木部已称桃之枖枖矣，此作娗娗，盖《三家诗》也。"这两个字例都出自三家诗，所以和今传《毛诗》本子作"桃之夭夭"皆有所不同。

同样的情况，也出现在卷八上篇的"袾"字和卷十二下篇的"姝"字的引文中，它们一样引用《诗经·邶风》的《静女》一诗，却一作"袾"，一作"姝"。段玉裁注："今《毛诗》作姝。传云：姝，美色也。岂许所见《毛诗》异与？抑取诸《三家》与？"段玉裁认为这是出自今古文"三家诗"和《毛诗》的不同。

我们知道汉朝《诗经》本子有"三家诗"和《毛诗》的不同，此关系到今文经和古文经传本的问题。今文经多由经师口授，口耳相传，难免读音稍有不同，记录的文字即随之而异。即使出自同一家法师法，也难以避免。何况辗转传抄，"鲁鱼亥豕"的无心之失，就更容易产生了。所以《说文解字》书中出现引文字句歧义的情形，并不足怪，反而可以说明许慎虽是古文经学派，却不废今文经。所谓"不废今人爱古人"也。

即使同样引用古文经本子，文字也有可能不尽相同。例如卷七上篇的"䶅"字，引用《春秋传》的"不义不䶅"，也与今本《左传·隐公元年》"郑伯克段于鄢"的"不义不昵"有所差异。

另外，还有一种情况，是所引例证与词头的本义不相应的。例如卷四下篇的"利"字：

利（利），銛也。从刀。和然后利，从和省。《易》曰："利者，义之和也。"

利的本义是锋利，可是引文出自《易经·干·文言》，讲的原是利益。

又如卷十二上篇的"耽"字：

耽（耽），耳大垂也……《诗》曰"士之耽兮"。

耽的本义是耳大垂，可是引文出自《诗经·卫风》的《氓》篇，讲的原是享乐。

这种不相应的情况，有人认为是举例不当。但许慎是否把与该字有关的引申义或其他存疑的解释附供读者参考，就有待读者明鉴了。

至于"博采通人之说"的例子，除孔子外，依序有董仲舒、尹彤、淮南子、司马相如、杜林、刘向、谭长、贾侍中、傅毅、张林、扬雄、黄颢、王育、京房、卫宏、官溥、庄都、爰礼、周盛、徐巡、郑司农、甯严、桑钦、楚庄王、逯安、刘歆、张彻、班固、欧阳乔、宋宏等人。另外还有"一云""一曰""旧云""或说""复说""或以为""或云""博士说"等，据统计，共三十家，说字一百多则。可见所谓通人，乃指汉朝学识渊博的学者专家。贾侍中就是贾逵，是许慎的老师，故称其职而不名，以示尊敬。

和上述引证群书一样，书中引用通人之说时，通常都列于文末。例如：

羊（羊），祥也。从丷，象头、角、足、尾之形。孔子曰，牛、羊之字以形举也。凡羊之属皆从羊。（卷四上篇）

豫（豫），象之大者。贾侍中说："不害于物。"从象，予声。（卷九下篇）

斡（斡），蠡柄也。从斗，㪃声。扬雄、杜林说，皆以为轺车轮斡。（卷十四上篇）

如果对于所引的通人之说，许慎自己尚有疑问，也会特别注明。例如卷八下篇的"秃"字：

禿（禿），无发也。从人，上象禾粟之形，取其声。凡禿之属皆从禿。王育说，仓颉出见秃人伏禾中。因以制字。未知其审。

"未知其审"，正可证明其"信而有证"、求真务实的写作态度。当代国学大师潘重规《中国文字学》中有一段话说得好：

> 许氏博引群书，广征通人之说，凡以求说明文字之本义而已。每一文字之义，皆以造字之义为归，不以群书习用之义而淆其本义也。故"也"为女阴，"臣"为牵引，皆亘古不行（刊）之义，而许君不问也。其故者何？则以文字之形与义，有其独立性；施用文字者，有其习惯性。许君认清文字之独立性，不使用字之习惯性淆乱字之独立性，使文字成为一独立专门之学，故其书之编制，既分别部居，而又字字独立，自来字书皆缀句联章以成文，未有如许书之以单字为经，以本义为准者也。故真正严格之字书，当推《说文》为创始之作，而文字成为一独立专门之学，亦当自许君始也。

第五节　常用术语

上文曾经说过，许慎《说文解字》的著述体例，原则上以形为主，因形而说音、说义，而其最终目的，仍在于阐释字义。不过，在阐述时，对于形、音、义三者，析论有关形、音体例的部分较多，阐述有关字义体例的则较少，有时候他还会用一些术语来做补充的说明，以提醒读者。常用的有"一曰""又曰""同意""以为"等。下文先就此引例略做说明。

首先，谈"一曰"的问题。

"一曰"有时也作"或（曰）""又曰"。许慎《说文》书中，通常一字只收一个意义，用到"一曰"者，有两种状况：一是有另外的名称，二是有另外的意义。同样以卷六上篇的"木"部为例，前者如𣚊（桔）字："桔，桔梗，药名。从木，吉声。一曰直木。"如𣔵（捄）字："捄，栎实。一曰凿首。从木，求声。"如𣖷（梧）字："梧桐也。从木，吾声。一名榇。"如𣟴（槛）字：

"槛，栊也。从木，监声。一曰圈。"后者是指兼采别说，或采别形，或采别音，或采别义，表示一字多义，异说并存，然而又全与字义有关。例如：

> 橪（榛），木也。从木，秦声。一曰菆也。

> 楳（梅），楠也，可食。从木，每声。楳，或从某。

> 梓（梓），楸也。从木，宰省声。榟，或不省。

> 橪（橪），酸小枣。从木，然声。一曰染也。

> 橿（橿），枋也。从木，畺声。一曰锄柄名。

> 欋（权），黄华木。从木，雚声。一曰反常。

> 楮（楮），榖也。从木，者声。柠，楮或从宁。（段注：宁声。）

> 榮（荣），桐木也。从木，熒省声。一曰屋栭之两头起者为榮。

> 櫝（椟），匮也。从木，賣声。一曰木名。又曰大梡也。

> 楄（楄），笇也。从木，耑声。一曰楄度也。一曰剟也。

> 欑（欑），积竹杖也。从木，赞声。一曰穿也。一曰丛木。

> 析（析），破木也。一曰折也。从木，从斤。

这些字都是形声字，左形右声。形旁即义符，代表字的含义，声旁代表字的读音。在这些形声字中，兼采别形的，像"梓"字也可以写作"榟"，"梅"字也可以写作"楳"；兼采别声的，像"楮"字"者声"，据《段注》，此字也可以读作"宁声"。

同样的，"榛"是"从木，秦声"，可是"一曰"的"莍"字，据罗振玉说，乃"丛"之别体，音同"丛"。它们虽然不像卷五上篇"盉"："小瓯也。从皿，有声。读若灰。一曰若贿。盉，或从右。"那么确定兼采别形别声，但视为兼采别声，应无问题。其他例子，都是兼采别义。如"樾"的本义，是树名，它在"一曰"底下的别义"染"字，却是动词。"酸小枣"树的皮，可以染绿，所以它们之间在意义上有必然的联系。"析"字的本义是"析木"，指用斤（斧头）劈开木头；别义是"折"，指树木从中间折断。一个是直劈，另一个是横断，它们之间在意义上仍有必然的关联。

"椟""楇""欑"的别义都不止一种，所谓一字多义，但它们的本义和别义之间，寻绎之，也都有直接或间接的关系。"椟"本义是"匮"，即木柜，别义是"木名"和"大梡"。木柜当然是某一树木（《玉篇》说"椟"同"樴"）裁制而成；如果木头裁成一大块，那就叫作"梡"。没有劈开的大块木头，才能用来制柜。

"楇"的本义是"从木，耑声"的"篅"，即打马的鞭子，用以催促、策励，有揣度、刊削，求其合度之意。别义的"度"和"剟"，不但和它音读相近，在意义上，也是由它引申而得。

"欑"字"从木，赞声"，本义为"积竹杖"，指积合青竹制成的杖。别义之一为"穿"，即钻穿，声与"欑"字相同，另一个别义是"丛木"。对照来看，积合丛竹制杖时，必有钻穿的动作，竹木的数量也不只一二，必为"丛木"而后可。所以本义和别义之间，仍然有必然的联系关系。

综合以上的说明，可以明白所谓"一曰""又曰"，不但有一字数读的现象，还有一字多义的现象。甚至会将各种不同的别义，寄托于所征引的文献之中。《说文解字·叙》有云："今叙篆文，合以古籀。博采通人，至于小大，信而有征。"例如同部的：

> 欒（栾）木。似栏。从木，䜌声。《礼》天子树松，诸侯柏，大夫栾，士杨。

"栏"，指木兰。"礼"，指《周礼·冢人》。文中所注，是说明古人在坟前所种的树木，因身份等级的不同而有所差异。大夫等级的，种栾树。它和天子种松、诸侯种柏以及士人只能种杨树，各自不同。书中征引时，却有时连类而及。又如解释"槌"字时说："关东谓之槌，关西谓之㭒。"表示"槌""㭒"都是指用来架蚕箔的木柱，只是因地域的不同而有异名别称。这也是连类而及。

除此之外，许慎《说文解字》在字义的诠释方式上，还有几种特殊的体例。其中最特殊的一种，是清末大学者钱大昕在《十驾斋养新录》中所提出的，叫作"连篆为句"。所谓"连篆为句"，是说《说文》在训解字义时，虽以训解之前的篆文为对象，但有时"释文连篆字为句"。例如卷七上篇"日"部的"昧"字：

昧（眛）爽，旦（且）明也。从日，未声。一曰，暗也。

还有"晶"部的"曑（参）"字：

曑（参）商，星也。从晶，㐱声。曑，曑或省。

训解时，"昧爽""参商"都是联绵词，不可顿开而解作"昧，爽旦明也"或"参，商星也"。顾炎武《日知录》曾经批评许慎不知天文，训"参"为"商"，应该就是不知《说文》有此"连篆为句"特例的缘故。

这种"连上篆读"的特例，为我们读者解决了一些疑惑，但同时也衍生了一些问题。例如"木"部的"柍"字：

柍（柍）梅也。从木，央声。一曰，江南檍材，其实谓之柍。

意思是说：柍是梅树的一种，另外一意是指江南檍树的果实。此外"柍梅"是不是应该"连篆为句"，就有疑义。同样，钱大昕说"诸山水名，云山在某郡、水出某郡者，皆当连上篆读"，核以"水"部的"湫"字："湫隘，下也。"不能读作"湫，隘下也"是有道理，但也不能一概而论。就有人以为钱大昕牵连太广，不足为训。

另外一种，叫作"合释联绵词"。所谓联绵词，用今天的话说，是汉语复音词中的一种，主要由同音假借字或同音通假字所组成，包括双声、叠韵和重字等。对于联绵词，许慎在书中往往将构成联绵词的个别单字合在一起解释。例如："璊璠"、"踟蹰"（踯躅、跱躅）、"蝦蟆"等：

璠（璠），玙璠。鲁之宝玉。从玉，番声。孔子曰："美哉，玙璠！远而望之，奂若也；近而视之，瑟若也。一则理胜，一则孚胜。"（卷一上篇）

玙（玙），玙璠也。从玉，與声。（以上卷一上篇）

踟（踟），住足也。从足，適省声。或曰踟蹰。贾侍中说，足垢也。

蹰（蹰），踟蹰也。从足，蜀声。（以上卷二下篇）

蝦（蝦），蝦蟆也。从虫，叚声。

蟆（蟆），蝦蟆也。从虫，莫声。（以上卷十三上篇）

可见许慎在说"文"解"字"时，不仅对个别文字予以解说，而且已经有了"词"的观念。

还有一种，和"连篆为句"比较近似，叫作"复句为释"。通常在书中释文时，许慎只用一个字、一个词或一些短语，但有时候他也用两个字、两个词或两个短语。这就叫作"复句为释"。例如：

禔（禔），安福也。从示，是声。（卷一上篇）

标（标），木杪末也。从木，奥声。（卷六上篇）

杪（杪），木标末也。从木，少声。（卷六上篇）

据桂馥《说文义证》说，安、福二义，像《玉篇》即作"安也，福也"，所以"褆"字的释文原来应作"安也，福也"。同样的道理，"标"和"杪"二字是互训，按照《玉篇》的断法，也应作"木杪也，末也""木标也，末也"。它们都为了省文，把上句的"也"字省略了。这种例子，就叫"复句为释"。

不过，也有的例子，句子里的"也"字是不能省略的，像"示"部的"祸"字："害也，神不福也。"这个"也"字是不宜省的。

除了上述三种之外，许慎《说文》还有一些特例，也常被人忽略。分别介绍如下。

许慎在训解字义时，有时会用"同意"一词，说是"此字与某字同意"。他所说的"同意"，并非表示二字意义相同，而是指二字之间的形体构造，有相似之处。例如"木"部的"朵"字：

朵（朵），树木垂朵朵也。从木，象形。此与采同意。

说"朵"是"从木，象形"，重点在"木"上方的"几"，是表意的符号，象枝叶花实下垂的样子。《说文》卷七上篇"禾"部的"采"字："禾成秀也，人所以收。从爪、禾。采，采或从禾，惠声。"指人们收穗的成穗谷物，"禾"上方的"爪"，本指用手采，如照许慎所说，这里应是表意的符号，象禾穗下垂的样子。此二字的形体构造，有相似之处，所以称为"同意"。许慎训解篆文，特别重视其形义关系，"同意"之说，重在说明此字与他字二字之间的形义关系。其字形的构造皆相似，其字义亦必相通。这也是转注字二字可以"同意相受"的起源之一。

例如"皿"与"豆"二字：

        䀠（皿），饭食之用器也。象形。与豆同意。凡皿之属皆从皿。

        豆（豆），古食肉器也。从口，象形。凡豆之属皆从豆。

皿、豆二字都是饮食用器，在造字结构上，皆取器具侧视之形，故字形构意相同。

这样的例子，最有名的，如卷五上篇的："工，巧饰也。象人有规榘也。与巫同意。"如卷七下篇的："韭，菜名。一种而久者，故谓之韭。象形，在一之上。一，地也。此与耑同意。""工"字古文作"㠯"，象巧饰，有规矩，此与"巫"："能事无形，以舞降神""象人两褎（袖）舞形"，其形必有规矩。构形相似，真有异曲同工之妙。韭，韭象韭菜之形，底下的一横，代表地面，这与"耑"字的"上象生形，下象其根"，指植物初生的形状，中间的一横，也代表地面，可谓都是巧构形似之言。而且，它们都与象形、指事所构成的"会意"有关，所以叫作"同意"。

六书之中的前四项，指事、象形、会意和形声，所谓"文""字"者，许慎的训解，就针对个别的单字而言，在《说文解字》书中也都有较为明确的诠释方式和训解文字，但对于后二项的转注和假借，除了《说文解字·叙》中略有举例说明之外，似乎在训文中未曾提及。事实上，转注和假借所涉及的，都是字与字之间的关系，不是个别单字的训解，而且它们都是在形声字的基础上发展起来的。形声字"以事为名，取譬相成"的结果，就是把二字之间的形、音、义三者的关系，据形系联，分部归类，做繁衍扩张的联系，必须"建类一首，同意相受"，才会转注生焉；至于"本无其字，依声托事"的假借字，也必须在音同则义通的原则之下，才能"依声托事"，辗转运用，因而使汉字的发展有所节制，不至于数量太多。

《说文》中的"以为""因以为"或"借以为"，说明"假借"之法，也是段玉裁《说文解字注》中所揭示出来的。像卷十二上篇的"西"字：

> 卤（西），鸟在巢上。象形。日在西方而鸟栖，故因以为东西之西。……橇，西或，从木，妻。卤，古文西。卤，籀文西。

语言中有东方、西方这些概念，也有"西"这个语音。古人造字时，是借大家所熟悉的日暮则鸟归栖之事，画出鸟栖巢上之形，来表示它的含义。这个假借字和本字之间，没有形体的联系，只有音、义的关系。像"乌乎"（呜呼）的"乌"，借自"乌鸦"的"乌"，"取其助气，故以为乌呼"。另外，像"然而"的"然"，借自"然（燃）烧"的"然"，"而"借自颊毛的"而"等例子，也都与"以为"的用法相同。

至于许慎在《说文解字》中，凡是训解中有注明"阙"字的，都表示对该字的形或音或义有所不知，以阙其疑，来表示他"信而有证"的负责态度。

例如卷一上篇的"旁"字：

旁（旁），溥也。从二，阙。方声。

这里所谓"阙"，是许慎表示他不知道小篆的"旁"字为什么形体如此，他不肯强作解人，所以让它空着不说。据《刘盼遂记说文练习笔记》说，王国维以为《尚书》中旁字有四面八方之意，此字上体应即古凡字，而周法高《金文诂林》更引杨树达之说，证实王氏推论，上体象四方之形，下则加声旁也。不过，许慎不知为不知的治学态度，仍然令人敬佩。

语言文字学家黄侃曾说："许君说字，皆有征信，经典之有征者，则征之经典；经典之无征者，更访之通人；其有心知其意，无可取征者，则宁从盖阙。"斯为的论。

近代学者叶德辉《说文解字阙义释例》曾做过统计，二徐本注有"阙"字的，共五十三处。固然有人认为这是许慎自己注上的，但也有人（像严可均）认为此非许氏原书之所有，而是后世传抄时有所脱落，由校勘者加上去的。详情究竟如何，已难考查了。

第六章 六书说

第一节　六书的名目与次第

汉字既然是以象形为基础发展起来的兼表音意的文字，它的字形和音义之间，自有密切的关系。

能够明白字形的原始结构，这有助于了解字音字义的来历。反过来说，能够确定本音本义，也有助于认识字形的原始构造。因此自古以来，想要学习汉字的人，往往先要从认识它们形体的原始结构开始。

这个问题，早从西汉的经学家就开始讨论了。他们认为从汉字的形体结构看，归纳起来，古代汉字造字的方式应该有六种，此即所谓"六书"。

过去有些人以为这种说法始自东汉许慎，其实不然。汉代经学家多恪守家法师法，在许慎之前，早就有了"六书"名称的记录。

一、六书名称出自《周礼》

"六书"这个名称，最早出现在《周礼·地官·保氏》中。原文如下：

> 保氏掌谏王恶，养国子以道，乃教之六艺：一曰五礼，二曰六乐，三曰五射，四曰五驭，五曰六书，六曰九数。

意思是说：周代"保氏"这种职位的官员，和其他古代的史官一样，除了要劝谏君王改正过失之外，还要按规矩用六艺来教导国家未来的主人翁，即贵族子弟，以期他们将来能蔚为国用。《周礼》有"八岁入小学"的说法，可见这里所说的"国子"，是指幼小或年轻的学生而言。《礼记·内则》也说"六年教之数与方名""十年出就外傅""学书计"，可见后来又要学"书计"。有人说这就是出外向老师学习六书和计数之学。《后汉书·杨终传》说的："礼制，人君之子年八岁为置少傅，教之书计，以开其明。"可知指称的对象，仍以皇亲、贵族子弟为主。

六艺，指礼、乐、射、驭（御）、书、数六种才艺训练和行为能力。每一种才艺都包含五、六项以上的名目。例如"五礼"指：吉礼、凶礼、宾礼、军礼、嘉礼五种古礼，"六乐"指：云门、大咸、大韶、大夏、大濩、大武六种古乐。这些才艺能力的训练和要求，犹如现在初级教育有音乐、体育、写字、算术等课程一样。其实就是古代所重视的文武合一的全人教育。

《周礼》一书，相传是周公"致太平之书"，但一直到汉代的刘歆，才在宫中典校藏书时发现它，或者说，才公开它的存在。它在汉代以前，是怎么流传下来的，无人知晓；究竟是不是周公所作，与周代的礼俗符合不符合，也没人知道。因此，有人（像康有为《新学伪经考》）就以为它是刘歆所伪造，用来帮助王莽托古改制，作为篡夺天下的借口；有人则以为是周公原有之作，只是经过后人的窜改。现在根据专家的推断，认为该书中有些古字，有的与《说文解字》的"籀文""古文"相合，有的与后世出土的甲骨文、金文相契，所以不可能是刘歆所伪造；而且所谓"致太平之书"，那也只是表示政治的理想，未必要合于周代的史实。至于内容文字的部分有没有经过后人或刘歆的窜改，则不得而知。

如此说来，《周礼》的"六书"名称，必然是在汉代学者刘歆之前就已存在。即使是刘歆所窜入，也必然意味着有所依据，不会是他凭空虚构。但是《周礼》只有"六书"这个名称，其意义究竟如何，书中却未有进一步的说明。我们核对原文中其他的"五礼""六乐"等，再参考汉代郑众、郑玄等人的注解，大概可以推论出来：五种古礼和六种古乐的学习是一组，应与文事礼仪有关；五种射箭（白矢、参连、剡注、襄尺、井仪）和五种驾车（鸣和鸾、逐水曲、过君表、舞交衢、逐禽左）的方法是一组，应与武事技术有关；而"六书"（象形、会意、转注、处事、假借、谐声）和"九数"（方田、粟米、差分、少广、商功、均输、方程、赢不足、旁要）是一组，应该与"书"

学、"数"学有关，自然也与计数之学有关。但"六书"的"书"该作何解，究竟是指书法，还是指书体？所谓"六书"，是不是指古人的造字之法？为什么汉代经学家所传的名目和次序，会有所不同？对于这些问题，后人颇有不同的看法。

二、六书的名目次第

关于"六书"的名目和次第，古今学者有很多不同的说法，为了讨论的方便，我们先把汉代的有关"六书"最早也是最主要的三家说法，胪列如后：

（一）班固（公元32—92）《汉书·艺文志》：

> 古者八岁入小学，故周官保氏掌养国子，教之六书。谓象形、象事、象意、象声、转注、假借，造字之本也。

（二）郑众（？—83）（郑玄［127—200］《周礼·保氏·注》所引）云：

> 六书：象形、会意、转注、处事、假借、谐声也。

（三）许慎（58—148）《说文解字·叙》：

> 周礼：八岁入小学，保氏教国子，先以六书。一曰

指事。指事者，视而可识，察而可见。上、下是也。二曰象形。象形者，画成其物，随体诘诎，日、月是也。三曰形声。形声者，以事为名，取譬相成，江、河是也。四曰会意。会意者，比类合谊，以见指㧑，武、信是也。五曰转注。转注者，建类一首，同意相授，考、老是也。六曰假借。假借者，本无其字，依声托事。令、长是也。

除了这三家之外，东汉荀悦《汉纪》卷二十五在汉成帝本纪中，也节录了《七略》的文字，说："书有六本，谓象形、象事、象意、象声、转注、假借也。"盖与第一种班固之说同。班固《汉书·艺文志》本来就是节录刘歆《七略》而成，所以不另列讨论。许慎以后，顾野王《玉篇》、徐锴《说文解字系传》、陈彭年《广韵》、张有《复古编》、戴侗《六书故》、杨桓《六书溯源》、王应电《同文备考》等，也各有著录，但都不出此三家的范围，因此也就不一一赘举了。

我们对照以上三家说法，可以看出来：

（一）三家的"六书"之说，"六书"的名称和次序上虽有不同，但他们都是为《周礼》所谓的"六书"做注解，提供了六种具体的名目，并且都认为它们是周代教导贵族子弟识字用的六种"造字之本"。这里所说的"造字之本"，是指归纳古代流传的若干书体，推究古人造字的法则，供初学者识字之用，而不是说教人如何创造文字。古文字学家孙海波《中国文字学概略》有云："六书者，因已有之字，推求其类别先后，科为六类，而类各为例，以为造字之原则者也。"对汉代的学者来说，这是援古以证今，要初学者见贤而思齐，由此认识古文字构造的原则和体例，而不是要教他们如何创造文字。

（二）在六书的名称方面，三家之说并未统一。除了象形、转注和假借三者完全相同，会意一类，除郑众、许慎相同之外，其余三类的名称则皆各有差异：

班固：象事　象意　象声

郑众：处事　会意　谐声

许慎：指事　会意　形声

相同者在于：三家都强调要识字，必须在原有的象形之外，注意到文字中是否有"事""意""声"的部分。可见"事""意""声"三者与古文字形体的构成，有极为密切的关系。古文字学家陈梦家在《中国文字学》论汉字的结构时，曾说：中国文字起源于象形字，而象形字最初是图画，图画的主要目的是在传述一个事物，而同一个事物有许多看法，例如在金文中，何（荷）、伐、成三个字，都象人荷戈远成出伐之形。因为这是一件事的三面，所以声音也就不同了。陈梦家的说法，说明了象形字因传述的事物不同，即有不同的意义和声音。这是值得我们注意的。至于三家名称不同的地方则在于：班固在"象形"之外，对"事""意""声"三者皆冠上"象"字，特别强调了象形在古文字创造过程中的重要性，可以理解为：有"事""意""声"成分的古文字，都是以象形为基本发展出来的。郑众和许慎虽然分别以"处事""指事""会意""谐声""形声"称之，似乎在修辞中求其变化，但也都有以象形为基本，来处其"事"、指其"事"，来会其"意"，来调谐其"声"、形容其"声"，而另造新字的意思。另外还有一种新解，说班固的四象，象形、象事、象声、象意的"象"，同是一个他动词，所以象形的"象"，意思与《礼记·乐记》"感于物而动，故形于声"相同，而"形声"亦非半形半声，而是"象"其声，即依声表音之意。这是另一个可供参考的意见。至于转注、假借二者，三家名称都已固定，没有异议。

（三）在六书的次序方面，从表面上看，三家各有不同，就此而论，我们当然可以解释为三家只是随手标列，并无固定的次序，但如果仔细看，又似乎可以发现，它们自有其秩序。例如我们以班固的"六书"次序为准，依序标上号码，并分列成两行三组来看：

①象形　　　　　③象意（会意）　　⑤转注
②象事（处事、指事）④象声（谐声、形声）⑥假借

那么就可以发现：班固以"象形"为中心，象事、象意、象声字中也都强调有象形的成分，只不过象形的成分依次递减了，转注和假借则自成一组；郑众把班固奇数和偶数的左右两行分开，④、⑥二项上下调整，这体现了汉字形音义的特点，"象形"是形，"会意""转注""处事"是义，系依表义的强弱依序排列，"假借""谐声"则是依表音的程度依序排列；而许慎则是把班固奇数和偶数的前两项左右对调，说明"文""字"有别，

但最后的⑤、⑥二项转注与假借，则保留不动。

因此，我们可以了解：从横向的次序看，象形和象事（处事、指事）是一组，是所谓独体的"文"；象意（会意）和象声（谐声、形声）是一组，是所谓合体的"字"；转注和假借是一组，是在前二组之上，牵涉两个字以上，它们之间有音义关系。从纵向的次序看，奇数①、③、⑤和偶数②、④、⑥的两行，也可以各成一个系列，但许慎似乎又把第⑤、⑥二项的转注、假借，独立为一组，与前四项分开。因此，至少象形和象意是一组，象事和象声是一组。这样的分析，对于了解下文所要分类说明的"六书"定义及其内容，是有帮助的。南唐徐锴在《说文解字系传》卷一把六书分析为"六书三耦"，戴震在《答江慎修先生论小学书》中将六书分为"四体二用"，也可以从这里去理解。

"六书三耦"之说，始于南唐徐锴的《说文解字系传》。他认为六书之中，象形、指事相类，形声、会意相类，转注、假借相类，故为三耦。耦者，偶也。六书正好可以分为三组，用它们来解释古人造字之本、用字之法及其次第，也很合适，所以为后代学者所乐用。

"四体二用"之说，则见于清代戴震《答江慎修先生论小学书》。江慎修即江永，清代经学皖派领导人，戴震为其弟子。戴震受了徐锴、杨慎等人的影响，认为六书可分为体、用二类：象形、指事、会意、形声四者，是字之体；转注、假借二者，是字之用。到了他的弟子段玉裁，更进一步明确主张六书就是"四体二用"。这种说法和"六书三耦"之说，都是近代以来文字学界几乎无人不知的理论。因为下面谈到假借时，还会有进一步的说明，这里就不赘论了。

从南唐徐锴的"六书三耦"之说，到清代戴震、段玉裁的"四体二用"之说中间，还有不少学者提出商榷补充的意见。这说明了古代文字学者对于六书的分类，不断有更新的看法。

例如宋代郑樵在《六书略·六书序》中说："象形、指事，文也；会意、谐声、转注，字也；假借，文字俱也。"这是把假借独立出来，视为对文字的运用。

又如元代周伯琦在《说文字原·叙》中说："象形、指事者，文也；会意、谐声者，字也；转注、假借者，文字之变也。"

明代赵撝谦在《六书本义·六书总论》中也说："象形、指事，文也。象形，文之纯；指事，文之加也。会意、谐声，字也。谐声，字之纯；会意，字之间也。假借、转注，则文、字之俱也。肇于象形，滋于指事，广于会意，备于谐声，至于声则无不协矣。四书不足，然后假借以通其声；声有未合，而又转注以演其声。"这里虽然还没有正式提出体用之说，但皆已指出转注、假借二者，与前四者有明显的不同。

明代中叶以后，由"六书三耦"演变为"四体二用"的痕迹，就越来越明显了。杨慎《六书索隐》采班固象形、象事、象意、象声四"象"之说而曰："假借者，借此四者也；转注者，注此四者也。四象以为经，假借、转注以为纬。"彼所谓经纬，已有体用之意。

到了明末被焦竑《焦氏笔乘》推为新安"博雅士也"的吴

元满，他不但在《六书总要》中阐述赵撝谦的观点，说："象形，文之纯；指事，文之加也。会意，字之纯；谐声，字之变也。假借、转注，则字之用也。"而且在《谐声指南》一书中还特别指出："六书形事意声，四者为体；假借、转注，二者为用。"无疑为戴震的"四体二用"之说发了先声。

第二节　三家旧说的检讨

后世谈论六书，多遵从班固、许慎之说。唐代颜师古、宋代郑樵等人，从班固之说；清代戴震、段玉裁等人，从许慎之说；南唐徐锴则兼采班、许，名称从许慎，次第则从班固。后来采用徐锴之说的人很多。

郑众之说，后人罕用。清代黄以周《礼书通故》却颇主其说。近代顾实的《中国文字学》更认为郑众将六书分为两个系统："象形""会意""转注"三者，盖以"类"言，依许慎说解，象形是依类象形，会意是"比类合谊"，转注是"建类一首"，均与物类有关；"处事""假借""谐声"三者，盖以"事"言，假借是"依声托事"，形声是"以事为名"，与指事（象事、处事）皆与事物有关。他认为郑众这种分法，自有其道理，不应轻言舍弃。

学术研究，贵在求真责实。因此对三家旧说，应有重作检讨的必要。

一、论名目从许慎、次第从班固

班固、郑众二家，虽然曾标出"六书"名目，列其次第，但也仅仅如此而已，并未提出例证或做进一步的阐释。许慎的特别之处在于：不仅仅能注意到语意及修辞，给"六书"最适当的不同名称，既不会像班固用"象事""象意""象声"那么多"象"字的单调，也不会像郑众用"处事""谐声"那么语意不清的名称，这很容易与"做事""和声"等相混淆；同时许慎也能注意到文字发展的规律，先结绳挂物而后图象书契，先符号而后文字，列"指事"于"象形"之前；更特别的是，他还为"六书"下了界说，并各提出两个例字。他所下的界说各为四言两句，言简而意赅，而且谐韵，便于记诵。他所举的例字，以篆文为主，亦足与其界说理论相发明。虽然一直以来，学者论"六书"之说，名目多采于许慎，次第多采于班固，但多不否认许慎的《说文解字》是一部析形解义、体系完整的巨著。

许慎《说文解字》所收的字体，大抵以小篆为正文，兼采"古文"、籀文，所谓"今录篆文，合以古籀"者是。据《段注》说，这是"法后王，遵汉制"。许慎与班固、郑众三家的"六书"之说，虽然其源皆出自刘歆，他们亦必皆习读"古文"，但当时所能见到的古文字资料毕竟有限，连刘歆也未必确知《周礼》的来历，更不用说能接触到甲骨文等古文字资料了。所以他们的"六书"之说，只能代表汉代古文经学派的看法。许慎所能接触到的"古文"、籀文，一定也离不开当时学者的范围，也因此，许慎书中对于"六书"的分类，只能大抵根据篆文构造的原理，来探求古文字的造字原则，而不能顺着古文字的历史发展和演变，做系统的整理归纳和缜密的探索分析。换言之，《说文解字》的五百四十部，能统摄篆文九千三百五十三字，而不能统摄甲骨文、金文等古文字；书中对"文""字"形义的解说，也只能以篆文为主，兼采"古文"、籀文而已。

许慎对文字形体结构的解析，是不是前有所承，也值得探讨。我们试看《左传》所记载的"止戈为武""反正为乏""皿虫为蛊"，以及后来《韩非子》所说的"自环者谓之私，背私谓之公"等，都可以看出这些解释字形字义的方法，与许氏"六书"之说的造字原则相符合。可见，从形义的分析去建立造字的理论，从周朝就已经开始了。我们再看《说文解字》引证群书、博采通人之说，在分析字形结构时，也常常自己注明采自何人之说，其中颇有一些是汉代的学者。例如：

"王"字，引用"董仲舒曰：古之造文者，三画而连其中谓之王。"（卷一上篇）

"为"字，释为母猴。并引用王育之说，以为"爪，象形也"。（卷三下篇）

"用"字，训释为"可施行也。从卜，从中。卫宏说"。（卷三下篇）

"东"字，训解为"动也。从木。官溥说，从日在木中"。

（卷六上篇）

"豫"字，则解作"象之大者。贾侍中说，不害于物。从象，予声"。（卷九下篇）

"㠯"字，训为"用也。从反已。贾侍中说，已，意已实也。象形"。（卷十四下篇）

这些例子，都足以说明在许慎之前，已有汉代学者通过从形体结构来分析字形，并已有"象形"与"六书"相关的理论。可见用"六书"来分析字形，并非许慎所创始，在他以前，包含上述的很多汉代学者，早已开始了。所以说许慎的《说文解字》，是推衍前人之说，汇集周朝以来的"六书"之说，贯通其条例，归结其原理，似乎更符合事实。

二、三家旧说溯源

上文曾经说过，班固、郑众、许慎三人的学术思想，都源自刘歆，他们对"六书"的名目和次第的解释，也理当本之于刘歆才对。至于刘歆是否另有所本，由于目前文献不足，已无从得知。

班固的"六书"，抄自刘歆的《七略》，名目次第相同，自可不论，但为什么郑众、许慎的说法，同样源自刘歆，名目次第会有所不同呢？

笔者以为原因可能有二：一是郑众、许慎虽然得自刘歆的传承，但已有所修改；二是郑众和许慎都另有所本。

从第一点来说，郑众的父亲郑兴，是刘歆的弟子；许慎受教于贾逵，而贾逵的父亲贾徽也出自刘歆的门下，要说是郑众、许慎或他们的父亲师傅修改了刘歆的传承说法，按汉代经师恪守家法师法的传统，可能性不大。

那么，比较可能的是，郑众和许慎都另有所本。

刘歆和他的父亲刘向，是西汉晚期著名的经学家和目录学家。汉成帝时他们在宫中校阅群书，刘向撰成《别录》，刘歆继承父业，撰成《七略》，他们理当可以看到民间罕见的各种"中秘藏书"。《周礼》应即其中之一。《周礼》的"六书"之说，就是到了刘歆领校秘书时，才发现并且公开它的。班固在汉章帝建初年间，继刘歆之后，也曾"典校秘书"，与贾逵等诸儒议论五经异同，并因此而撰成《汉书》。他既得睹"中秘藏书"，因而他的"六书"之说，固然可能直接抄自刘歆的《七略》，但也可以是他亲自覆按校阅时的个人所得。

郑众的父亲郑兴，生卒年不详。据《后汉书·郑范陈贾张列传》，知道他好古学，曾受教于刘歆，"尤明《左氏》《周官》，长于历数"。《左氏》即《左氏春秋》，《周官》即《周礼》，这些都是刘歆之后古文学派经学家重视的典籍。郑众十二岁时，即从父郑兴受古文学，他对"六书"的解释，应该来自他的父亲的传授，换言之，也是来自刘歆。既然传承相同，那么为什么对《周礼》"六书"的名目次第，会和班固传述者有所出入，这实在令人百思不得其解。郑众在明帝永平初年，曾以明经任给事中，是有机会接触到宫中藏书的，只是不知道他是否看到了什么不同的资料。

许慎的老师贾逵，与班固年辈相仿，也同是扶风平陵（今陕西咸阳附近）人。贾逵的父亲贾徽，是西汉末年著名的经学家，曾从刘歆受《左氏春秋》《周礼》。贾逵少承父业，弱冠能诵《左氏》及五经本义。治经虽以古文经学为主，却兼治《谷梁》等今文经。著有《周官解故》《左氏传解故》等书。据《后汉书·郑范陈贾张列传》说，贾逵与郑兴当时并称"郑贾之学"。在章帝建初元年及八年（公元76年、83年），他曾两次入讲宫中。在北宫白虎观、南宫云台，并诏选诸生高才二十人受其学。有人认为许慎即在其中。

　　许慎的儿子许冲，在《上说文解字表》中有云：

　　　　臣父故太尉南阁祭酒慎，本从逵受古学。盖圣人不空作，皆有依据。今五经之道，昭炳光明，而文字者，其本所由生。自《周礼》、汉律皆当学六书，贯通其意。恐巧说邪辞，使学者疑，慎博问通人，考之于逵，作《说文解字》。

　　可见许慎所著《说文解字》，得之贾逵者不少。而其任太尉南阁祭酒，按当时通例，应在举孝廉之后，年纪在三四十岁之间。上文已有论述，此不赘述。

　　许慎本人后来也曾经"校书东观"。东汉安帝永初四年，朝廷诏令马融等人总校中秘藏书，许慎亦曾参与整理的工作。博通经籍，"五经无双"的许慎，还曾得到马融的特别推崇。

　　许慎既受教于古文经学大师贾逵，又适逢古文经学逐渐抬头的时代，因此他在讲解经书时，特别重视文字训诂的考证和分析，寻其源，探其本，异中求同，同中求异。为了昭炳五经之道，驳正俗儒之说，他参考了《史籀篇》以来的秦汉字书，因而编纂了《说文解字》一书。北宋初徐铉《校定说文序》说：

> 和帝时，申命贾逵修理旧文。于是许慎采史籀、李斯、扬雄之书，博访通人，考之于逵，作《说文解字》。

清代桂馥《说文解字义证》在"附说"中更特别指出：

> 《说文》非许氏创作，盖总集《仓颉》《训纂》、班氏十三章三书而成。

桂馥的说法虽然未知所据，但许慎总集前代字书，而成其《说文解字》，则无疑问。

三、许慎"六书"名目次第的再检讨

上文说过，汉代以来讨论"六书"的学者，在"六书"的名称方面，多依许慎，至于"六书"的次第，则多依班固。岳森《六书次第说》有云："指事、形声、会意之名，必以许为定；六者之次，必以班为优。"斯言得之。

许慎在"六书"的名称底下，对"六书"分别下了二句八字的定义，并各举二字为例，较之班固、郑众都要详细具体，而且在《说文解字》书中，除了转注、假借之外，也都注明了哪一个字属于哪一书例。

为什么会这样呢？有人认为象形、指事、会意、形声前四种书例，讲的是造字的方法，转注和假借讲的则是用字的原则。上文引述过清代戴震《答江慎修先生论小学书》："指事、象形、形声、会意四者，字之体也；转注、假借二者，字之用也。"继之而起者，段玉裁《说文解字注》云："盖有指事、象形，而后有会意、形声，有是四者为体；而后有转注、假借二者为用。"王筠《说文释例》也说："象形、指事、会意、形声四者为经，造字之本也；转注、假借为纬，用字之本也。"先后阐述，足为代表。

也有人以为，转注和假借仍然是造字的方法。转注是多字同义，假借是多字同音，它们都是形声字的来源。更有人以为，前四书讲的是创造单字的方法，而转注、假借讲的是创造复合字词的法则。

许慎的前四书名称，较之班固的象形、象事、象意和象声，在修辞技巧上较富于变化，较之郑众的象形、会意、处事和谐声，在造字方法上也较符合实际，所以被广为采纳。否则，班固的"象"，只是虚指的动词，非实指的名词，试问象意字、象声字的"意""声"要如何象？"处事"字借象表意，确实不如"指事"能够"视而可识，察而可见"，可以明确"指"出来；"谐声"字是合体字，通常由声符与形符（也叫义符），或者说由一个形旁与一个声旁组合而成，因此，称之为"形声"也比较明确合理。杨树达《中国文字学概要》说："事本无象，象事不如指事之洽也。会意字本缘会合而成，且意无可象，象意不如会意之确也。形声二事兼举，象声则单双不该，则象声又不如形声之备也。"可谓言之成理。

至于"六书"的次第，许慎比班固、郑众晚出，照道理说，后出转精，后来居上，那么为什么他不采用班固或郑众之说呢？确实启人疑窦。除了别有师承或信手排列的可能之外，最有可能的是，他对文字创始起源的看法与别人不同。我们不要忘记许慎的"六书"之说原来就出现在《前叙》《后叙》之间，有承先启后的作用，也不要忘记许慎虽是古文学派，但也兼有今文学派的思想。

上文曾经一再引用许氏《说文解字·叙》，该文开头就说："古者庖牺氏之王天下也，仰则观象于天，俯则观法于地，视鸟兽之文与地之宜，近取诸身，远取诸物，于是始作《易》八卦，以垂宪象。"然后才说神农氏结绳记事，然后才说仓颉"见鸟兽蹄远之迹""初造书契"。显然许慎是受了《周易·系辞传》思想的影响，认为八卦是文字产生的本源。《周易·系辞传》说："《易》之为书也，广大悉备，有天道焉，有人道焉，有地道焉。兼三才而两之，故六。六者，非它也，三才之道也。"又说："是故易有太极，是生两仪，两仪生四象，四象生八卦。"又说："易者，象也。"汉代的《易学》，基本上是朝象数方面来发展的。象是天象，数是历数，基本上都是抽象的符号。八卦就是一些抽象的符号，而指事字是借一些抽象的符号来指明某些具体事物的存在，像"上""下"的初文，或一、二、三的数字初文即是。这和班固、郑众先有描写具体事物的象形字，然后再加符号来标示而成为指事字的观念是不一样的。许慎既认为抽象的符号在前，所以他将指事列于象形之前，也就不足为怪了。即使到现在仍然有学者是这样主张的，像古文字学家于省吾《甲骨文字释林·释一至十之记数字》也说："原始指事字一与二、三、三积画之出现，自当先于象形字，以其简便易为也。"

许慎列形声于会意之前，也与他对语言文字的观念有关。他在《说文解字·叙》中又说："仓颉之初作书，盖依类象形，故谓之文。其后形声相益，即谓之字。字者，言孳乳而浸多也。箸于竹帛谓之书；书者，如也。"意思是说：最初的文字依照物类的形象去描摹，独体的叫作文，合体的叫作字，用之写在竹帛上，才叫作书。可见文、字、书原来都是文字的泛称，用以记叙语言，起先它们的意义并无差别。《仪礼》注："名，书文也，今谓之字。"《周礼·外史》注："古曰名，今曰字。"足可为证。但到了许慎的时代，觉得它们有分别的必要，于是认为象形字的独体为"文"，合体为"字"，意思是独体字，在形体上已不能再分析，再分析下去，线条和笔画已无意义可言；合体字则由两个或两个以上有意义的形体组合而成。名者就动态言，侧重于声音，据发声传于口耳者，皆可称为"名"；书者就静态言，侧重于形体，凡书写著于竹帛的，皆可称为"书"。段玉裁《说文解字注》说的"名者，自其有音言之；文者，自其有形言之；字者，自其滋生言之"。又说"（书者）谓每一字皆如其形状"，也就是这个意思。

因为许慎有这样的观念，认为符号图画在文字之前，语言声音在文字之前，因此他把以符号为主的指事字列于象形字之前；把以类为形、配以声音的形声字，列于合象表意的会意字之前，也就可以理解了。

顾实在一九二四年所撰的《中国文字学》中说："依据历史，河图流而为八卦，他国亦由象形文字流而为拼音之符号，是象形始也；然观儿童无意识之举笔，及图画之初步，皆先有点线，则又指事始矣。……故吾前谓班、郑首象形者，历史意也，许慎首指事者，哲学家意也。"

杨树达在一九四三年修订本《中国文字学概要》中说："论次第则班优于许，论名称则许胜于班。"他以为论六书次第，三家之中，郑众最不足取（"造文之次，似当先文而后字。郑众糅合字文，又混淆体用，最为难解"），又以为论象形、指事先后的问题，须衡量造字的难易："象形以图画表具体之形，其事于初民为易。指事以符号表抽象之事，非术智大进，殆不易为"，所以他认定"班优于许"。不过，他后来在一九五五年定本的《文字形义学》一书中，却又加上一段文字，

> 或曰：文字从结绳演变，结绳固符号，非图画也。仍当如许君为说，首指事也。

这说明了他后来又以为许慎之说也有道理，两说盖可并存不废。

以上所说，旨在简述"六书"的名目与次第。至于"六书"的界说及例证，自唐宋以下，还有很多有分歧的说法，至今尚未有定论。下文将依上文"六书三耦""四体二用"所述，分为三节，就象形与指事、会意与形声、转注与假借，分别逐项解说。

第三节　分论之一：象形与指事

　　在分别论列"六书"之前，我觉得应该先对"文"与"字"、"初文"与"准初文"再做一次分辨与说明，让读者明白文字的解读常有不同，文字的归类也常有争议。以下的析论如果与读者的理解不同，请勿见怪。

　　许慎在《说文解字·叙》中，曾说仓颉之初作书，依类象形，谓之"文"，其后形声相益，谓之"字"。"字者，言孳乳而浸多也。"古人像郑樵因此以子母相生的道理，来比喻文字的产生和衍化。《六书略》一书中即有"论子母"的专章。现代有人把它们解释为："文"指文字中的单体（一称独体），就是那些最先造出的、结构不可分解的指事字和象形字；"字"指文字中的合体，就是用指事字和象形字拼合而成的会意字和形声字等。现有人（如章太炎）称前者为"初文"，后者为"合体字"。宋代郑樵则称"初文"为"母"，称"合体字"为"子"。

但合体字中的会意字，是"二母合"，二体俱主"义"；形声字则是"一子一母"，一体主"义"，一体主"声"。用今天的话说："母"是形符，也是义符；"子"是声符。"母"是造字的基本部件，孳乳而成"子"。形符加形符即会意字，形符加声符即形声字。他们所说都颇有道理，但分析起来，从"文"到"字"，从"初文"到"合体字"之间，似乎还有些文字夹在二者之间。

例如"刀"字，籀文作"刀"，原象兵器中的刀形，是象形字；"女"字篆文作"女"，原象古代妇人屈身跪跽交手操作的形状，也是象形字。它们都是所谓的"初文"，或所谓的独体象形字。如果在象形字"刀"上，加一个抽象的指事符号，指示锋利的刀面所在，它就变成了"刃"字。同样，如果在象形字"女"上，加两个抽象的指事符号，表示那是哺育婴儿的乳头，它就变成了"母"字。这时候，"刃"和"母"究竟算是象形的"初文"，还是拼合指事、象形而成的"合体字"，就会有争论。像"刃"字，唐代李阳冰就认为是合体的会意字，徐锴却认为它还是指事字。元代戴侗受了郑樵"立类为母，从类为子。母主形，子主声"的影响，把《说文》部首分为九大类，而将各部首下的属字，按指事、会意、转注、谐声、假借顺序，作"父以联子，子以联孙"之排列。例如将"刀"部六十八字，分指事、会意、谐声和"疑"排列各字，例如"刀"为"父"，孳乳为四子：刃为刀之指事；则分、判、别等为刀之会意；刚、剡、切、割等为刀之谐声；利、罚为刀之"疑"。刃为子，然亦可孳乳出办、剑。"母"字也一样，一般学者都认为它是合体的象形字或指事字，但也有人就认为它是会意字。

因此，像"刃""母"这类夹在"初文"和"合体字"之间的文字，有人就称之为"准初文"。

其实，称之为"准初文"，也不完全合乎逻辑，不过它说明了一个事实："文"与"字"是容易混同的，"初文"与"合体字"之间的组合关系也是复杂的。易言之，在象形、指事与会意、形声之间，有些字很难以定其归属，即使在象形与指事之间，在会意与形声之间，有些字也同样难以归类。

事实如此，所以一切请高明的读者善自择之。

一、象形

（一）象形界说及其字例

许慎对象形所下的定义是"画成其物，随体诘诎"，例字是"日""月"。

象形，即象物之形，指所造的字能够客观地描摹实物的形体，把握形体的特征，画出它的形象。强调的是物，而且是实体。"诘诎"，就是折屈、屈曲的意思。"随体诘诎"，是说随着物体的形状来运笔，该平直的地方就平直，该折屈的地方就折屈。方圆横竖，完全顺其自然，依照实物的形状。强调的是实体的常态。例如日、月二字，画成⊖⊙、𝇊𝇋等的形状，就把握了它们的形状特征。日、月的轮廓是圆形的，月有圆缺，为了显示与"日"有别，所以把"月"画成半圆形。中间画有一点或一笔，那是表示其中有物，中实无缺。关于这些，上文已经交代过了，这里从略，不赘述。

汉字的创造，虽由图画发展而来，但所谓随物象形，画成其物，并不是说要把实物的整体形状完全画出来，而是指把握其形状特征即可。象形字毕竟有异于图画，它只是语言的一种符号，不需要画得逼真细致。由于最初造字的人，观察物体的角度不同，因此造出来的象形字，形状不尽相同，线条笔画也可以不一样。有的人描画实物的全体或大体，如"日""月"；有的人只画实物的某些部分，如"艸"（草）、"竹"只画叶子上扬或下垂的不同，"牛""羊"只画头角上弯或下钩的不同部分，即可示其不同，知其全貌；有的只略画轮廓，如"山""川"；有的则加画骨架，如"瓜""果"。或删繁成简，或以偏概全，不管如何取象，其主要的目的，就是要使人能够因其象而知其意，观其画而知其物。

甲骨文　金文　战国文字　秦篆

许慎《说文》一书，象形字依其所象之形，大概可分为三类：一是直接标明的，谓之纯象形，如：目，人眼。象形；女，妇人也。象形。二是用"象某某""象某某之形"来略加说明的，如：自，鼻也。象鼻形；牙，牡齿也。象上下相错之形。三是必须指出依附之物才能说明所象之形，或谓之合体象形。如：

眉，目上毛也。从目，象眉之形，上象额理也；果，木实也。从木，象果形，在木之上。

如果用许慎《说文解字·叙》所说的"仰则观象于天，俯则观法于地，视鸟兽之文与地之宜，近取诸身，远取诸物"，来观察象形字的造字方法，更能推知造字之本。如果以小篆所说的象形字为基础，从其形体结构一个一个向上追溯，追溯到金文、甲骨文，即可发现许多字在甲骨文、金文中更像实物的原状。换句话说，汉字形体的演变，大致上越发展到后来，象形的成分越减少了。像"齿"字小篆作"齒"，上面的"止"是声旁，下面是形旁，象牙齿排列的形状。

象形字因为要描写实物的形状，所以它所能创造的字有限，实在无法因应时代的进步、人事的纷繁和社会的需要，一些抽象的事物既无可取象，复杂的事物又难以区别，所以在"六"书之中，它虽然最为根本，但所占的比率不大。据清代王筠《文字蒙求》的统计，《说文解字》所收的九千三百五十三个字之中，象形字只有二百六十四个字。

（二）象形字的分类

从宋代以后，颇多学者喜欢将"六书"中各体的字加以分类。分类的观念颇不一致，方法也多有可议。如南宋郑樵的《通志·六书略》即分象形字为三"类"十八"形"：

（1）正生之类：①天地之形；②山川之形；③井邑之形；④草木之形；⑤人物之形；⑥鸟兽之形；⑦虫鱼之形；⑧鬼物之形；⑨器用之形；⑩服饰之形，共十种。

（2）侧生之类：①象貌（如爻、文、非、小）；②象数（如一、二、三、四）；③象位（如东、西、南、北）；④象气（如只、今、气、欠）；⑤象声；⑥象属（如甲、乙、巳、亥），共六种。

（3）兼生之类：①形兼声；②形兼意，共两种。前者如齿字，后者如眉字。

元明之际赵撝谦《六书本义》用郑樵之说而稍加变化，共分两种十二类：

（1）正生十类：

①数位之形，"一""口"之类；

②天文之形，"云""回"之类；

③地理之形，"水""厂"之类；

④人物之形，"子""吕"之类；

⑤草木之形，"禾""尗"①之类；

⑥虫兽之形，"虫""牛"之类；

⑦饮食之形，"酒""肉"之类；

⑧服饰之形，"衣""巾"之类；

⑨宫室之形，"靣（壶）""亭"②之类；

⑩器用之形，"弓""矢"之类。

（2）兼生二类：

①形兼意，"日""月"之类；

②形兼声，"累""箕"之类。

---

① 尗，《说文》："象尗豆生之形也。"

② 亭（郭），《说文》："度也。民所度居也。从回，象城亭之重，两亭相对也。"

另外，明代赵宦光的《说文长笺》，则别出心裁，不再以子母相生之说论"六书"，而改以各种不同的"体"类。他将象形分为八"体"八"类"：

（1）独体："水""木""人""女"之类；

（2）多体："艸""竹""蟲"之类；

（3）合体："舜""林""从""灥"之类；

（4）聚体："苗""麻""乐""巢"之类；

（5）变体："尸""儿"①之类；

（6）离合体："斯""豹""※（癸）""㴱"②之类；

（7）加体："屮""出""未""束"之类；

（8）省体："中""朵""才""片"之类。

他们的这些分类观念和方法，对后来讨论者产生了很大的影响。可是这些说法从今人分类的观念看，都存在一些问题。

例如郑樵的正生十类，与侧生六类、兼生二类，分类的观念并不一致。天、地、山、川、井、邑、草、木等，属于形、音、义的"义"类分法，属于独体象形，而侧生、兼生二大类，则多兼形、音、义而言之。兼生类的"形兼声"，如"齿"字由"𠚕"而加"止"声，"形兼意"如"眉"字，由"目"而加"𡰪"会意，皆为合体象形，依后人归类，都已算是象形的变例。至于侧生类，如"象数""象位""象声"等，更混指事、会意、形声于象形之中，甚是糅杂。

---

① 尸（尸），《说文》："象卧之形。"

　几（儿），《说文》："古文奇字人也。象形。孔子曰：在人下，故诘屈。"

② ※（癸）《说文》："冬时，水土平，可揆度也。象水从四方流入地中之形。"

换个方式说，郑樵所说的正生十种象形，皆具体之物象形；侧生六象，皆抽象之事物；兼生二类则掺杂了会意字和形声字。正生十种、侧生六象，都是从所象事物的形义来分类的，并非根据文字的形体组织结构来分析，换言之，分类的依据是在文字的义类，而非文字的形体。赵撝谦虽然做了若干调整，但基本上，这些都已是忽略了造字的原则，也违背了依类象形的本意了。

至于赵宦光，固为晚明江南隐逸之士，搜金石，论篆籀，问奇字，访逸典，为世所称。其《说文长笺》与《六书长笺》二书合刻，共一百一十一卷，卷帙繁而用力勤，恰如明代文字学家方以智《通雅》所讥，数千年来常用之"也"与"方"不用，偏偏写成"殹"与"匚"，足见其嗜古成癖。他将象形分成那么多体，混淆了象形与指事、会意的界限，亦宜乎《四库提要》讥其"支离敷衍""疏舛百出"也。

赵撝谦的说法，裁并郑樵的分类，虽然删去"侧生"一大类，看似较为合理，但他又将指事字的"一""口"等字并入"正生"第一类，将纯象形的"日""月"等字归入"兼生"类的"形兼意"，也着实令人费解。

明代赵宦光的分类，纯就形体结构分类，比较合理，但他仍然常将象形与指事、会意混为一谈（例如他说象形是"粗迹"，又在胪陈八体之后，这样说："若诸体之可以意求，不可以象显者，皆指事、会意。"），另外，他的"多体""合体""聚体""离合体"等，也容易相混淆，都难免予人困惑之感。

明代以前的学者，对于象形字的分类，其观念与方法之有可议处，有如上述。对于指事、会意、形声等其他各体，其错杂分歧亦大类如此。这种情况到了清代，由于经学小学的兴盛，才有了改变。

清代经学，彬彬称盛，对于历代有关《说文解字》的论述，或加校勘考证，或多阐发补正，其中段玉裁、桂馥、王筠、朱骏声被公认为最有代表性的四大家。段玉裁的《说文解字注》、桂馥的《说文义证》、王筠的《说文释例》《说文句读》《文字蒙求》和朱骏声的《说文通训定声》，都是承先启后、足可传世之作。他们对前人"六书"的界说，分别从形、音、义各方面做了更进一步的综合分析，取其长而舍其短，因而颇有度越前修之处。

例如段玉裁分象形为独体与合体二类，说独体之象形，"成字可读"，如日、月、水、火是也；又说合体象形，"从某而又象其形，如眉从目而以ノ象其形，箕从竹而以甘象其形，衰从衣而以袜象其形，畷从田而以邑象耕田沟诘屈之形是也。"王筠的《说文释例》，将象形分为正例、变例二种：

（1）正例包括五类：①天地类之纯形（如日、月）；②人类之纯形（如口、目）；③羽毛鳞介昆虫之纯形（如佳、鸟、牛、羊）；④植物之纯形（如艸、木）；⑤器械之纯形（如户、门、豆、皿）。

（2）变例包括十类：

①一字象两形者，如"弓"字，一象草木深函之形，一象花未发之形。如"卜"字，卜部"象灸龟之形"；支部"从人，卜声"，小击也。

②由象形字减之仍为象形者，如"丫"象羊角，由"羊"

字减省。如"口"为象形，张口不见上唇，省减为"凵"；"虍"象虎文，由"虎"字减省。

③避它字而变形，侧观之而后合者，如"匸"字。

④有所兼而后能象形，然犹非直从某字者，如"臼"字。

⑤象形兼意者，如"果"字，"田"象果形，"木"是会意。

⑥兼意而小异者，如"为"字。

⑦以会意定象形而别加一形者，如"眉"字。

⑧兼意又兼声者，如"齿（齒）"字，"㐱"象齿形，"凵"象张口，"止"得声。

⑨直似会意，然非从某字则仍是象形者，如"衣"字，"亽"象衣领，"衣"象衣襟。

⑩全无形而反成形者，如"身"字。

朱骏声的《说文通训定声·说文六书爻列》，则将《说文》中的象形字分为象形（如玉、气、中）、形声兼象形（如齿、磊、氏）、会意兼象形（如番、牟、牢）、会意形声兼象形（如旁、穴、金）四类。从比对中可以看出来，朱骏声的所谓象形，指象形正例，其他三类则属象形变例。

清儒的分类方法，或分独体、合体，或分正例、变例，比较能够兼顾汉字形、音、义的发展，又能兼顾宋代郑樵以后的传统，不但对象形字如此，对六书其他部分也大都如此。他们多能采取相同的分类观念，方法也比较客观。像段玉裁以"实有其物"与"不泥其物而言其事"，以具体与抽象来分别象形与指事的差异，又能注意到象形有独体（或称纯体）与合体（或称复体）之分，这比宋明学者要合理些，要科学化。

（三）晚近学者的看法

民国以来，从章太炎 1915 年的《文始》开始，承清儒余绪，喜欢将上述不同的观念方法综合论述。由于各家学识背景不同，所据理论资料不同，因而同样的汉字，有时会有不同的归类，而归类时，其理论资料又有些参考了新出土的甲骨文、金文，也因此每几十年风气就一变。

像顾实的《中国文字学》，将象形字和指事字，都先依形体分为纯、杂两大类，此犹段玉裁之分为独体、合体，王筠之分为正例、变例，然后配合许慎《说文解字·叙》"仰则观象于天，俯则观法于地"的那一大段话，各举若干字例列述于后。

以"象形"一节为例，先分为纯象形（独体象形）和杂象形（合体象形）两大类。

（1）纯象形（独体象形）下又分为：

①全体者：例字如日、月、云、气（观象于天）；水、火、山、厂（观法于地）；鸟、羽、兽、角（鸟兽之文）；艸、木、竹、瓜（地之宜）；自、牙、衣、行（近取诸身）；它、鱼、龟、贝（远取诸物）。

②半体者：例字如"屮"，艸木初生也。读若彻。从艸省。

𪜉（夕），莫也。从月半见。案，金文月夕恒通用，假借也。

𤖔（片），判木也。从半木。

（2）杂象形（合体象形）下又分为：

①全体兼会意

a. 象形兼指事

云（云），古文云。从古文上，作二，与作一同也。象回转形。

雨（雨），水从云下也。一指上天。

土（土），地之吐万物者也。（顾实）案，盂鼎作土，正象土块在地上之形。

b. 象形兼会意

雷（雷），从雨，下象回转形。古文䨓，籀文靁，隶省作雷。

石（石），屺也。在厂之下；口，象形。案，象形而作口者，盖已邻于指事。金文多作口，非口舌之口也。

巢（巢），鸟在木上曰巢，在穴曰窠。从木，象形。

秀（秀），不荣而实曰秀，下象秀实之形。段玉裁说从人，朱骏声说从九，皆非。石鼓有秀，下非人非九，可证。

欠（欠），张口气悟也。从古文人。彡象气从人上出之形。案，㒫从反欠，而古文作㒫，则欠之古文，亦当有欠字，盖从儿，侧口即象口悟气也。龟甲古文有欠字，当即此字。

斝（斝），玉爵也。朱骏声曰："从斗，象形"是也。罗振玉说龟甲古文"斝字作斝，上象两柱。斚即由斝而讹。"当亦可信。

c. 象形兼指事会意

身（身），躬也。案，金文有作身者，可证从人，象身有孕，下一者所以限之。

d. 象形兼谐声

庐（庐），籀文厂，从干声。

齿（齿），口断骨也。象口齿之形，止声。

e. 象形兼会意谐声

金（金），五色金也，从土。左右注，象金在土中形。今声。

②半体兼会意

𧮫（谷），泉出通川为谷。从水半见，出于口。

俎（俎），礼俎也。从半肉在且上。

顾实偶用新出土文字资料，包括甲骨文、金文、石鼓文等，还自注："以上论列象形纯杂二大例，颇涉繁赜，未敢尽以为然也。"

古文字学家马宗霍的《文字学发凡》则将象形字分为三大类：

（1）独体象形

①象天文

⊙（日），太阳之精不亏，从○一，象形。段玉裁曰：○象其轮廓，一象其中不亏，又古文作⊖，郑樵曰：其中象日乌之形，段亦云象中有乌。王筠曰：外以象其体之圆，内以象其无定之黑影也。

☽（月），太阴之精，象形。郑氏曰：月多亏少盈，故其形缺。段氏曰：象不满之形。王氏曰：月阙时多满时少，故象其阙以与日别，其内则象地影也。

②象地理

山（山），有石而高。象形。王氏曰：山之上，其峰也，下其洞穴也。孙氏曰：金文作⛰，龟甲文则作⛰，当是原始象形字，与金文略同，但彼象实体，此为匡郭，微有差异耳。

水（水），象众水并流，中有微阳之气也。段氏曰：火外阳内阴，水外阴内阳，中画象其阳。云微阳者，阳在内也。微犹隐也。王氏曰：巛固当作≋，用作偏旁则不便书写，故直之，因并本字而直之。要之，水字象形。试观绘水者有长有短，皆水纹也。如论阴阳，则川巛三字纯阳无阴，川字且成乾卦矣，故知水字但形无意。

③象人体

囟（囟），头会，脑盖也。象形。段氏曰：首之会合处，头髓之覆盖。《内则·正义》引此云囟其字象小儿脑不合也。人部"儿"下亦云：从儿，上象小儿脑未合也。今人楷字讹囟，又改篆体作✕，所谓"象小儿脑不合者"，不可见矣。王氏曰：此字当平看，乃全体象形，后不兼颅，前不兼额，左右不兼日月角。吾尝执小儿验之，囟上尖而左右及下皆圆，故峄山碑象其轮郭而为凸也。其中则筋膜连缀之，故象之以 × 也，其空白四区，则未合之处也。

目（目），人眼。象形，重，童子也。段氏曰：象形，总言之，嫌人不解二，故释之曰重其童子也。人目由白而卢童而子，层层包裹，故重画以象之，非如《项羽本纪》所云重瞳子也。王氏曰：目之古文，外象目匡，人象睫毛，〇象黑睛，．象瞳子。

④象动物：隹、犬、鱼、虫、乙（燕）

⑤象植物：屮、朱、瓜、竹、米

⑥象器用：鬲、皿、瓦、矛

（2）合体象形：谷、果、石、为、巢、齿、能、龙、身

为（为），母猴也。其为禽好爪。爪，母猴象也。下腹为母猴形。段氏曰：腹当作复，上既从爪矣，其下又全象母猴头目身足之形也。王氏曰：为字象形兼会意者，不以爪表之，不

可知为猴也，有头有腹，短尾四足，此等物颇多，惟以宀象其援攫不安静之状，而复以爪表之，是真猴矣。

（3）变体象形：尸（尸）、虍、屮、互、乌、匸、女、矢

尸（尸），陈也。象卧之形。包咸《论语注》："尸者，偃卧四体，布展手足，似死人。"郑氏曰：主所祭之神而托于人，故象人之形。段氏曰：此字象首俯而曲背之形。王氏曰：人死则为尸，尸字象横陈之人，长眠而不起也。

乌（乌），孝鸟也。象形。段氏曰：乌字点睛，乌则不，以纯黑故不见其睛也。王氏曰：乌无目者，莫黑匪乌，目色无殊，故省目以表其为乌也。

基本上，这些分类都沿袭清儒而来，说明也多仿效古人，以文言为之。近几十年来，因为文风丕变，颇多学者著书为文，多改用浅近的文言或白话，但内容多仍旧袭用旧说。例如上述马宗霍所分象形三类，有人乃借《说文》而易之为：

（1）直接标明。如"目，人眼。象形。"／"女，妇人也。象形。"

（2）用"象某某""象某某之形"来略加说明。如"自，鼻也。象鼻形。"／"牙，牡齿也。象上下相错之形。"

（3）指出依附之物，以明所象之形。如"眉，目上毛也。从目，象眉之形，上象额理也。"／"果，木实也。从木，象果形在木之上。"

另外，有人则另起炉灶，从古汉字的书法形状的不同，分象形字为以下几类：

（1）正视之形。如"大"作"大"，象人正立之形。

（2）侧视之形。如"人"作"⟨figure⟩"，据《说文》说，"此籀文，象臂胫之形。"

（3）仰视之形。如"雨"，象仰视雨点自天而降之形。

（4）俯视之形。如"止"，象人之足形，俯首可见。

（5）后视之形。如"牛"，王筠《文字蒙求》："此自后视之之形。"

（6）横视之形。如"目""水"等字，皆须横倒视之。或因或革，或繁或简，多因秦篆而上推甲骨金文，借许慎的"六书"之说，尝试进一步分析古汉字的结构。

于省吾在《甲骨文字释林》中说，还有一种"具有部分表音的独体象形字"。虽是独体象形而又附加表音成分，却又不能分为形符与声符，如甲骨文"麋"字象麋形，但其部头作"⟨figure⟩、⟨figure⟩（眉）"也表示麋字的音读。

二、指事

（一）指事界说及其字例

许慎对"指事"所下的定义是"视而可识，察而见意"，例证是"上""下"二字。

指事与象形是一组，象形实象而指事虚指。象形字重在象实物的形体，指事字则旨在指抽象的事物。依照许慎的解释，指事字的"视而可识"是说一看就能辨识它是什么事物，"察而见意"是说细看才能发现它有什么含意。王筠《说文释例》就说前者近于"象形"，后者近于"会意"，所以有人说指事字介于象形与会意之间。班固称"指事"为"象事"，说明了它与象形字的关系；象形字的重点在"形"，指事字的重点在"事"，郑众称"指事"为"处事"，更表示它所象的"事"，通常属于一种行为、状态的性质。

许慎在六书次第上，列指事于象形之前，上文已经说过，那与他对语言文字创始的观念有关。清末宋育仁《同文略例》说："目次以象形为先者，谓造字以形始也；目次以指事为先者，谓造字以记事也。"八卦、结绳在书契之前，符号在文字之前，当然抽象的指事可以在具体的象形之前。

许慎所举的"上""下"两个例字，便是纯符号式的指事字。徐灏《说文解字注笺》说："上下无形可象，故以一画作识。加于上为上，缀于下为下，是谓指事。"姚文田《说文论》更以小篆的形体为例："上下之字，必先列一画，而施直画上行谓之上，又施直画下行谓之下。此直画者，非形非义，但以之表识而已。"说明这一横一直画，是一种抽象的符号。在一横线或横画的上面，加上一点一笔或一短画的符号，就构成了"上"字；反之，加一个符号在其下面，就成了"下"字。这一横线或横画，代表某一个物体的平面，可以指天，也可以指地。《说文》于"不"字云："从一，一犹天也。"^①又于"至"字云："从一，一犹地也。"^②可见"一"可指天，也可以指地。当然也可以指地面、水面或桌面等。易言之，加在上面或下面的一点一笔或一短画的抽象符号，可以指任何事物，例如"甘"字："美也。从口含一。一，道也。"嘴里好吃的东西，也可以用"一"表示。一即道，这与老子的"道"，"一生二，二生三，三生万物"，同样富于哲理。在汉代经学家心目中，道是一，天地万物是混沌合为一体的。起先可以是一点、一横、一直或一个简单的符号，有人称之为太极。后来才由无而有，逐渐演化成为天地万物。有人批评许慎以"一""、""丨"等为部首不成"文"，这显然不了解许慎的思想背景。段玉裁《说文解字注》云："指事之别于象形者，形谓一物，事赅众物。"说得言简而意赅，一点也不错。为了说明"指事"的含意，先将"上""下"小篆以前的古汉字字形，据《古文字类编》摘录如下：

上 ⼆（甲骨文） ⼆（金文） 上（战国文字） ⊥（小篆）
下 ⼆（甲骨文） ⼆（金文） 下（战国文字） 丅（小篆）

可以看出来每字的两个笔画，都是抽象符号，分开看不知何指，但合在一起看，却自有其指示性的作用。可以使无形之事，成为有形之文。二者比较对照来看，一上一下，一长一短，一正

---

① 𣎼不，《说文》："鸟飞上翔下不来也。从一，一犹天也。象形。"

② 𦤀至，《说文》："鸟飞从高下至地也。从一，一犹地也。象形。不，上去；而至，下来也。"段玉裁说𣎼、𦤀各象飞鸟首向上或向下之形。

一反。所以许慎说是"视而可识，察而见意"。

这种纯符号式的指事字，也包括了标示数目和图形的文字。例如数目字中的"一""二""三""四"，古代曾经分别用一、二、三、四画的笔画来表示。同样的道理，用"口"的符号来作为"围"的初文，随着甲骨文、金文等古文字书契工具的不同，它有时形状是圆形，有时是方形。另外，像"包"的初文"⊘"、"纠（丩）"的初文"⊗"，也都是用两条曲线相勾连，同样借抽象的符号来标示事物。有人说它是象事，不是象物，象抽象之形，不象具体之形，说得更明确。

（二）指事字的分类与归类

许慎《说文解字》一书中，对指事字是举证比较少，也是比较不明确的。有人归纳书中指事字的说解方式，认为可以分成四种：

（1）是明言指事的。例如许慎举为例字的"上""下"二字：

⊥（上），高也。此古文上，指事也。凡⊥之属，皆从⊥。皀，篆文⊥。（卷一上篇）

丅（下），底也。指事（徐锴本作"从反⊥为丅"五字）。丆，篆文丅。（卷一上篇）

（2）是称为"象某之形"。例如：

⅄（刃），刀坚也。象刀有刃之形。凡刃之属，皆从刃。（卷四下篇）

八（八），别也。象分别相背之形。凡八之属，皆从八。（卷二上篇）

（3）是称为"从某象某形"。例如：

夰（亦），人之臂亦也。从大，象两亦之形。凡亦之属，皆从亦。（卷十下篇）

盉（血），祭所荐牲血也。从皿，一象血形。凡血之属，皆从血。（卷五上篇）

（4）是称为"从某"而不言象某形的。例如：

岽（本），木下曰本。从木，一在其下。㞢，古文。（卷六上篇）

末（末），木上曰末。从木，一在其上。（卷六上篇）

其实这四种分法，除了第一种明确没有问题之外，其他三种都是值得商榷的。它们有的与象形或会意字可能会相混淆。"象某之形""从某象某形"和"从某"而不言象某形的，都有可能指象某物之形，是两个独体文字的结合，而全无抽象的符号。如果这样的话，那就变成会意字了。

因此有人主张把指事字分成独体指事和附体指事两种。像"上""下"这种指事字，纯粹用抽象的符号组合而成，虽非具体的象形，却近乎象形，可以"视而可识，察而见意"。此可以称之为"独体指事"。这在指事字中，是最基本的形式。

另外有一种常被征引的指事字，是在象形字的某个部位上面附加了有标示作用的抽象符号。有人称之为"附体指事""合体指事"或"加体指事"。例如在"日"字下加一横线而成"旦"，说明那是太阳从地平线上初升的状态；在"刀"字上加一点而成"刃"，说明那是锋利的部位；在"彐"（手）字上的寸口处加一点而成"彐"（寸），说明那是手心下面一寸的动脉所在。

《大戴礼记·主言》有"布指知寸，布手知尺"之说，用手测量手腕下十分的地方，即寸口部位，因而"寸"也有测量的意义了。在"木"字的上中下各加一点而成"末""朱""本"，标明那是树木的末梢、中间或根部。"大"是人张开四肢的象形，在它底下加一横线，表示人站立在地面上，就成了"立"（立）字；在它的左右两腋各加一点或一画，指出人的腋部所在，就成了"亦"（亦）字。"亦"也就是"腋"的本字。由此可见它不是两个独体符号的结合，而是在独体的符号之上，加上不是独体的符号。所以它既不是独体字，也不是合体字。

这种所谓在"象形字"上加符号的指事字，通常指的是在独体象形字上加抽象的符号。因为象形字如果不是独体象形而是合体象形的话，那就容易与会意字相混淆了。

许慎《说文解字》书中明确标为"指事"字例者，只有二（上）、二（下）等字，到了徐锴《说文解字系传》中指明为指事字的，则有六十五个。例如牟、牢、牵、寸、厷、父、反、叉、尹、甘、本、末、朱、果、朵、尺、俎、折、卉等。这些字都是在象形字上加了附体，才有事可指的，易言之，必须在一个成字的形体上才能表明用意。其中像上文提到的"甘"字，据《说文》云："甘，美也。从口含一。一，道也。"可见"一"在这里只是一个抽象的符号。徐锴《系传》引班固"味道之腴，物之甘美也"，就是用来指明它所代表的意义。也因此徐锴认定此字是"指事"，后人异议也较少。但其他颇有些字则易起争议。例如"牟"字："牛鸣也。从牛，象其声气从口出"，"牛"字上的"厶"既象声气从口出，应该可归为象形，何必列为指事？像段玉裁就认为它是合体象形。同样的道理，像父、反、折、屯等字，徐锴虽认定是指事，而王筠的《文字蒙求》则认为是会意字。

历代解释指事的学者，多将指事与象形相提并论，像郑樵说："形可象，曰象形；非形，不可象者指其事，曰指事。"后来的学者也多引述之，但他们所举的例字和分类，却颇多分歧。例如有人将"一""二""三"列为独体指事，却又将"上""下"列为合体指事。又有人将"夕""勹""片""不"皆列为变体指事。段玉裁甚至以为独体象形即是指事，若合体则易与"会意"混淆。

为了解决附体指事与象形、会意之间的纠葛，从宋代开始，就不断有学者出来说明辨别它们的不同。像宋代郑樵即云：

> 指事类乎象形。指事，事也；象形，形也。
>
> 指事类乎会意。指事，文也；会意，字也。
>
> 独体为文，合体为字。形可象，曰象形；非形，不可象者指其事，曰指事。此指事之义也。
>
> 指事之别，有兼谐声者，则曰事兼声；有兼象形者，则曰事兼形；有兼会意者，则曰事兼意。

郑樵说明了指事字不象某物具体之形，只是借抽象的符号来表明某一事物的存在，所以与象形字不同；又因为它多为独体之"文"，而非合体之字，亦即不是两个以上成字的形体部件所构成，所以它又与会意之字有别。

这样的解释是有道理的。不过，郑樵所收的例字，却与其说不能完全相契合。胡朴安《中国文字学史》就批评说：

> "史""外""产""古"等，是会意，而列之指事。"用""庸"是意兼声，而列之事兼声。"吏"亦意兼声，而列之事兼形。"寿""受"是会意，而列之事兼意。且一"争"字而两收，一列之指事，一列之事兼形。此其误也。

郑樵之后，言指事者，如张有说的："事犹物也。指事者加物于象形之文，直著其事，指而可识者也。如本、末、叉、叉之类。"如元代戴侗说的："何谓指事？指事之实以立文。一、二、上、下之类是也。"

到了明代，对于指事的义界，不但分得更清楚，而且对于指事的类型也开始加以区分了。例如赵古则云："象形，文之纯；指事，文之加也。盖造字之本，附于象形，如本、末、朱、禾、未、束之类是。木，象形，文也。加一于下，则指为本；加一于上，则指为末；加一于中，则指为朱。以其首曲而加，则指为禾；以其枝叶之繁而加，则指为未；以其条干有物而加，则指为束。其字既不可谓之象形，又不可谓之会意，故谓之指事。"道理比前人说得更清楚。

另外，如吴元满云："形不可象，则属指事。始以象形易位为增减，次以象形变体为差别，三以象形加物为指事。其文有加，既不可谓为象形，而所加之画，又不成字，亦不可谓之会意。居文字之间，故曰指事。"赵宧光亦曰："指事者，指而可识也。一、二、三之类，彼将曰象其数，独不知数可心通，不可目取，非物也。赵古则诸人所引，当在后例，所谓变例，非正例也。指事有二：一独体指事，谓一、二、三、十之类；一合体指事，二（上）、二（下）、本、末之类。"至此，指事的分类亦告完成。

也因为抽象符号的使用，在汉字中比较少见，所以在"六书"中，指事的字数也最少。据王筠《文字蒙求》的统计，《说文解字》所收九千三百五十三字中，指事字只有一百二十九字。而且，有的所谓指事字，像"飞"的初文"𪅐"象鸟展翅高飞的形状；"齐"的初文"𠬝"象禾穗等齐的形状；"乖"的初文"丫"象羊角左右乖离的形状等，因"夕"与"月"初文不分，有人（像徐锴）说夕是"月字之半也"，是月亮半见的形状。像这些例子，究竟算是象形字或指事字，难免各说各话，难下定论。

王筠就字义分析象形、指事，以为象形字都是名词，指事字则皆表动作或表状态，属动词或形容词，所以他认为"齐""飞"等都是指事字，而杨树达《文字形义学》则认为"指事乃就字形为说，非就字义为言"，并且说："指事之事，乃符号也。符号与图画不同，故指事与象形别也；符号与义训无关，故指事与文法不能相合也。"所以他认为"齐""飞"等字，还是不应归为指事。

（三）旧说的检讨

大致说来，从宋代郑樵以后，谈论"六书"者，因为受到郑氏子母相生理论的影响，不但在谈六书的分类时，喜欢讨论何字该归何类，而且喜欢打破许慎《说文解字》原有的部首体系，而以"六书"为纲，分立细目，不依文字的形体结构，而按事物的意义性质，拟将所有文字分类归纳其中。即使削足适履，另立变例，亦在所不计。上述指事字中，郑樵说有"事兼形""事兼意""事兼声"者，即是如此。在象形、会意、形声不同的例字中，他更分立了所谓"正生""侧生""兼生"等不同的名目。元代杨桓《六书统》、戴侗《六书故》、周伯琦《六书正讹》、明代赵㧑谦《六书本义》等，无不如此。这种拟用六书统领所有文字的做法，不但与汉儒演绎式的六书理论有所不合，也违背了文字因应语言自然产生的原则，欲如赵氏所谓"以母统子，以子该母，子复能母，妇复孕孙，生生相续，各有次第"，真是谈何容易！其不免牵强附会之失，亦无足怪矣。

指事的类别，宋代郑樵曾说可分为"事兼形""事兼意""事兼声"三类，元代杨桓曾说可分为"直指其事""以形指形""以意指意""以意指形""以形指意""以注指形""以注指意""以声指形""以声指意"九类，皆过于烦琐，反而不如清代王筠《说文释例》分为两类来得简当。

王筠《说文释例》有云："六书之中，指事最少，而又最难辨；以许君所举上下二字推之，知其例为至严。所谓视而可识，则近于象形；察而见意，则近于会意。然物有形也，而事无形，会两字之义，以为一字之义，而后可会。……总之，以大物覆小物，以大物载小物，于是以长一况大物，以短一或丨况小物，了然于心目间，而无形之事，竟成有形之字矣。"不但说理周洽，而且其论指事与象形，都把二者的独体之文，称为"正例"，其余的合体之字则概称为变例。颇有参考价值。其说如下：

（1）正例：纯体指事字，如一、二、上、下、丿、八、丩、囗、丿、乙、九、乃、丞等，皆抽象符号，独体之文。

（2）变例：

①以会意定指事者：如"示"字，"二"即上字，"小"指日月星之下垂。又如"牟""尹"。

②以会意为指事者：如"嚚"字，多言之意。"品"从三口，会意。"山"非山水之山，不成文，是指事。又如"欠"字。

③指事兼形意与声者：如"朱"字，草木水火之形，从"八"得声。如"牵"字。

④增文指事者：如"朮"字，树木曲头，有不能上之义，增"、"在木上，表示曲头。又如"夭""交"。

⑤省文指事者：如"凵"字，张口之义。省"口"以指事。

⑥形不可象而变为指事者：如"刃"字，加"、"于刀上，表示刀刃所在。又如"本""末"。

⑦借形指事者：如"不"字，从一从巾，"一"指天，"巾"象鸟，借鸟飞不下之形，指"不可""不能"之事。又如"大""至"。

⑧借形指事兼意者：如"高"字，"冂"象界，"口"即仓舍，借台观崇高之意，借指高低之高。

由此可见，所谓指事变例者，盖指合体文字，不象有形之物，或其部件中有不成文者。

此外，于省吾《甲骨文字释林》说还有一种"附划因声指事字"，例如甲骨文"尤"字，乃"又"字上部附加一个横划或斜划而成。从这可以看出于省吾的研究心得，实在令人敬佩！但也因此触发我的一点感想。

民国以来的文字学者，因为殷墟甲骨文和两周金文的大量出土，对古代汉字的源始问题，在研究资料方面得到很大的方便，同时又因为得到更充实的语言知识和更科学的研究方法，所以谈到古代汉字学的相关问题时，往往喜欢从甲骨、金文说起。如果这是谈论汉字的源流或是谈论一般的汉字形体的流变，当然有其必要，但如果谈的是许慎及他所编撰的《说文解字》，还事事利用甲骨、金文等古文字，来责求许慎其人其书，那就好像责怪古人远行不搭飞机轮船一样，是忽略许慎生在东汉，看不到甲骨文和很多金文的时代环境了。姚孝遂说许慎的《说文解字》一书，"是就篆文立说，完全以商周古文字加以衡量，则未免过事苛求"，这才是通达的识见。这也是我们在谈论许慎六书说的时候，应该具备的一种"了解与同情"的态度。不仅在谈象形指事时理当如此，谈其他的部分也应当如此。

第四节　分论之二：会意与形声

一、会意

（一）会意界说及其字例

许慎对"会意"所下的定义，是"比类合谊，以见指㧑"，例字是"武""信"。

"比类合谊，以见指㧑"二句，是说在象形或指事字的基础上，把两个或两个以上有关事类的文字合并在一起，把它们的意义联系起来，适当地来推求新合体字所给予的指示或启示。"比"，即比并，和"合"都有比并合观的意思。"类"即字类、事类。"比类"就字形而言，指象形、指事字，它们皆可因形而见义，所以说是比并观之，可以"合谊"。"谊"就是"人所宜"的"义"。"合谊"就字义言，应有去恶向善，求其正面的意义。象形字既然是"画成其物，随体诘诎"，指事字既然是"视而可识，察而见意"，因而把它们两个或两个以上的形体放在一起看，自然也就可以推寻出新合体字的意义来。班固所以称"会意"为"象意"，道理就在此。"指㧑"就是"指挥"，就意义方面讲，是指可以给读者新的概念或启示。这种造字方法，使汉字由表形提升到表意的层次，能表现更多的抽象概念，不但简便灵活，而且可塑性高。

许慎为"会意"所举的例字，是"武""信"二字。我们正可从这两个例字中看出"以见指㧑"的意义。

据《说文解字》卷十二，许慎解释"武"字的意义，曾引用楚庄王之言，说是"夫武，定功戢兵，故止戈为武。"意思是：能够消弭战争、安定人民的，才算是识得"武"字的真谛。这个说法取自《左传·宣公十二年》。《左传》所记的楚庄王之言，原为："夫武，禁暴、戢兵、保大、定功、安民、和众、丰财者也。"可见许慎的"定功戢兵"，是节取其意，说明"止戈为武"的"武"字，是从"止""戈"二字"比类合谊"而来。把"止"解释为停止、消弭，用"戈"来代表干戈、战争。已经不把"止"作为"足"的本义来解释了。

事实上，这样的解释，未必符合"武"字的本义。我们从甲骨文等古文字看，"武"字的形体如下：

（甲骨文）　（金文）　（秦篆）

可以看出来，"武"是从戈从止，"戈"是兵器的象形，"止"

是"趾"的本字，即人足的象形，合在一起，表示扛着武器在行走，并没有停止战争之意，反而有荷戈从征的意思。这恐怕才是"武"的本义。许慎《说文》对"止"的解说如下："止，下基也。象艸木出有址，故以止为足。"他虽然把"止"解作艸木出生的地方，但他毕竟还是认为"止"即"足"。把"止""戈"解作"定功、戢兵"，显然不是用其本义。许慎的时代，甲骨文没有出土，他是不是真的不知"武"的本义，这不得而知，但春秋战国时代以字解经的风气，喜欢附会道德伦理，则无疑问。"以见指扬"，正是指示读者一个方向，要读者去体悟、发挥一些微言大义。

许慎对"信"字的解释，用意更为明显。据《说文解字》卷三上，许慎这样解释："信，诚也。从人从言。"

事实上，秦篆的"信"（𠈊）字是由"人""言"两个偏旁合成。人说的话可以诚信，也可以不诚信，并不一定非诚信不可，这个道理非常浅显，许慎没有不知的道理。他之所以说"信，诚也"，一定也有以字解经的用意。《谷梁传·僖公二十二年》有云：

人所以为人者，言也。……

言之所以为言者，信也。言而不信，何以为言？

这是说：做人的道理，就是讲话要守信用，如果不守信用，那何必说话？可见"人言为信"，反映了许慎时代的道德观念。人应该怎样，不应该怎样，许慎就用了这样的观念来推求会意字的造字方法。他解释"谊"字，就说是"人所宜也"。"人所宜"，应有求其正面的意义。至于别的时代、别的人，是不是认为人言必须诚信，那是另一个问题。由此可见用"会意"而不用"会义"是有其道理的。"会意"的"意"，与转注的"同意相受"的"意"，都是指"制字之意"，是指字初创造时的形状特征，而非指字的意义。

由此亦可见会意字有其局限性，同一个会意字，不同的人可能会有好几种不同的体会和诠释。不同的生活形态、社会背景和时代环境，便可能使有些会意字无法凝聚大家的共识，无法取得读者一致的理解。因此，会意字的意义，常受该字产生的时代观念的影响，约定而俗成，但也会常受不同时空因素的影响而发生了变化。

例如在古代以农立国的传统社会里，大家习惯于男女有别的观念，认同男耕女织，男主外而女主内，所以"男"字从力田，由"力""田"两个偏旁组成，"力"（劜）是耒耜农具的象形，拿着农具去耕田的，在传统农业社会里，不言而喻，自是男人的工作。而"女"（㚢）既象妇女双手针织的形状，"妻"字，从"女""又"二字会意，说明"妇与己齐者也"，持事乃妻子职责；"妇"字更是"女""帚"两个偏旁的组合，"从女持帚洒扫也"，象妇女手拿巾帚在做家事的样子。不辩而明，在传统社会中，那也自然是家庭妇女的工作。"安"字也一样，有女人在家中屋里，即可令人安心。这些字的产生和使用，都与古代社会和传统家庭息息相关。

现在的社会形态已经改变了，男不一定要耕田，女不一定要做家事，"男""女"等字虽然还在使用，但原始的"会意"已无从"比类合谊"了。

当然，隶变以后的汉字，很多字的形体已产生诸多变化，想要因形见义，更不容易了。象形字、指事字如此，会意字更是如此。不过，会意字毕竟已由表形进步到表意的层次，简便灵活，能用更多的抽象概念创造更多的新字，所以在《说文解字》中，据王筠统计，即有一千二百五十四字，比象形、指事字多得多。而这种造字方法，至今在创造新字时也还在使用，例如"塵"简化为"尘"，就是用会意法，由"小""土"两个偏旁会意而得。

许慎以"武""信"为会意的书例，后人或有不同的看法，例如唐兰的《中国文字学》，就说"武"字从戈从止，止是足形，因此不会有"止戈"的意义；而"信"字更非会意字，而是"从言，人声"的形声字。这些说法，都可能与误解"比类合谊"有关。

（二）会意字的分类与归类

会意字的分类，如依许慎《说文》的体例，可分为以下四类：

（1）明确标明其为会意字。例如言部："信，诚也。从人，从言。会意。"／支部："败，毁也。从支、贝。败、贼皆从贝。会意。"

（2）对于同体会意字，说明其形体的数目、形态或方向。例如又部："友，同志为友。从二、又。相交友也。"／耳部："聶，附耳私小语也。从三耳。"／北部："北，乖也。从二人相背。"

（3）对于异体会意字，说明形体组合的形式或位置，有的另加解说。例如女部："好，美也。从女、子。" / 人部："付，与也。从寸持物对人。" / 木部："杲，明也。从日在木上。" / 门部："闲，阑也。从门中有木。" / 音部："章，乐竟为一章。从音，从十。十，数之终也。"

（4）对于某些省形的会意字，用"从某，从某省"或"从某省，从某"来表示。例如老部："孝，善事父母者。从老省，从子。子承老也。" / 隶部："隶，及也。从又，从尾省。又持尾者，从后及之也。"

但自郑樵以后，则和象形、指事字一样，各家仍在正例变例、纯体合体变体等项目中，较其同异，论其是非，大抵都以形体的分析为主，只是对形体的名称有所不同。有的（如郑樵）称为"母"，有的（如戴侗）称为"文"，有的（如赵撝谦）称为"体"。

郑樵《六书略·六书序》中为会意下定义："二母之合，有义无声。"又在《六书·会意第三》中说："二母之合为会意。二母者，二体也。有三体之合者，非常道也。"事实上，三体之合，也是常见的正例。另外他又将"二母之合"分为"同母之合"与"异母之合"二种，此亦即后世的"同文会意"与"异文会意"之分。这些分法都有其道理，但在例字的归属上，郑樵却又常似自相矛盾。例如胡朴安在《六书浅说·六书通论》中就举例说："如并木为林，并生为甡之类，入之会意；而并玉为珏，并山为屾，又入之象形。重夕为多，重戈为戈之类，入之会意；而重火为炎，重田为畺，又入之象形。三耳为聂，三马为骉之类，入之会意；而三车为轰，三隹为雥，又入之象形。……不能画一如此，致使后人有象形与会意本有相通之义之论，此郑氏有以误之也。"

杨桓《六书说》承郑樵之后，将会意字分为十六类：天运、地体、人体、人伦、人伦事意、人品、人品事意、数目、采色、宫室、衣服、饮食、器用、飞走、虫鱼、生植。

赵撝谦《六书本义》、吴元满《六书总要》、赵宧光《说文长笺》等，则以"体"分类。赵撝谦分为反体、省体、同体、二体、三四五体五类。赵宧光分为同体（从、林）、异体（休、相）、省体（人、介）、让体（詹、父）、破体（爰、杂）、变体（忧、旰）、颠倒（比、勺）等类。吴元满则仿郑樵先分正生、变生和兼生三类，其中正生分为本体（爻、竝、淼）、合体（行、化、收）、二体（王、明、男）、三体（湿、射、盥）；变生即省体会意（仓、产、台）；兼生即意兼谐声（泰、衡）等。

因类别太多，而其归类可惜多取字义，且非着眼于字之形体结构，故易混淆。

明、清以后，称"体"者多。名目繁多，不再赘引。

会意字既由"比类合谊"而成，比并的当然多为复体，以二体组合为基本形式。三体、四体甚至五体以上的也有。"武"由"止""戈"合谊；"信"由"人""言"合谊；"忖"由"心""寸"合谊，是由"布指知寸"而来，故有揣度之意。心中揣度，自然合谊为"忖"。二体组合，自然是最基本的二体形式，像"夾（夹）"字，据顾实《中国文字学》说，"从大挟二人会意"，"祭"字"从示，神也，从又持肉以祭"，是三体成字。"

（暴）"字，是晞、曝的意思，"从日出廾米"，是四体成字。"釁
（釁）"字，是芳草的意思，"从臼缶冂甾，彡，其饰也"，由
"臼""缶""冂""甾"加"彡"五个形体构成，是五体成字。
至于像"爨（爨）"字，合"臼""𦥑""𣏳"（非林字，指小木
散柴）、"火"四字及"𣇵"（象鬲，食器）、"冂"（象竈口）两
个符号，表示用手点火烧柴入竈炊煮食物，更是典型复体的会
意字。

段玉裁《说文解字注》除了指出"会意合体主义，形声合
体主声"之外，还特别强调"有亦声者，会意而兼形声也。有
省声者，既非会意又不得其声，则知其省某字为之声也。"俱
见其明断特识。

王筠则仍以正例、变例为会意分类。

（1）其正例有三：

①合两字为意而顺递言之者，如止戈为武、人言为信。

②并峙为义者，凡《说文》中两言"从"者皆是。如"吏"
字"从一，从史"。

③以字形发明字义者，如"辟""开"之古文皆是。

（2）其变例有十二类：

①从其字而变其字之形，如"折"，从斤断屮，而变屮之形。

②会意兼象形，如并束为棘。

③会意兼指事，如两手向内，是为拱揖；两手向外，是为
攀缘。

④意在无字之处，即有会意而意反不在字中者，则得意于
笔墨之外矣。

⑤所从之字不成意，转由所从与从之者以得其意。

⑥意不胜会，而所会之意不实不尽者。

⑦就本字而少增之以会意。

⑧省文会意。如"夕"字。

⑨省文会意而实不省者。

⑩反文会意。如"匕"（反人）。

⑪到（倒）文会意。

⑫有会意字而所从之字，各自为意，必不可会者，许君亦两分说之。

后面有些变例分类过于烦琐，而且像"省文会意"中所举的"夕"字，"反文会意"中所举的"反人为匕"等，都是独体之文，与其"会意合体"的理论互相矛盾。

（三）旧说的检讨

以上所举的会意字，多由两个或两个以上形体不同的文字组合而成，这种会意字有人称之为"异体会意"或"异文会意"，另外还有一种，全由形体相同的文字组合而成，叫"同体会意"或"同文会意"。例如：步（步）由左脚右脚先后组合而成，为同体会意。走（走）由人张开四肢大步行走，有跑之意，皆属异体会意。

"异体会意"字的数量比较多，一般说来，异体会意字虽由形体不同的字构成，但因为它们原是象形或指事，可以因形见义或"察而见意"，因此要合其义以见其指㧑，并不会有太大的困难。

例如以《说文》的"木"部为例。从"木"旁的合体字，必与树木有关，毋庸置疑。当它与"日"合体成字时，例如日在木上，像"杲（🌳）"，明也。从日在木上。"就有光明、明亮的意思。如果日在木下，像"杳（🌳），冥也。从日在木下。"就有杳冥、暗淡的意思。日在木中，许慎《说文》也就因之解说为"东（東），动也。从木。官溥说，从日在木中。"其他如休"从人依木"，果"从木，象果形，在木之上"等，都不难"比类合谊"，求得其意。

至于同体会意字，由两个或两个以上形体相同的文字构成，既然如此，新字与原字的意义相同或相近，似是理所当然之事，但按之实际，却又未必。例如顾实《中国文字学》所列者之中，有的同体同字：

山山（屾），二山也。或说同"山"。

沝（沝），二水也。或说同"水"。

余余（㒼），二余也，读与"余"同。朱骏声曰："即余之籀文。"

有的则同体异字，其构成方式，或左右并列，并峙见意；或上下重叠，顺递见意[①]；或相对，如斗（斗）；或相背，如北（北）：

① 轟 群车声也。棥 平土有丛木。森 木多皃。屮（屮）草木初生也。艸（草的初文）百芔也。芔（卉）草之总名。茻 众草也。从四屮。

雔（雔），双鸟也。从二隹，读若畴（仇）。

雥（雥），群鸟也。从三隹。

㹜（㹜），两犬相啮也。从二犬。

猋（猋），犬走貌。从三犬。

奻（奻），讼也。从二女。

姦（姦），私也。从三女。

吅（吅），惊呼也。从二口，读若讙。

品（品），众庶也。从三口。

品（㗊），众口也。从四口，读若戢，又读若呶。

聑（聑），安也。从二耳，丁帖切。

聶（聶），附耳私语也。从三耳。

孨（孨），谨也。从三子，读若翦。

驫（驫），众马。从三马，甫虬切。

羴（羴），羊臭也。从三羊，或作羶。

麤（麤），行超远也。从三鹿。俗作麁作。

蟲（蟲），有足谓之虫，无足谓之豸。从三虫。

䲆（䲆），二鱼也，盖连行之意。

鱻（鱻），新鱼鲭也。从三鱼。

为什么"众"三人为众，"磊""品""犇"都有众义，而"姦（奸）"就会意为"私"，"孨"就会意为"谨"？为什么"吅"意为"惊呼"，而"聑"就意为"安"？为什么"猋""犇""驫""麤"等都形容"走"貌，而"羴"就指腥膻味道，"鱻"就指"新鱼鲭"？同样是"动物"和"四"合谊，为什么"牭"指四岁的牛，而"驷"则指四匹马呢？从这些地方，可以看出"比类合谊"的会意字，要见其"指拗"，不能不想到"约定俗成"这句成语。

即使隶变以后，有些汉字因形体变化已难以因形见义，但只要我们略微具备古汉字的基本常识，仍然可以借由古文字的形体来体会这些汉字的含意。这也就是我们之所以要认识古汉字的理由之一。

例如"皿"部。皿（ $\underline{\underline{\mathsf{W}}}$ ）与豆（ $\underline{\underline{\mathsf{D}}}$ ）一样，古代形制相近，都是食用之铜器。通常豆用以盛肉，皿则用以盛饭食。从皿的字也都与食用有关。后来它作为器皿的通称，也可以用以洗手洗脸。例如："益"，《说文》："饶也。从水、皿。皿，益之意也。"它就是"溢"的本字，象水从皿中满溢出来。同部的"盥"字，《说文》："澡手也。从臼、水，临皿。"象双手舀水洗手的样子，自然有盥洗之意。即使是卧部的"监"字，虽然《说文》说是："临下也。从卧，略省声。"但从甲骨文的监，它的形状象人临皿下视，有对水照影之意，可通监视之意，所以有人认为它是"鉴"（镜）的本字。

又如"射"字，如果仅据篆文形体去"比类合谊"，则"身"仅"寸"高，被误解为"矮"应属难免。查《说文解字》卷五下篇："射，弓弩发于身而中于远也。从矢，从身。，篆文躲，从寸；寸，法度也，亦手也。"事实上，"射"字，甲骨文作，金文作，皆象矢在弦上正欲射出之状，后来左旁讹变为"身"，右旁无论从矢或从寸，都难以看出其本义了。

可见会意字因古今形体结构的改变，会影响读者对"比类合谊"的判断。另外，从不同的角度去分析，有的合体字也可以有不同的意义。例如根据《说文》，"秉"字："禾束也。从又持禾。"禾一束叫秉，禾二束叫兼。所以"兼"字《说文》解作"并也"，有持禾二束之义，亦有"同时"之义。

民国以来，对于会意之字，人各有说，分类之法，亦不尽同。孙海波《中国文字学》将其分为三类，除"同体会意"（如玨、吅之类）、"异体会意"（如武、信之类）外，另列"省体会意"，例字如：

隶八：《说文》云：及也。从又，从尾省。又持尾者以后及之也。

叀四：《说文》云：专，小谨也。从幺省，屮财见也。屮亦声。古文叀，亦古文叀。按甲骨文作，金文作，其形未详。

会五：《说文》云：合也。从亼，从曾省。曾，益也。古文会如此。……

苟九：《说文》云：自急敕也。从羊省，从包省，从口，口犹慎言也。从羊，羊与义、善、美同意。古文羊不省。按，金文作。

孙海波的分法，明显受了赵撝谦及赵宧光的影响。

姚孝遂《许慎与说文解字》中，认为会意字"必须是会合两个或两个以上的独立形以成字"，凡连续为文"从某某者"均属会意字。大多数是二体的组合，如"莫""秉""取""祭"

等字。又认为叠体的会意字，如：

㮛（秝），稀疏适也。从二禾。

森（森），木多貌。从林，从木。

林（林），平土有丛木。

艸（艸），百芔也。从二中。

芔（芔），艸之总名也。从艸、中。

聶（聶），附耳私小语也。从三耳。

他认为"这一些字当属会意，而不是象形。象形字必须是独体。"秝、林等字都不可能是象其形，而只是会其意。

其中也有分类较细的，像裘锡圭《文字学概要》就把会意字分为六类：

（1）图形式会意字。如"从"字，表示一个人跟从另一个人。

（2）利用偏旁间的位置关系的会意字。例如"正"是"征"的初文，本义是远行。

（3）主体和器官的会意字。例如"见"是"目"的功能，所以字形在"人"上加"目"以示意。

（4）大多数重复同一偏旁而成的会意字。例如二玉相合为珏，双木成林等。有的如"艸""丝"，则只能视为象物字。

（5）偏旁连读成语的会意字。如"凭"（从几从任）、"劣"（从力少）能说明或暗示字义。

（6）其他。不能归入以上各类的字。例如"删"字，从刀从册会意。

裘氏自己也说这种分类只是可供参考的权宜之计，并非完全统一的分类标准。

三、形声

（一）形声界说及其字例

许慎对"形声"所下的定义，是"以事为名，取譬相成"，例字是"江""河"。

形声字半形半声，是形符和声符两个偏旁以上的组合。"以事为名"，是说拿同样事类的象形或指事字来做形符，造字取义；"取譬相成"，是说再拿一个读音相同或近似的字来做声符，与上述的形符配合，组成新字。段玉裁注："以事为名，谓半义也。事兼指事之事、象形之物言，物亦事也。名即'古曰名，今曰字'之名。取譬相成，谓半声也。譬者，谕也。谕者，告也。江、河之字，以水为名，譬其声如工、可，因取工、可成其名。"说的就是这个意思。事实上《说文》卷二上篇口部："名，自命也。从口，从夕。夕者，冥也。冥不相见，故以口自名。"可见"名"系就文字的声音而言。文字重在形象，而名重在声音。"以事为名"的"名"，自有以声音为事物识别之意。

江、河二字的左面偏旁，都从水（氵），是义符，也叫形旁，可以因形见义，知道是与水有关的事物。但隶变以后，江河的水旁，都改作三点水"氵"，就已变成标音的符号，看不出原来象形的意义了。"江""河"的右边"工""可"，是声符，也叫声旁，表示字的读音。现代人读音"江"（ㄐㄧㄤ、jiang）与"工"（ㄍㄨㄥ、gong）发音不同，"河"（ㄏㄜˊ、hé）与"可"（ㄎㄜˇ、kě）发音不同，可能有些读音会有误会，认为是许慎等古人举例不当。事实上，这是古今字音自然的演变所造成的。中古以前，"江"读如"工"，同属"东"韵"见"母；"河"音近"可"，同属"歌"部，"河"为"匣"母，"可"为"溪"母，发音部位相同，这就是所谓"取譬相成"，并不是说声母韵母要完全一致。松、柏等字，木是形旁，即词义所在，而右边的声符，"公""白"等亦可"取譬相成"，所以郑众称"形声"为"谐声"。

形声字的形旁相同者，表示意义上有一定的关系。它们往往是部首。例如凡是从"厂"旁的字都与崖岩有关，从"广"旁的都与房屋有关，从"木"旁的都与树木有关，从"水"旁的都与流水或液体有关。所谓有关，是指它的意义范畴可以包含多方面，例如从水旁的字，有的是泛称，如"湖""泊""溪""渎""沟""渠"；有的是专称，如"淮""洛""湘""渭""沂""汝"；有的说明水域的位置，例如"涯""涘"指水边，"洲""渚"指水中；有的形容流水的状态，例如"洪"是大水，"涓"是小流，"冽"是水清，"溷"是水浊，"涌""漫"是动态，"渊""涸"是静态；有的形容像水一般的液体，例如"涕"指眼泪，"泗"指鼻水，"汗"指体液；甚至有的用来指生活中与水有关的一切事物，例如"沐"是洗头，"沫"是洗面，"浴"是洗身，"澡"是洗手，"洗"是洗足，"浣"是洗衣等，真是范围广大。

　　形符原来相近的，意义上也常有相通处。例如从口、欠、言旁的"咏"和"詠"、"歌"和"謌"是相通的，从彳、辶、足、止、走、辵的"徧"和"遍"、"逾"和"踰"、"踵"和"踵"、"迹"和"跡"、"跳"和"趒"，也是可以相通的。但也不可一概而论，例如"喟"不等于"谓"，"逃"不等于"跳"。语言文字之间的关系，一切在于约定而俗成。

　　形声字中的形符和声符，在组合配置时，有时是可以左右或上下更换的，例如：

　　够—夠　和—咊　邻—隣　滙—匯　潤—濶

　　峯—峰　裡—裏　略—畧　群—羣　慚—慙

　　概—槩　鹅—鵞　雜—襍　胸—胷　脇—胁

这就变成了所谓的"异体字"，意义不变，形体却改变了。但也有的不可任意更换，否则就变成了另外的字。例如：

　　含—吟　忘—忙　怠—怡　售—唯　召—叨

　　愈—愉　陪—部　架—枷　郵—陲　江—汞

　　裹—裸　细—累　拿—拾　帛—帕　纹—紊

　　形声字的创造与发明，使汉字由象形表意的文字进化到表意兼表音的文字，在汉字发展史上，具有重大而深远的意义。凡是汉语中无形可象、无事可指、无意可会的词，都可以借由形声的造字方法来创造新字。例如语言中的"鸳鸯""梧桐"，鸟旁、木旁都是形符，即使省去，读者仍可从"夗央""吾同"的声符，仿佛得知其意，可知在形音字中，声符应该比形符重要。而且原来一些基本的象形字，像马、羊、隹等字，原皆作形符用，后来却也在"洋""详""祥"；"妈""吗""骂"；"堆""椎""崔"中用作声符。这种义符的声符化，促进了汉字的音化作用，也促成了形声字的发展。有人说甲骨文中已有形声字出现，到了战国时代蓬勃发展，据王筠《文字蒙求》的统计，《说文解字》九千三百五十三字，形声字共七千七百零一字，占百分之八十以上。隶变以后，形声字的发展更加快速。现在的汉字总字数约六万字，有人估计，甲骨文中形声字约占百分之十左右，两周金文约占百分之三十五，至《说文》则占百分之八十以上，可谓直线上升。形声字记录语言的简易灵活，具有很强的孳乳能力，由此可见一斑。

（二）形声字的分类

在众多的形声字中，早就有人依其形符和声符的组织结构，加以归纳分析，分别其体制。像唐代贾公彦的《周礼正义》，即将其分为下列六体：

（1）左形右声：江、虹；时、昭；骑、驱。

（2）右形左声：攻、功；鸠、鸽；颈、领。

（3）上形下声：箕、箭；雾、露；空、窨。

（4）下形上声：费、贡；婆、娑；烈、照。

（5）内形外声：闻、问；莽、辩；舆、哀。

（6）外形内声：园、圃；术、街；衷、裹。

后来有人认为这六种不足以包括形声字中形符和声符组成的方式，因为形符声符不一定各占一半，而有的只占了会意字的一角，所以又加了两种：

（7）义符占一角：载、栽（义符在左下角）、荆（义符在左上角）、佞（义符女在右下角）、碧（义符白在右上角）。

（8）声符占一角：旗旌（声符在右下角）、远近（声符在右上角）、宝（声符缶在右中）、新（从析，辛声。声符在左上角）、听（从耳恴，壬声。声符在左下角）。

在上述八种之中，前四种的数量最多，其中又以第一种"左形右声"最为常见，古人于此也特别留意。有人以为文字的产生，声在前，文字在后，像王筠就说："未有文字以前，先有是声，依声以造字，而声即寓文字之内。"更有人从中发现右边的声符，常兼有表义的作用。据宋人沈括《梦溪笔谈》卷十四的引述，这是从宋代的王圣美（子韶）开始提出来的主张。有人称之为"右文说"。他说："凡字，其类在左，其义在右，如木类其左皆从木。所谓右文者，如戋，小也，水之小者曰浅，金之小者曰钱，餐而小者曰残，贝之小者曰贱。如此之类，皆以戋为义也。"意思是说右边声符是"戋"的字，都有"小"的意思，意义必然相同，可以因声而求义。

除了王圣美之外，王观国《学林》、张世南《游宦记闻》等，也都有类似的主张。

这种主张，受到后代学者广泛的注意。一直到清代黄承吉、近代刘师培，很多人以为它言之有据，也言之成理。以江、河为例，像从"工"得声的"扛""杠""讧""虹"等字，都有横亘或强劲之意；像从"可"得声的"阿""柯""何（荷）""诃"等字，皆有阿曲或离奇之意。推而言之，如以"仑"作声旁的字含有条理秩序之义，就言语而言，加"言"而成"论"；就人事而言，加"人"而成"伦"；就丝而言，加"丝"而成"纶"；就车而言，加"车"而成"轮"；就水而言，加"水"而成"沦"。这些形声字确实都含有"仑"字原有的分析条理之义。

不过，这右文说的主张，虽然言之成理，但它毕竟只是形声字声符形符组合的方式之一，并不能概括所有的形声字，而且从"戋"从"仑"等声旁的字，也未必不能做其他解释，如"钱""践""抡""囵"等即是，因此我们对于右文之说，可以采信，但不必一概而论。

以上所说，是形声字中形旁与声旁最常见的组合方式，一为一形一声，一为多形一声。除此之外，还有亦声和省形、省声之说。

先说比右文说更早的"亦声"之说。

在许慎《说文解字》一书里，已经注意及此。他收录了一些形声兼会意，或者会意兼形声的字，许慎特别标举为"亦声"。说明声符同时也有表义的作用。例如：

返，还也。从辵，从反，反亦声。（《说文》卷二下篇）
政，正也。从攴，从正，正亦声。（《说文》卷三下篇）
瞑，翕目也。从目、冥，冥亦声。（《说文》卷四上篇）
栅，编树木也。从木，从册，册亦声。（《说文》卷六上篇）
娶，取妇也。从女，从取，取亦声。（《说文》卷十二下篇）

最受人注意的是茻部的莫、莽、葬三个字，都注明是茻亦声；句部的枸、笱、鉤三个字，都注明是句亦声；丩部的茻、纠两个字，都注明是丩亦声。有的虽未明言，但仍可从字形判断其为会意兼形声，所以后代学者尤其是清代学者因精于声韵之学，敷陈其说者不少。像段玉裁特别加注把它标出来。例如：

> 苗，草初生地貌。从艸出。(《说文》卷一下篇)
> 段注："言会意，以包形声也。"
> 败，毁也。从攴贝。(《说文》卷三下篇)
> 段注："贝，亦声。"

像桂馥的《说文义证》，还特别强调"亦声"皆从部首得声，既为偏旁，又为声音，故加"亦"字。据朱骏声《说文六书爻列》的统计，形声兼会意的字不算多，三百多字。

对于这些说法，后来学者的看法颇为分歧。有的学者，像刘师培即云："古人造字，仅有右旁之声，未有左旁之形。字声者，即字义之所寄也。故形声字以声义相兼者为正例。"像唐兰在《中国文字学》中也说："形声字的声符所代表的是语言。每一个语言不论是拟声的、述意的、抒情的，在当时总是有意义的，所以每一个形声字的声符，在原则上，总有它的意义。不过有些语言因年代久远，意义已茫昧，所以有些形声字的声符也不好解释了。"但有的学者却不以为然，像马叙伦《说文解字研究法》《说文六书疏证》就反对有"亦声"之说，像梁东汉在《汉字的结构及其流变》中，就认为："形声字的音符所代表的是词的语音，它和词义并没有必然的关系。"换言之，语音和词义本来就没有必然的联系，因而同音未必同义，同义也不必同音。因此有些形声字的声符，万一出现音近义通的现象，不必排斥，但也不必就此以偏概全，认为所有的声符都有意义。

此外，论形声字声符与形符的组合，还有"省形"与"省声"之说。表示有些形声字创造出来以后，或因笔画太繁，书写不便，或因结构失衡，不太美观，所以有人就省略了义符或声符的一部分。前者叫作省形，后者叫作省声。

省形的字，通常有两种情况。一是为了字体结构的匀称，省去了形符的一部分，便于书写声符，像"亭"从高省，丁声，由"亭"省形为"亭"；像"考"从老省，丂声，由"考"省形为"丂"；像"釐"从嫠省，来声，由"釐"省形为"釐"。二是为了字形的去繁求简，例如"星"从晶，生声，由"曐"省形为"星"；"蜚"从虫，非声，由"蠹"省形为"蜚"。这一部分有人也把会意字的省形包含在其中，像"集"由从雥从木省形而成，"氂"由从牦从毛省形而成等。

省声的字，大致也有两种情况。同样是为了结构的匀称和笔画的简省，因而把声符的部分省略了。前者如"夜"从夕，亦省声。我们看金文的夜字，是由形符的"夕"和声符的"亦"（腋的本字）组合而成的。在组合过程中，为了结构的匀称，省去了"亦"的右边一点；如"荣"从木，荧省声，如"蹇"从足，寒省声，把"荧"声符的"火"，把声符"寒"下面的两点，都为了字形结构的匀称而省略了。它们就是所谓的省声字。后者如"鲜"从鱼，鱻省声，因为鱻旁的笔画过于繁复，所以就省去了声符的重复部分；"霝"从雨，畾声，同样为了去其重复，畾改作吅；又如"恬"从心，甜省声，则为了笔画的简省，将声符"甜"的"甘"省略了。

形声字省掉了声符的一部分，会产生两种结果，一是仍然具有表音功能，例如"薑"从艹，彊声，省去声符形旁作"薑"；"杯"从木，否声，省"否"为"不"作"杯"，都仍可表音。另一种是不能再表音了，例如"穷""躬"声省作"身"，写作"穿"，就无从表音了。

亦声说也好，右文说也好，都说明了声符在形声字中有其表义的作用，只是有显性和隐性之别而已。显性的以声表义（如返、娶等亦声字），隐性的以省声表义（如夜、鲜等省声字），甚至借声表义（如"禄"的声旁"彔"借用吉祥的动物"鹿"表义）或拟声表义（如"蛙"的声旁"圭"似蛙叫之声，"鳳"的声旁"凡"似风动之声表义）。方式虽然不一样，但它们都是形声字创造或简化的方法之一。

（三）旧说的归类与检讨

形声字文甚繁而例亦杂，自宋郑樵以后，分类亦各不同，就许慎《说文》本例言之，固以一形一声如江河者为正例，其他如二形一声、三形一声等，皆形声之变例。列述如下：

> 二形一声者，如："碧""藕""癉"。
>
> 三形一声者，如："宝""巋"（亦声）。

四形一声者，如："㝷"（从工，从口，从又，从寸。工、口，乱也。又、寸，分理之。彡声）。

省形不省声者，如"屦"（从履省，娄声）、"弑"（从杀省，式声）。（另有二形一省者）"归"（从止，从妇省，𠂤声）。

一形二声者，如卷二上口部之"[illegible]"（从口、[illegible]，又声）、"䧹"（从隹，瘖省声。或从人，人亦声）。

二形二声者，如"竊"（窃）（从穴，从米，禼廿皆声。廿，古文疾，禼，古文偰）。

省声，所省多有不成字者。如"譶""茔""斋"。

亦声，会意而兼形声也。或从部首得声，如八部穴下云"从重八，八别也，亦声。"此形声兼意也。或从偏旁之义，如示部禬下云"从会，会亦声。"此会意兼声也。

宋代郑樵在《六书略·谐声第五》中说："谐声者，触声成字，不可胜举。"在《六书略·六书序》中又把谐声分为正生与变生两类。正生是"母主形，子主声"，即从某，某声。亦即一形一声相配成字者。变生则分为六类：

（1）子母同声。如"牾"字，午、吾皆声也。

（2）母主声。如"筑"字，从竹，从巩，竹亦声。

（3）主声不主义。如"匏"字，包声，不取包之义也。

（4）子母互为声。如"靡"字，忙皮切，非声，分也；谟加切，麻声，县名。

（5）声兼意。如"祏"字，从示，从石，石亦声。

（6）三体谐声。如"春"字，从艸，从日，屯声。

元代杨桓、明代赵撝谦、吴元满等人，大致是根据当时的声音，按照声符和形声字的声音关系来分类。例如杨桓《六书统》将形声分为"本声""谐声""近声""谐近声"四体，又分为"天象、天运、地理、人体"等十八目。赵撝谦与杨桓相同，而又更加繁密。到了吴元满，他根据明代当时的声音，把形声字分为正生、变生和兼生三类：正生包括谐本声（如"铜"谐"同"）和谐转声（如"霄"谐"肖"）；变生包括谐本音（如"松"谐"公"）和谐转音（如"广"谐"黄"）；兼生包括谐本音（如"江"谐"工"）和谐转音（如"映"谐"央"）。

清代学者之中，段玉裁以"半义""半声"来界说形声字，并且吸收了唐代贾公彦以迄明代赵撝谦等人的成果，对形声字做了比较全面的分析。王筠的《说文释例》，则将形声字分为正例与变例二类。正例即一形一声、亦即段玉裁所谓半义半声而声无意义者，如江、河之类；变例包括声兼意、声兼形与意、一字两声三种。

清代的学者在这方面的研究著作，有很大的突破和很高的成就。大致说来，他们从古今字音的对照规律中，证明了：形声字的声符，在上古最初的造字时代，一定有其标音的作用。形声字和声符在上古时即使不是声母和韵部完全相同的同音字，至少也有双声或叠韵的关系。一些文字学者的"亦声"说和"右文"说，都是在这个基础上去认定的。

以上这些多形多声的形声字，近现代的学者多不采其说。唐兰《中国文字学》即云三体四体的谐声字，后人或析为二形一声、三形一声和三声等，"实在是错误的"。因为形声字在造字时，只有一形一声（当然有些声母本身已是形声字），绝对不可能用两个形或两个声。梁东汉《汉字的结构及其流变》也说："过去有人把形声字分作一形一声、二形一声、三形一声、四形一声、一形二声、二形二声这几种，这是不对的。义符既然表示类属或意义，类属只能是一种，意义也只能有一个。因此，义符就只能有一个。同样，音符是表示读音的，同一个字就不应该有两个音符。"据裘锡圭《文字学概要》的研究归纳，真正的二声字极少，而且多因在形声字上加注音符而形成，而这些多形的形声字，也大多是由于在表意字上加注音符，或在形声字上加注意符而形成的。

关于形声字产生的途径，近代以来也引起了热烈的讨论。唐兰《中国文字学》认为早期古文字由图画转化为形声字，其途径大致有三：

一是"孳乳"。它也是形声字产生的主要方式。他还举例说：假如有一条河叫作"羊"，一个部落的姓也叫作"羊"，一种虫子也叫作"羊"，古人就造出了从水羊声的"洋"，从女羊声的"姜"，从虫羊声的"蟀"。无论是引申出来的意义，或假借得来的语言，都可以孳乳出很多新文字。

二是"转注"。它与孳乳相反相成。在语言里一语数义，内含的意义太多了，到文字里别之以形，各个·加上形符以示区别，这是孳乳；反之，数语一义，写成文字时，统之以形，同义语太多了，找一个最通用的语言，来作形符统一它们，所谓"建类一首"，就是转注字。

三是"繇益"。繇益，就是埴益，但有表示这种增益是不必要的意思。它原来的文字，或许是图画文字，或许是形声字，或许是引申假借而来，实际上已可表达，但由于时代的不同，思想的差异，造字者仍然觉得它不足以表现这个字音或字义，所以出现了这些繇益。唐兰列举了下列三种情况：

（1）在图画文字上加了声符。例如"凤"字，本来就是凤鸟的象形，后来加了"凡"声。

（2）在图画文字上加了形符。例如"厷"字，本是肱的象形，后人加了肉旁而成"肱"。这种例子很多。

（3）后起的形声字，大都加上了不必要的形旁。例如"梁"字，已从木，后人还要多加木旁，写成"樑"字。

唐兰的分析，对后来学者的影响很大。唐兰的《古文字学导论》出版于民国二十四年（1935），杨五铭《文字学》于1986年出版。杨五铭对于早期形声字产生的途径和方式，归纳为假借、增益、转注和派生四种。对于通过假借所产生的形声字，他认为起源甚早，甲骨文、金文中早已有之，大多是先有声旁、后加形旁的，增加形旁的目的是为了区别本义和假借义。他所说的"派生"，与唐兰所说的"孳乳"等同，都是指由同一字根所分化形成的形声字，不仅声旁相同，而且意义也有所关联。

其他的学者，像裘锡圭的《文字学概要》以及王宁等人的论著里，也都对形声字的形符与声符、本源字与孳乳字，以及形声与转注、假借之间的关系，在唐兰的理论基础上，提出了不少宝贵的补充意见。

同样在 1986 年，黄德宽在《安徽教育学院学报》上，发表了《形声起源之探索》一文，后来收入其《汉字理论丛稿》书中。他归纳了近现代学者的看法，认为可以分为四种：

（1）形声源于假借说。例如顾实《中国文字学》中认为在假借字的基础上加上形符，就是形声字的起源。黄氏并不赞同。

（2）声化象意字说。例如唐兰《古文字学导论》认为形声字是"由象意字分化出来的，我们可以叫作变体象意字。"已见上述。黄德宽也不赞同。

（3）"加旁"二步发展说。例如杨树达《积微居金文说》云："古人造字之次第，不可确知，然余观象形字之变为形声者，往往由加旁字演变而来。"并举"鬲"加"瓦"旁作"甒"，再改换声符作"甗"，以及"裘"在金文中由象形字到加"又"声，再改为"从衣又声"而变成形声字等例为证。黄德宽认为这种"加旁"之说虽有可采，但还不能解决问题。

（4）"部分表音的独体象形字分化"说。例如于省吾《甲骨文字释林》认为是"从某些独体象形字已经发展到具有部分表音的独体象形字，然后才逐渐分化为形符和声符相配合的形声字。"只有在两个或几个偏旁相配合的会意字相当发展的情况下，形声字才会应运而生。例如"羌""姜"皆象人戴羊角饰，音皆近"羊"。黄德宽认为这种说法或可成立，但"也可能只是同源关系或偶合，数量是十分有限的。"

黄德宽参考陈梦家、吴振武等人意见，将形声结构分为三种基本类型：

（1）注形式。在既有字形的基础上，加注形符而构成。它包括两种形式，一是本字加注形符。例如利用甲骨、金文的资料，分析"示"部的"祖"字及礼、神、祭、祝、社等，都是在本字之上加注形符而成。二是在上述注形式的借字基础上加注形符而成。例如"邑"部字中的许多地名或国名，据徐中舒主编的《汉语古文字字形表》来观察，如豐—酆、奠—鄭、北—邶、井—邢等形声字，皆由假借加注形符而成。

（2）形声同取式。当早期的象形字或会意字，加注形符构成形声字的过程中，词义的不断引申分化、同音假借的普遍发生，必然会加速加注形符分化及构成新字的步伐。这时形符与声符的配合是一次完成的。例如甲骨文中从"木"的柳、杞、榆、柏等，从"水"的河、洛、汝、淮等，都用作专名，它们大都与殷人的活动有密切的关系，完全有可能是利用形符和声符一次性组合而构成的。在战国文字中，出现许多以"糸"为形符的形声字，例如绪、纺、紫、红、缰、络、纷、约等新的形声字，必然与战国时期丝麻纺织的大量发展有关。"音"在汉字构形中的发展越来越快，地位也显得越来越重要。

（3）注声式。指的是将已有之字附上一个纯粹表音的声符，加以改造而成一个新字。例如"斧"字，甲骨文原作"卂"，象横放的斧形，是"斧"的初文。到了第三期的卜辞，已作"卂"，加注"午"声，成为形声字；到了小篆，又变成"从斤父声"，是另造的新字。注声式形声字的产生，一则表示汉字构形已由以形表义转向记音表义，二则表示甲骨文已高度线条化，对"不象之形"进行改造了。

另外，现代学者之中，也有对《说文》传世的版本比较注意的，例如周祖谟和姚孝遂等人。姚氏对形声字与版本的关系曾发表一些值得参考的意见。他在《许慎与说文解字》书中这样说：

> 今大徐与小徐本《说文》各有异同。而有关形声字分歧更甚。后世学者仁者见仁，智者见智，实则二徐各有是非。严可均《说文校议》专订大徐之失。其弟严章福为之作《说文校议议》，"讹误者易之，漏略者补之"。大体小徐之学优于大徐，这是学者的公认。
>
> 二徐均不明古音，但大徐于《说文》形声诸字，每每以其不合于今音，疑为非声而删去声字。小徐则多保存，是以小徐本形声字多于大徐本。田吴炤《说文二徐笺异》罗列二徐之异同，甚为详备，可以参阅。

第五节 分论之三：转注与假借

一、转注

（一）转注界说及其字例

许慎对"转注"所下的定义，是"建类一首，同意相受"，例字是"考""老"。

转注和假借是一组，它们和前面的象形、指事、会意、形声四者性质并不相同。象形等前四者，讨论的对象是一个一个的汉字，每一个字都可以独立分开，例如把每组例字中的日月、上下、武信、江河分开，都无妨该字的造意，而转注和假借二者，讨论的却是两个以上的汉字之间有什么关系，它们有什么相同的造意取向。清人戴震说前四者是体，讲造字之本，后二者是用，讲用字之法，虽然说的未必准确，尚有商榷余地，但它们之间确实有所不同。

"建类一首"的"建类"，顾名思义，很容易让读者联想到会意字"比类合谊"的"类"，或《说文》五百四十部的部类；"一首"也很容易让读者联想到《说文》中的部首，或形声字"以事为名"的偏旁。从唐宋以来，虽有颇多学者对此定义纷纷借"考""老"两个例字提出各种不同的解释，可惜迄今为止，尚无定论。尤其后面的"同意相受"一句，看似浅白易懂，历来学者却多解作"同义相授"，其实考索起来，大有讨论余地。

（二）转注的分类与旧说的检讨

对于许慎"建类一首"数语，清代以前，历代论者通常可以归纳为三派：一主"形转"，一主"声转"，一主"义转"。

（1）就主"形转"者言，唐代贾公彦《周礼·保氏疏》说："建类一首，文意相受，左右相注，故名转注。"同时裴务齐《切韵序》亦有"考字左回，老字右转"之说。宋元之际戴侗《六书故》，把它理解为"何谓转注，因文而转注之，侧'山'为'𨸏'，反'人'为'匕'，反'欠'为'㉟'，反'子'为'𠱏'之类"，元代周伯琦《六书正讹》也以为"帀"为"㞢"之反、"乏"为"正"之反。这些是古代最典型的字形转注说。他们只注意到考与老、人与匕等字字形方向的不同，没有注意到它们在字形上的联系，更置许慎"建类一首，同意相受"于不顾。所以不足采信。

（2）就主"声转"者言，宋初张有《复古编》说："转注者辗转其声，注释他字之用也。如'其''无''少''长'之类。"最受后人注目。张有的说法，是说虚词的"其"，原无其字，乃假借"箕"字之籀文而来；有无之无，乃假借"芜"字而来，芜念上声，而无念平声；"多少"的少，少念上声，借为老少的少，改念去声，长短的长，原念平声，借为长幼的长，改念上声。明代赵撝谦《六书本义》承袭此说之外，还析分为若干类别，如"恶本善恶之恶，以其恶也则可恶，故转为憎恶之恶；齐本齐一之齐，以其齐则如齐，故转为齐庄之齐"，谓之为"因义转注"；如"荷本莲荷之荷，而转为负荷之荷；雅本乌雅之雅，而转为风雅之雅"，谓之为"无义转注"；如"长本长短之长，长则物莫先焉，故转为长幼之长；长则有余，故又转为长物之长"，谓之为"因转而转"等。结论是："若夫衰有四音，齐有五音，不有六音，从有七音，差有八音，射有九音，辟有十一音之类，或主意义，或无意义。然转声而无意者多矣，学者引伸触类通之可也。"明代学者主声转者颇多，赵撝谦之后，如王应电、杨慎、朱谋㙔、张位、陆深、吴元满等，多主声转之说，意见亦多承张有、赵撝谦而来。其说以一字数义为转注，可惜所谓"辗转其声，注释他字之用"，并不见于《周礼》等古注，又易与假借相混。大致说来，主此说者把"建类一首"看成是声类，把"考""老"等一些转注字，看成是字音的变读，有点像后世所说的"破音字"。

（3）就主"义转"者言，元代学者主张此说者较受注意。如杨桓《六书统》说："转注者何，象形会意之文，不足以备其文章言语变通之用，故必二文、三文、四文；转相注释，以成一字，使人绎之，而自晓其所为用之义，故谓之转注。"又说："转注者，承指事而作也。指事之体，由会意之变而生，转注又生于指事之变也。"刘泰更进一步加以阐释："指事之外，意有不能尽者，则取文字转相附注，以足其意。如'圣''贤'之类。"这是把转注字看成是象形及指事字的递增附注，有的已违背了许慎《说文解字》的原意。例如刘泰解释"圣""贤"成为转注字的理由："圣，从耳从口从𡈼，以其闻无不通，言无不中，𡈼则人在士上，圣又士之大者。贤，从臣从寸，从宝省，以其臣有守，则国之宝也。"核对许慎《说文解字》对圣、贤的解释：

　　𦕭（圣），通也。从耳，呈声。

　　賢（贤），多才也。从贝，臤声。

可以看出刘泰对"圣""贤"的解释，纯粹是望文生义，看成是象形、指事字的递增积累，完全不顾字中同时有形符声符的存在。

　　以上的这三种流派，把汉字形音义的有机组合强行拆散，仅各就其一端以论整体，真有以偏概全之失。而且他们所论，多已偏离许慎的本意。不过，这些毕竟只是古代论者的一部分，古代早就有人能从许慎的观点，尝试作清源正本之论的。

　　例如南唐徐锴的《说文解字系传》就说："建类一首，同意相受，谓老之别名，有耆，有耊，有寿，有耄，又孝、子养老是也。一首者，谓此孝等诸字，皆取类于老，则皆从老。若松柏等皆木之别名，皆同受意于木，故皆从木。"又说："无形可象，无势可指，无意可会，故作形声。……属类成字，而复于偏旁加训，博喻近譬，故为转注。人毛匕为老，寿、耆、耋亦老，故以老注之。受意于老，转相传注，故谓之转注。义近形声，而有异焉。形声：江、河不同，滩、湿各异；转注：考、老实同，妙、好无隔。此其分也。"徐锴的意思很明白，他认为"散言之曰形声，总言之曰转注。"形旁可以互训的形声字，就是转注字，像老考、耄耋以及妙好等字都是。它们与形声字虽相似而实有差别。江河滩湿，是形声字，但它们意义上有所不同，各自独立，而转注中的老考或妙好诸字，则同受意于"老"或"女"等部首。宜相提而并论。

徐锴的说法，是值得我们重视的。他之论转注，特别注意到转注与形声之间的关系。形声字由形旁与声旁组合而成，形旁来自象形、指事或会意字的全体或部分，当它与声旁组成一个新的形声字时，独立看，它是形声字，可是当它与另外一些字因形符或声符相同而系列在一起时，如果彼此之间的形符的意义相同，或与声符的意义相同，那么据徐锴说它们就是所谓的转注字。徐锴所举的老寿、耆耋或考老、妙好，都符合这样的标准。

在这样的理论基础上，后代将形声与转注相提并论以突显转注界说的，不乏其人。例如宋代郑樵《六书略》说："谐声、转注一也。役他为谐声，役己为转注。"又："谐声、转注，皆以声别。声异而义异者，曰互体别声。义异而声不异者，曰互体别义。"又："转注，别声与义。故有建类主义，亦有建类主声；有互体别声，亦有互体别义。"

明代赵宦光《说文长笺》也说："转注之体，大类形声。

转注同声，形声异声，此二书之分，而其刱法之初，绝然不混也。但须毋离所考'考''老'二字本旨，则不倍古人矣。"又说："转注者，声意共享也。取其字，就其声，注以他字，而义始显。如'丂'字象气难上出之形，而老人鲠噎似之，于取'老'字省其下体以注于'丂'上，而义始足也。"

清儒主此说者如王鸣盛《六书大意》、孙诒让《名原》亦然。朱骏声《说文通训定声·六书爻例》说得更具体："但如许说，则形者转注，声者谐声；形声之字，皆即转注之字。"

这些意见，较之以上主张形转、声转或义转的说法，都似乎要周详些，也更有说服力。因此在历代论者之中一直居于主导地位。一直到现在，都还有学者信奉其说。例如蒋善国《汉字学》就说："十分之九的转注字是在象形字、指事字的基础之上增加声符的（把本字当作义符），因而十分之九的转注字是形声字。"

（三）清儒的转注之说

到了清代，名家辈出，学术称盛，各种不同的转注之说同时并起，却又互相融合，而又互争短长。无论是形转、声转或义转之说，都有了趋于融合的新面目。

（1）形转说方面：例如江声的《六书说》，采徐锴之说而主形转。他的形转之说，已非当初"考字左回，老字右转"或"侧山为，反人为匕"之类。他认为"建类"是指五百四十部而言，而"一首"即指其部首。他说：

立"老"字以为部首，即所谓建类一首。"考"与"老"同意，故受"老"字而从"老"省。"老"字之外，如"耇""耋""耇"之类，凡与"老"同意者，皆从"老"而属于"老"，是取一字之意以概数字，所谓同意相受。叔重但言"考"者，举一以例其余耳。

由此推之，则《说文解字》一书，凡五百四十部，其分部即建类也；其始一终亥五百四十部之首，即所谓一首也。下云凡某之属皆从某，即同意相受也。

江声的这个说法以象形文字为根基，主张部首与部中属字的关系为转注，每为后来一些文字学家所采纳。钱坫、孔广居、许宗彦、魏源、陈澧等人，亦主形转之说。陈澧在《书江艮庭征君六书说后》中称赞道："且如江氏之说，尤可见制字之精义。何也？形声者，《说文》所谓'从某，某声'也，如江河以水为形，以工可为声也。然转注之字或不兼形声，形声之字则必兼转注。只明其形声，则只知其从某之形，而不知其形即受其意也。"清末民初刘师培称之为"同部互训"。像高亨《文字形义学概论》亦称之为"其形同旁"，"其义互训"。顾实《中国文字学》更录清儒许宗彦、孙诒让等人之说以为证，认为"就形言形，究不过形、声二字。于形而附益以形者，则会意字之与部首转辗注属也，于形而附益以声者，则形声字之与部首转辗注属也，二者尽矣。"结论是："盖转注即象形文字之字书编纂法也"。周秉钧《古汉语纲要》云："建类，造字之类也，一首，统一其部首也。受，加也。同意相受，以同意之字加给所造之字。如不同地域谓父曰 ba ya duo，于是即于巴、耶、多之上，各加同意字父而造爸、爷、爹三字。"

（2）义转说方面：例如戴震《答江慎修先生论小学书》，江慎修即江永。戴震融合了前人形声及杨慎、朱谋玮等人字音变读之说，起而主张转注即互训。他说：

> 转注之云，古人以其语音立为名类，通以今人语言，犹曰互训云尔。转相为注，互相为训，古今语也。《说文》于"考"字训之曰"老也"，于"老"字训之曰"考也"，是以《序》中论转注举之。
>
> 《尔雅·释诂》有多至四十字共一义，其六书转注之法欤？别俗异言，古雅殊语，转注而可知。故曰："建类一首，同意相受"。……数字共一用者，如初、哉、首、基之皆为始，卬、吾、台、予之皆为我，其义转相为注，曰转注。

段玉裁是戴震弟子，在《说文解字注》卷十五上更推阐师说云：

> 转注犹言互训也。注者，灌也。数字辗转互相为训，如诸水相为灌注，交输互受也。转注者，所以用指事、象形、形声、会意四种文字者也。数字同义，则用此字可，用彼字亦可。

又说：

建类一首，谓分立其义之类，而一其首，如《尔雅·释诂》第一条说"始"是也。同意相受，谓无虑诸字意旨略同，义可互受，相灌注而归于一首，如"初、哉、首、基、肇、祖、元、胎、俶、落、权舆"，其于义，或近或远，皆可互相训释而同谓之"始"是也。

独言"考""老"者，以显明亲切者也。……（"老"部）以"考"注"老"，以"老"注"考"，是之谓转注。盖"老"之形，从人毛匕，属会意；"考"之形，从老、考声，属形声，而其义训则为转注。全书内用此例不可枚数。但类见于同部者易知，分见于异部者易忽，如人部"但，裼也"，衣部"裼，但也"之类，学者宜通合观之。

戴震《东原集》卷三《答江慎修先生论小学书》云："考老二字属谐声会意者字之体，引之言转注者字之用。古人以其语言立为名类，通以今人语言，犹曰互训云尔。"

戴震"互训"之说，举《尔雅·释诂》"初、哉、首、基、祖、元、胎、俶、落、权舆，始也"为例，举例不是很恰当，因为那些字只有字义上的联系，而无形声或音义间的关系。例如《尔雅·释诂》云："右，亮也。"又："亮，右也。"或《尔雅·释宫》云："宫谓之室，室谓之宫。"我们都不能称右与亮、宫与室这种"互训"为转注。但举例不当却未必是道理有误。试看同样是《尔雅·释诂》中的例子：

弘、廓、宏、溥、介、纯、夏、幠、庞、坟、嘏、丕、

奕、洪、诞、戎、骏、假、京、硕、濯、訏、宇、穹、壬、
路、淫、甫、景、废、壮、冢、简、劯、昄、将、席，大也。

这三十七个古汉字，在汉代以前，都有"大"的含义。我们也
不能说它们之间彼此都可以互相转注。但是，其中有一些却是
不成问题。例如《尔雅·释诂》中还有下列等则：

弘、宏、洪、夏，大也。
弘、宏、穹，大也。
壬、淫，大也。
訏、宇，大也。
壮、将，大也。
京、景，大也。

这是因为弘、宏、洪、夏这四个字，在古代同属"匣"纽字，
声同义同。而且弘、宏、穹，壬与淫、訏与宇、壮与将、京与
景，在古代也都同属一个韵部，更值得注意的是它们的谐声偏
旁，除了"穹"字之外，壬淫、訏宇、壮将、京景的谐声偏旁
都一样。像这些字，在《说文》中多属于同部，都可归入转注字。

因此在同部之中，如果有下列情况者，都可说是转注字。

①声纽相同者，如《说文》卷二下辵部的"逆"与"迎"（同
属牙音疑纽），卷三上言部的"谋"与"谟"（同属唇音明纽），
卷三下攴部的"更"与"改"（同属牙音见纽）、"攻"与"敂"（同
属牙音溪纽），卷六上木部的"枯"与"槁"，卷七下穴部的"穷"

与"究"（同属牙音见系），卷八上人部的"依"与"倚"（同属喉音影组）、"似"与"像"（同属齿头音邪组），卷九上页部的"项"与"颠"（同属舌头音端组），卷十下心部的"恐"与"惧"（同属牙音见系），都是双声同义字，可以互训。

②韵部相同者，如《说文》卷二下辵部的"迟"与"邌"，卷三上言部的"诚"与"誋"，卷四下刀部的"刑"与"到"，卷六上木部的"标"与"杪"、"栯"与"柔"，卷十四下阜部的"陂"与"隅"等，都是韵母相同所谓叠韵的同义字。

③同部又同音者，例如卷二上辵部的"走"与"趋"，卷十上火部的"煨"与"燨"，卷十一上水部的"洪"与"洚"、永部的"永"与"羕"。声母韵母俱同，既双声又叠韵。

上面说的是《说文》同部中的转注字。下列说的则非在同部之中，可见转注字本来就不局限于同部之内。

①异部而声组相同者，例如《说文》卷一下舛部的"莫"与卷七上日部的"晚"，同为唇音明组；卷四下華部的"弃"与卷十二上手部的"捐"，一为牙音溪组，一为牙音见组，一声之转；卷八上人部的"但"与衣部的"裼"，一为舌头音"定"组，一从易得声，为"喻四组"，古归定组，故为双声；卷九上页部的"头"与百部的"百"，一为舌头音定组，一为正齿音审三组，古归舌头音，故古为双声；卷十三下田部的"界"与畕部的"畺"，俱为牙音见组；卷五下高部的"亭"与卷七下宀部的"定"，俱为舌头音定组，又为叠韵，是同音之转注。

②异部而韵部相同者，例如卷一下艸部的"芳"与卷七上香部的"鬠"，卷五下入部的仝（全）与卷七下宀部的"完"，

卷八上人部的"併"与卷十下立部的"竝"，卷七上明部的"明"与卷十上火部的"炳"，都是古代韵母相同的叠韵转注字。

③异部而同音（声韵俱同）者，例如卷三上言部的"諆"与卷八下欠部的"欺"，卷五下缶部的"缸"与卷十二下瓦部的"瓨"，卷九上苟部的"敬"与卷十下心部的"憼"，都是音义相同的转注字。又，卷十二上门部的"闇"与卷十四下阜部的"阴"，同为喉音影组，同为阴晴之义，韵母亦同，与上述的"亭""定"同是同音转注。

戴震、段玉裁以互训为转注，不限于《说文》同部的这个义转说法，影响了后来的桂馥、洪亮吉、刘台拱、王筠、许瀚、黄以周等人。朱骏声以引申为转注的主张，似乎也可归入此类。他们都大致认同了戴震的互训之说。民国初年马宗霍《文字学发凡》虽然赞同此说，认为"以互训为转注"，"在诸说中自为近理，然泛引《尔雅·释诂》之例以为证，则亦过滥"。因为那已属训诂的范围，而非文字的层次。不过，那只是微枝末节了。胡朴安《中国文字学史》即概括为"建类一首"谓同部也；"同义相受"，谓互训也。同部而互训者，为转注正例，不必"建类一首"，而同意可以相受，皆为转注变例。

（3）声转说方面：像顾炎武《音论》云："凡上、去、入之字，各有二声或三声四声，可递转而上同以至于平，古人谓之转注。如恶为爱恶之恶则去声，为美恶之恶则入声。"这与宋代张有之说相同，都把转注当成了多音字。清末民初章炳麟的《国故论衡·转注假借说》强调转注字重在声义的联系关系，取戴震、段玉裁等人的"互训"之说而折中之。他说：

余以转注、假借，悉为造字之则。泛称同训者，后人亦得名转注，非六书之转注也。同声通用者，后人虽通号假借，非六书之假借也。

盖字者，孳乳而寖多。字之未造，语言先之矣。以文字代语言，各循其声，方语有殊，名义一也。其音或双声相转，叠韵相迤，则为更制一字，此所谓转注也。

何谓建类一首？类，谓声类，……古者类、律同声，以声韵为类，犹言律矣。首者，今所谓语基。……"考""老"同在"幽"类，其义相互容受，其声小变，按形体，成枝别；审语言，本同株。虽制殊文，其实公族也。非直"考""老"，言"寿"者亦同。循是以推，有双声者，有同音者，其条例不异。适举"考""老"叠韵之字，以示一端，得包彼二者矣。……

是故明转注者，经以同训，纬以声音，而不纬以部居、形体。

章炳麟所说的"声类"，指同音字或声母、韵母相同的双声、叠韵字，"首"指语基，即同源字的语根。他曾用浅显例子解释"转注"："什么叫作转注？这一瓶水，辗转注向那一瓶去，水是一样，瓶是两个，用这个意思来比喻，话是一样，声音是两种，所以叫作转注。譬如有个'老'字，换了一块地方，声音有点不同，又再造个'考'字，有了这一件条例，字就多了。"他所说的转注字，"经以同训，纬以声音，而不纬以部居、形体"，意思就是说转注字应指词义相同、声韵相同或相近的同源字，而不必去管它的部类和形体。换言之，类指声类，不指五百四十部；首指声首，不指"凡某之属，皆从某"。这充分显示出他对声义联系的重视。他所排斥的，其实是江声的"同部互训"之说，至于对于戴震等人的互训之说，不过是把范围缩小而已。

除此之外，章氏还有《文始》《新方言》《小学答问》等书，提出"初文""准初文"等文字新概念，并以"孳乳""变易"两个条例来说明汉字演变的类型。这些都是他新的发明。

以章炳麟在民初学界的声望地位，他自然影响了他的朋友、学生以及后来的一些学者。像刘师培、黄侃、朱宗莱、马宗霍、陆宗达、杨树达等都是。

（四）民国初年以来学者的看法

黄侃是章炳麟的得意学生。他推衍章太炎"由声韵、训诂以求文字推演之迹"的主张，并对此发表了不少论见。例如在《文字学笔记》中即云："同声同义而异字，即转注矣。其或声音小变，或义界稍异，亦得谓之转注。"他的《说文同文》更是继章氏《文始》之后另一部探求语源的力作。后来他的嫡传弟子陆宗达在《说文解字通论》中，又归结章、黄之说而扩大之，主张："为从某一语源派生的新词，制造新字，这是汉字发展的一条重要法则，也就是转注。"同时在转注"繁殖汉字"和假借"节制汉字"方面发表了一些颇为精到的见解。后来在台、港长期执教的潘重规，也是黄侃的得意学生，他更在《中国文字学》一书中，依章太炎之说，将转注分为同部转注与异部转注二类，并举例加以阐述。他所举的字例如下：

同部转注类有三：

（1）双声转注：如"改"（从攴、己声）与"更"（从攴，丙声）古同见母；"颠"与"顶"古同端母。

（2）叠韵转注：如"芋"与"苣"古同鱼部；"标"与"杪"古同宵部。

（3）同音转注：如"茉"与"莉"、"娓"与"媦"同音。

异部转注类亦有三：

（1）双声转注：如"但"（裼也。从人，旦声）与"裎"（袒也。从衣，呈声）。但，古定母；裎，古透母。同类双声。

（2）叠韵转注：如"呙"（口戾不正也。从口，呙声）与"瘑"（口呙也，从疒，为声）古同歌部。

（3）同音转注：如"侗"（痛也。从人，甬声）与"恫"（痛也。从心，同声），古皆他红切，同音。又如"傲"与"奡"（嫚。从百，从夰，夰亦声。虞书：若丹朱奡，读若傲。）

相对于此，与章、黄同时或稍晚的一些学者，像马叙伦的《说文解字六书疏证》，张舜徽的《说文解字约注》，或长于考证疏解，大量引用甲骨、金文资料，或"稍取金文、甲骨补证许书""博观约取"，"复出己意为论定焉"，都有可观的成绩。正好可补章氏不信甲骨文新出土资料之不足，但在转注方面，并没有突出的论点，因此在此只好一笔掠过。其中有些友辈学生，考虑到汉字的形义有极密切的关系，像章氏那样仅仅标举字的声义而忽略了部首及形体而忽略了形义联系上的关系，毕竟值得商榷。所以有的从反面去检讨清代以前的旧说，像马宗霍的《文字学发凡》就说："主形转者，或与象形指事无殊，或混于会意，或遁于凿虚，多不足征；主声转者，拘于四声，牵入叶韵，未必合乎古韵分部，是声转更不足信也；主义转者，以互训为转注，泛引《尔雅·释诂》以为证，是以群经之义为造字之义，亦未得为笃论。"有的则从正面去肯定，像朱宗莱在《文字学形义篇》中就仍旧主张"转注以形通、音近、义同为准。"他说："建类之类为物类，谓形也；一首即语基，谓音也；同意相受，即数字共一义，谓义也。类为物类，类通者形虽小而得相通，故转注不限于同部；首为语基，数字音虽小变而必出于一本，故转注不限于同声。"梁东汉的《汉字的结构及其流变》一书也认为转注必须部首相同、声音相近，才可以互训。

大抵言之，章、黄之说的影响是颇为深远的。一直到二十世纪九十年代中期，称引其说的还不少。像余国庆的《说文学导论》，在检讨历代旧说之后，还这样说："章黄之说，较为缜密。尤其经过陆宗达的阐述，立论又更为完整而全面。"黄德宽在《汉字理论丛稿》一书中，更以"传统小学的终结"称章、黄之学，认为他们在汉语文字学的理论体系上，有承先启后的贡献。

从以上的论述中，可以看出古今学者对转注的看法非常纷歧，难怪现在有人（像裘锡圭的《文字学概要》）干脆建议读者暂时不必理会转注之说。不过，看法虽然有分歧，但归纳起来看，也似乎已渐有共识：前人讨论的重点，大都以"建类一首"为重心，以考、老二字为分析的主要对象，而且把"同意相受"都解释为"同义相受"。大家对转注的共识，应该就是：

形通、音近、义同，或者说是：部首虽同、声韵相近、可以互训。换言之，形音义都包含在内。更重要的是，转注说的，不只是象形指事的文、会意形声的字，不只是一个一个可以单独分开的文字，而是两个以上联系在一起、才能认识或说明彼此关系的文字。上文说过，"老"是会意字，"考"是形声字，分开看，老是老，考是考，合在一起看，才能认识或说明二者在形音义上有什么可以互相联系的关系。它们说的未必是造字之法，但至少说明了它们的来历。"建类一首"说的正是它们可以互相联系的关系，那么，"同意相受"一语，该作何解呢？

几乎所有的论述者，都把"同意相受"解释为"同义相受"。这合不合乎许慎的原意呢？

现代有学者认为"同意相受"的"同意"，与《说文》中"同义"的意义盖有不同。例如吕浩《汉字学十讲》中就举了不少例子：

> 羴，吉也。从誩，从羊。此与义、美同意。
>
> 義，己之威仪也。从我、羊。臣铉等曰："此与善同意，故从羊。"
>
> 美，甘也。从羊，从大。羊在六畜主给膳也。美与善同意。铉等曰："羊大则美，故从大。"
>
> 苟，自急敕也。从羊省，从包省，从口，口犹慎言也。从羊，羊与义、善、美同意。

这一组同样从"羊"部的字，相同处在于都有"羊"这个构造成分。它是形符，也是义符。"苟"古文作茍（音ㄐㄧˋ，jì）。它不是"苟且"的"苟"（𦭕），而是从羊、从包省、从口的会意字。"苟"字上头的"羊"旁，到小篆时才由"丫"头省形作"艹"的。"敬"字（音ㄐㄧㄥˋ，jìng），"从苟从攴"，可见敬与苟字原来皆有敬谨之意。不但"自急敕"自己戒惧"慎言"的"苟"字，与善、义、美的字义不同，即使善、义、美三者之间本来的字义也不尽相同。分开看，善是吉祥，义指威仪，美即味甘，苟是谨慎，它们在词义层面上的意义虽然各有所指，并不相同，但它们在字体构造中却都同样有"羊"的形义成分。"羊"在古代是可以进献的祭品，自有吉祥、威仪、美味的含意，因此"羊"在善、义、美、苟等字的形体构造中，虽只成为构成字的一部分，却起了一定程度的取向造意作用。这种取向造意的作用，就叫作"同意相受"。

又例如"高""仓""舍"这几个字中的"口"的部分：

高（高），崇也。象台观高之形。从冂；口。与仓舍同意。凡高之属皆从高。

倉（仓），谷藏也。仓黄取而藏之，故谓之仓。从食省，口，象仓形。凡仓之属皆从仓。

舍（舍），市居曰舍。从亼、屮，象屋也；口象筑也。

这一组字，"高"与"仓""舍"的字义既不相同，也不同部，相同的是三字之中都以"口"来表示建筑物的基座。这个"口"成为三字形体构造中同样的成分，其取向造意的作用也相同。

所以许慎说"高"字，"与仓、舍同意"，指的不是三字同义，而是三字中"口"的取向造意相同。

这样的情况，不止存在于同一部首的"考""老"之间，同一部首的"衮""衰"之间，也同样存在于不同部首却同为食器类的象形字与象形字之间：

> 皿，饭食之用器也。象形。与豆同意。凡皿之属皆从皿。读若猛。
>
> 豆，古食肉器也。从口，象形。凡豆之属皆从豆。

也存在于不同部首却同为禾木类的象形字、指事字与会意字之间：

> 朵，树木垂朵朵也。从木，象形。此与采同意。
>
> 采，禾成秀也，人所以收。从爪、禾。
>
> 韭，菜名。一种而久者，故谓之韭。象形，在一之上。一，地也。此与耑同意。凡韭之属皆从韭。
>
> 耑，物初生之题也。上象生形，下象其根也。凡耑之属皆从耑。臣铉等曰：中一，地也。

更可存在于不同部首而同类形体的会意字与形声字之间：

> 芈，羊鸣也。从羊，象声气上出。与牟同意。
>
> 牟，牛鸣也。从牛，象其声气从口出。

奔，走也。从夭，贲省声。与走同意，俱从夭。

走，趋也。从夭、止。夭、止者，屈也。凡走之属皆从走。徐锴曰："走则足屈，故从夭。"

"朵"与"采"不同部首却同样用禾木类果实的象形来取向造意；"垚"与"峛"的指事符号部位不同却同样用一代表土地来取向造意；"垩"与"牟"不同部首却同样用声气从口上出的象形来取向造意；"奔"与"走"不同部首却同样用挥臂奔跑的人形来取向造意。可以说，把以上这些例子中每一组的字分开看，每一个字的字义并不相同，实在不能说它们"同义"，但是每一组的字当中，却都有一个构成字体的成分是相同的，像"皿"和"豆"、"裘"和"衰"都属同类象形取意，即使成分略有差异，但它们还是都可以相类属，像"垩"与"牟"、"朵"与"采"，取向造意的作用都相同。也因此，我们可以说"同意相受"，重在说明字与字之间，有形义联系的关系。

明白了"同意相受"的真正意义，回头去看"建类一首"，对于历代学者种种纷歧的说法，应该会有以下比较清楚的认识：

许慎《说文解字·叙》云："其建首也，立一为峛。方以类聚，物以群分。同条牵属，共理相贯，杂而不越。"首先他以"据形系联"的原则，"引而申之，以究万原"，将全书所收文字分为五百四十部，建立部首，定其顺序，然后在类聚群分之际，顾及汉字形义之间的密切关系，对各字作出与字形密切相关的解释。例如他解释"义"的意义时说："义，己之威仪也。从我、羊。"既用"威仪"解释"义"的字义，那么为什么还加上"己之威仪"的"己"呢？那是因为"义"字"从我、羊"，"我"即自己之故。在《说文》中以"我"为声符的字，如"峨""誐""娥"等，都有高大美善之意，因此许慎以此来解释"义"字的词义，并留给读者"同意相受"的解释空间，去思考"义"与"善""美"等字之间的关联性。

"建类一首"与"同意相受"，可以是分的关系，也可以是合的关系。分则说明转注字必须"建类一首"，又必须"同意相受"；合则说明转注字因为"建类一首"，所以"同意相受"。历来把"同意相受"多解为"同义相受"，把"建类一首"的"类""首"多解作"部类"和"部首"，或解作"声类"和"语基"。但我们比对《说文解字·叙》所说的"其建首也，立一为耑""据形系联，引而申之，以究万原，毕终于亥，知化穷冥"诸语，再看该书卷八上"老"部，于"老"字下注："考也"，于"考"字下注："老也"，我们觉得和转注的"建类一首，同意相受"若合符契，有理由相信戴震、段玉裁等人的"互训"之说，有其一定的理论依据。

有人误解戴震、段玉裁的"互训"之说，说他们泛引《尔雅·释诂》以为证，有"过滥"之虞，也有人曲解他们的说法为"同部互训"。事实上，他们只是举例说明数字可"共一义"而已，而且段玉裁还进一步指出转注字"类见于同部者易知，分见于异部者易忽"，例如"考""老"同部，但是"但"与"裼"却不同部。"但"在"人部"，注："裼也。从人，旦声。"而"裼"在"衣部"，注："袒（但）也。从衣，易声。"可见转注字并非属于同部或同一部首不可。

《说文》中，部首与同部中属字的关系自然比较密切，有的形符相同，有形义上的联系；有的声符相同，有音义上的联系，也因此它们之间，比较容易产生转注的关系。

由上所述，可以证明转注讲的是两个字以上、在以语音为名类的基础上，彼此有形义联系上的关系。它们可以是象形字、指事字、会意字、形声字，但它们必须在形体结构上有相同的成分，在字词意义上有相通的地方，才可以"同意相受"。

二、假借

（一）"假借"释义及其字例

许慎对"假借"所下的定义，是"本无其字，依声托事"，例字是"令""长"。

"本无其字，依声托事"二句的意思看起来很明白，思索起来，却有不同的意义。王筠说："声之来也，与天地同始。未有文字以前，先有是声，依声以造字，而声即寓文字之内"，"先有日月之名，因造日月之文；先有上下之词，因造上下之文。"这是第一层意义。这里要说的，是第二层意义。表示的是文字创造以后，仍然有文字不够用的情形。因为在造字之初，语言无穷，能依形见义的字有限，语言中有的语词，还没有相对应的字造出来，所以只好借用一个现成的他字的形体，来寄托此词的声音和意义。这是就语言与造字的关系来说的。"依声"是说，假借字和被借字之间，通常只是因为声音相同或相近，所以就当作一个表音符号来使用了。"托事"是说，二字之间应该有某些程度的词义上的联系。换言之，同一个字体，被假借使用以后，却有了不同的读音和词义。但它们必须属于同一个事类或范围。但也有人以为"依声托事"是说二字之间，只是音的借用，意义上毫无关联。加上许慎所举的例字是"令""长"，对此二字，有人合而观之，有人分开来看，因而后人的解释也就有了差异。

段玉裁《说文解字注》合而观之，说的是：

> 托者，寄也。谓依傍同声而寄于此，则凡事物之无字者，皆得有所寄而有字。如汉人谓县令曰"令""长"，县万户以上为"令"，减万户为"长"。"令"之本义，发号也；"长"之本义，久远也。县令、县长本无字，而由发号、久远之义，引申展转为之，是为假借。许独举"令""长"二字者，以今通古，谓如今汉之县令县长字即是也。[①]

这是主张假借字和被借字"声义兼涉"的例子，认为"令""长"二字之间，不只是声音的假借，而且也是词义的引申。"令"由发号引申为县令之后，意义虽有变化，读音却无不同。"长"由久远引申为县长之后，读音略有变化，由长短的"长"变为

---

① 令，《说文》："发号也。从亼、卩。"徐锴曰："号令者，集而为之。卩，制也。"意思是集合在瑞信节制之下。甲骨文作𠆩，象人被召集之形。长，《说文》："久远也。从兀，从匕。兀者，高远意也。久则变化。𠃊声。者，倒亡也。"古文作，甲骨文作。

长幼的"长"。

另外却有人以为二字之间既有词义引申的关系，那就不是"本无其字"，不算是"假借"，而是"转注"才对。例如朱骏声《说文通训定声》就是将二字分开看的。所以他这样说：

> 转注者，体不改造，引意相受，令、长是也。假借者，本无其意，依声托字，朋、来是也。

朱骏声将"令""长"视为转注，而改列"朋""来"为假借例字的理由，应该是："朋"本为鹏鸟"凤"字的古文，假借为朋友、朋党的意义以后，已另造"鹏"字来取代本义；"来"本为小麦的象形，假借为去来、往来的意义以后，已另造"麦"字来取代本义。朋、来的本义，已为借义所夺，假借字与被借字之间，已无意义上的联系。这也才是真正"本无其字"的假借。它们和"令""长"引申为县令、县长的情况大有不同。

对于这两种不同的认知，有些学者采调和之说。例如朱宗莱的《文字学形义篇》就说："引申本义之假借，世亦谓之引申义，即就本义而推广其用，若令、长之类。"陆宗达的《说文解字通论》也说：

> 词义发展了，不另造新词新字，而是给旧词旧字增加新义。这在训诂学上说，叫做"引申义"，以造字法则言，则谓之"假借"。

因此历来谈假借的人，多主张假借有二：一是本无其义的假借，一是本有其义的假借；一仅为声音的假借，一兼有词义的引申。

（二）假借字的分类与解说

南唐徐锴《说文解字系传·通释》部分，曾用一些术语来指出假借字的属性。例如：

> 《说文》：而，颊毛也。象毛之形。《系传》：假借为语助。
>
> 《说文》：焉，黄色鸟，出于江淮。象形。《系传》：借为语助也。
>
> 《说文》：伸，屈伸。从人，申声。《周易》：屈伸，"伸"作"信"，假借也。
>
> 《说文》：萩，萧也。《系传》：《春秋左氏传》或借此为"楸"字。

前二者为本无其字的假借，后二者为本有其字的假借。二者判然有别，徐锴早已注意及之。

到了宋代的郑樵，他又把假借分为"有义之假借"与"无义之假借"两种。他在《六书略·假借第六》中说：

> 假借者，无义之义也。
>
> 假借者，本非已有，因他所授，故于己为无义。先儒所以颠沛沦没于经籍之中，如泛一苇于溟渤，靡所底止，

皆为假借之所魅也。呜呼！六书明则《六经》如指诸掌假借明则六书如指诸掌。

他在《六书略·六书序》中，又将"有义"与"无义"的假借，分为下列两大类：

> 不离音义，有同音借义；有借同音不借义。有协音借义；有借协音不借义。有因义借音，有因借而借；有语词之借，有五音之借，有三诗之借，有十日之借，有十二辰之借，有方言之借。六书之道，备于此矣。

可见郑樵《六书略》所说的"有义之假借"包含：同音借义、协音借义、因义借音、因借而借四类，而"无义之假借"则包含：借同音不借义、借协音不借义、语词之借、五音之借、三诗之借、十日之借、十二辰之借、方言之借八类。并各举二字为例。兹援引并略加按语说明如下：

（1）有义之假借

①同音借义：借"初"裁衣之始，而为凡物之始；"基"为筑土之本，而为凡物之本。

按，此为词义的引申，只是同音字声音的假借而已。

②协音借义：如"御"之为御（音"迓"）为御（音"御"）；"行"之为行（下孟切）为行（户浪切）。

按，此为词义的引申，假借字与被借字的声音近而不同。

③因义借音：如"琢"本琢玉之琢，而为大圭不琢之琢（音

"篆"）；"辂"本车辂之辂，而为狂狡辂郑人之辂（音"迓"）。

按，此为词义的引申，读音已不同。

④因借而借："难"鸟也，因音借为艰难之难，又因艰难之难，借为险难之难；"为"母猴也，因音借为作为之为，又因作为之为，借为相为之为。

按，此为词义的引申，读音已不同。

（2）无义之假借

①借同音不借义："汝"水也，而为尔汝之汝；"尔"花盛也，而为尔汝之尔。

按，此声音的假借，词义不同。

②借协音不借义：如"荷"之为荷（胡可切，负也），"鲜"之为鲜（上声）。

按，此音近之假借，词义不同。

③语词之借：凡语词惟"哉""乎""兮""于""只""乃"有义，他并假借。虚言难象，故因音而借焉。

按，此声音之假借，词义不同。"之""其""而""且"等皆是。

④五音之借：如"宫"本宫室之宫，"羽"本羽毛之羽。

⑤三诗之借：如"风"本风雅之风，"雅"本乌雅之雅。

⑥十日之借：如"甲"本戈甲，"乙"本鱼肠。

⑦十二辰之借：如"子"人之子也，"丑"手之械也。

⑧方言之借：如"羹"之为羹（上更字，下音郎，楚地名）；"咎"之为咎（上如字，下音皋。皋陶亦如此）。

郑樵的十二类，"五音之借"以下，过于琐细，不如与"语词之借"合为"语词专称之借"即可。后来元代杨桓增为十四类，明代赵撝谦（古则）又缩为五类，冠以托生、反生、兼生等名，一则徒繁其例，一则不得要领。究言之，都还不如分为有义之借与无义之借原来二种即可。

颇多学者认为无义之假借才是真的假借字，有义之假借多为词义之引申，是字义的扩展，容易与转注相混淆。许慎举"令""长"二字为假借例字，有人视之为转注者，正是因此之故。事实上，假借字是两个同音字之间的借用，被借字只是作为一个纯粹表音的符号来使用而已。

许慎既云"本无其字"，可知系借他字以当此字之用，唯"依声托事"而已。假借之本义当在于此。然古人亦有不依此义，而衍为借其他同声之字以当此字之用者。如郑康成云：

> 其始书之也，仓卒无其字，或比方假借为之，期于近之而已。受之者非一人，人非一乡，由是同言异字，同字异言之例，遂滋多矣。

此言假借因方音而变，乃后起用字之假借，亦可谓假借之流变。后人名此为通假字，以示与原始之假借本义有别。戴震《六书论》云："一字具数用者，依于义而引伸，依于声而旁寄，假此以施于彼，曰假借。"江声《六书说》云："凡一字而兼两义三义，除本义之外，皆假借也。"皆得其当。

（三）旧说的检讨

以上所述，是晚近学者综合前人之说的意见。值得注意的是，段玉裁论例字"令""长"时，是指"令""长"二字当一组词来谈的，有一定的范围，所谓县令、县长者是。而朱骏声是把例字"令""长"二字分开看的，所以他才易以"朋""来"两个意义并无联系的例字。陆宗达说得更直接，他把令、长当作假借字，是就"造字法则"即造字的方法来说的。

说到造字的方法，上文已经说过，象形、指事、会意、形声，都可以说是与造字的方法有关，但转注与假借则前人（如戴震）早已说明非造字之本，而是用字之法。也有人说，象形、指事是文，会意、形声是字。会意和形声，都是由两个以上的象形字和指事字重叠组合而成的。会意字"比类合谊"，可以见其指扬；形声字"以事为名"，可以取譬得声。汉字的创造，到了这个阶段，可以说大抵已定。不过，语言无穷，文字有限，有些比较复杂和抽象的观念，想用语言来表达已属不易，想创造成文字更为困难。或许可以说，象形、指事的"文"，会意、形声的"字"，都已经无法说明这些复杂而抽象的观念，因为它们已经涉及到"词"的层级了，不是个别的文字所能解释的。例如令、长二字，个别看，它们各有其形体构造，也各有其本义，但作为县令、县长的词语来认识时，它们在意义上才有了联系。同样的道理，考、老以及者、耋、寿、孝等字，个别看，它们也都各有其形体构造，各有其本义，但作为年长、年老的词语来比较时，它们在意义上也才有了差别。因此，假借和转注是一组，它们已经超越个别的"文"和"字"的层次。郑樵云："象形指事，文也。会意谐声，字也。转注假借，文字俱也。"其意在此。

从另一个观点看，许慎编《说文解字》，解释六书的名义，本来就不是教人如何造字，而是教人如何辨识小篆等古文字，教人懂得古人造字的法则，才不致向壁虚构，或妄生议论。从辨认古文字的形体入手，先了解具体的象形字和抽象的指事字以后，才能进一步去认识文字的形符如何与音符义符分别组成会意与形声。在辨认的过程中，自然会对一个一个的汉字作各方面的分析和探讨。分析其异同，探讨其正讹，然后再作归纳和演绎，归纳其法则，演绎其义理。前人如吴元满分析归纳的结果，认为：

> 自象形、指事以至会意、谐声，而文字之体备矣。宇宙之内，事物多端，以文字配物，不胜其烦矣。文字有尽而事物无穷，因形、事、意、声四体，声音相同借为他义之用，故曰假借。……假借不足，故转声以演义，因形、事、意、声四体，辗转声音注释，为他义之用，故曰转注。

也因此，有人得结论说：假借者，一字数义；转注者，数字一义。此说最早见于徐锴《说文解字系传》的六书三耦之说：

> 象形指事相类，象形实而指事虚；形声会意相类；形声实而会意虚。转注则形声之别，然立字始类于形声，而

训释之义与假借为对。假借则一字数用，如行（莖）行
（杏）行（杭）行（沆）；转注则一义数文，借如老者直训
老耳，分注则为耆为耋为耄为寿焉。

就因为把转注、假借视为一组，它们与形声字又有密切的关系，
所以到了明代的杨慎，曾有"四经二纬"之说，以为四象（象
形、象事、象意、象声）是经，"假借者，借此四者也。转注者，
注此四者也。"所以是纬。（见《六书索隐》）清代的戴震，或
许受了徐锴、杨慎、吴元满等人的影响，他在《答江慎修先生
论小学书》中这样说："考、老二字，属谐声、会意之体，引
之言转注者，字之用。"从他开始，正式将六书分为体、用二
类。到了他弟子段玉裁时，更师承其说而明白主张六书是"四
体二用"。不过，由于班固《汉书·艺文志》六书皆"造字之本"
的说法，传习既久，深植人心，所以戴、段的"四体二用"之
说，并不能取代旧说。

与戴震同时的江声，在其《六书说》中，就仍主六书之说，
认为此说"不始于周，而始于造字之初"，稍后的陈澧，更在
《书江艮庭征君六书说后》中申论其说，强调"如江氏之说，
则转注诚造字之法"，"又假借，如本有正字，而经典相承用假
借字者，则用字之法；若西字、来字本无正字，假借鸟栖、来
麦之字，安得谓非造字之法乎？"换句话说，他们还是认为转
注、假借是造字之法。

上文所引江声《六书说》"始于造字之初"的主张，其实
非常值得注意。它触及了"六书"以及转注假借究竟是造字之

本或造字之法的问题。

六书之说是汉儒对古汉字归纳出来的条例，至少起于刘歆之前。他们对六书的解说，是归结秦篆以前，可能远溯商、周时期或更早的造字原则。我们知道秦篆"合以古、籀"，由周朝的籀文而来，周朝的籀文不会凭空而生，必有承袭沿用殷、周的甲骨金文者，殷、周的甲骨金文也不会凭空而生，又必有承袭沿用前人古代者。所谓"造字之初"，实不可究诘。不同的汉字，不同的字体和书体，起于何时何人，更不可究诘。我们只知道到东汉之时，"俗儒鄙夫玩其所习，蔽所希闻"，"未尝睹字例之条，怪旧艺而善野言"，甚至"猥曰马头人为长，人持十为斗，虫者，屈中也"，所以许慎要著《说文解字》，借"六书"以明"字例之条"，此犹班固《汉书·艺文志》之言"六书"为"造字之本"。本，即条例，即原则。他们希望信从今文经学家的人不要"向壁虚构"，要懂得古人造字的条例法则。隶变时，不要乱改字，不要乱造字。

文字是记录语言之用，而语言不外借声音来表情达意、记物叙事。易言之，文字所要记录的，主要是传达语言中的事物、意念和声音，可以简称为事、意、声。这个字该怎么念，它记了些什么，是什么意思。就一般语言而言，一个字的音义有必然的联系，就汉字而言，它除此之外，还有形义上的联系。有的语言是单音词，有的是复音词。古代汉语多为单音词，记录下来即一个一个单字，古汉字以具体形象的象形和抽象符号的指事为基型，称之为"文"，并以之为体，然后再利用它们的比类、取譬，组合而成会意与形声，称之为"字"。会意是从两个以上的具体形象或抽象符号的组合中，去构成该字的意义，形声则从两个以上的具体形象或抽象符号的组合中，有的表形，谓之形符；有的表声，谓之声符，去构成该字的意义。会意字多兼表形意，形声字则多兼表音意。象形和指事、会意和形声，基本上记录的是一个一个单音词的汉字，它们对于汉语中的复音词，或甲骨文金文中的"合文"，是不适用的。而且它们对于一个汉字和另外的汉字之间的关系，对于一些无形可画、无事可记、无意可会的语词，例如"然而"，也是不适用的。所以，转注和假借应运而生。转注"同意相受"，数字一义；假借"依声托事"，一字数义，为汉字的创造提供了更多更便利的原则。

"造字之本"和造字之法，观念有待厘清。造字之本，讲的是造字的基本原则，而戴震等人的体用之说才涉及造字的方法。象形、指事的所谓"文"，会意、形声的所谓"字"，其实都是"体"，都有"象"可言，故班固称四者为象形、象事、象意和象声，统而言之，也都是"本"，但说创造象形字要"随体诘诎"，创造指事字要"可识""见意"，才涉及造字方法的问题。同样地，讲如何"比类合谊，以见指㧑"是造字的方法，讲如何"以事为名，取譬相成"也是造字的方法。再进一步说，形声字中的"省形"是一种造字方法，"省声"也是一种造字方法。这些造字的方法，是根据象形、指事、会意、形声四种本体为原则来递相应用的。会意字由象形、指事组合而成，象形、指事是本是体，由象形指事组成的会意字也是"体"，在组合过程中才是"用"，也才有"法"可言。形声字"以事为名"，把同类事物的字体拿来做形符和声符，一样是造字的一种原则，在组合的过程中也才讲到用，也才有法可言。转注、假借和形声的关系特别密切，形声字多兼表音意，以声注形，但它是就个别的字而言，凡语言中不能用一个义符和一个声符组成字的词，就必须靠转注和假借来济其穷。有人把形通音近义同就说是转注，那是忽略了"同意相受"的道理；有人把声同音近就说是假借的来源，那就忽略了"依声托事"那句话，也忽略了"造字之本"的意义。既然说是"本"，就自然有其应该遵循的法则。

换言之，"造字之本"的"本"，兼体用二者而言。它指的是古人造字的条例和法则，方法是根据它来运用的，当然也可包括在内。

我以为谈六书中的转注和假借，必须注意到字和词属于不同层面的问题。也必须注意到字和词的本义、引申义、假借义的问题。

字指文字，词指语言。文字是用来记录语言的，主要的媒介是字形；语言是用来表达意念的，主要的媒介是语音。一个字、一个词不一定只有一个意义，往往有两三种以上的意义，前者我们称为本义，后者称为引申义或假借义。

许慎的《说文解字》，用清人江沅的话来说，要在"明文字之本义而已"。他对于每一个字，根据字形的分析，来探索说明它的本义，有时候也会连带触及它的引申义。我们从其解说文字及段玉裁的注解中可以看出来。例如：

《说文》卷四上篇："雧，群鸟在木上也。"段注："引申为凡集之称。"

《说文》卷四下篇："初,始也。从刀,从衣,裁衣之
始也。"段注:"制衣以针,用刀则为制之始。引申为凡始
之称。"

《说文》卷九上篇:"鬈,发好也。从髟,卷声。"段注:
"《齐风·卢令》曰:'其人美且鬈',《传》曰:'鬈,好貌。'
《传》不言发者,用其引申之义。许用其本义也。本义谓发好,
引申之凡好之称。凡说字必用本义,凡说经必因文求义。"

可见许慎说"文"解"字",多就字义而言,而且说的是字形
所体现出来的意义。这从卷十二下篇解释"义,己之威仪也",
更可以看出来。因为"义"字下面有"我"这个形体,所以解
释"义"有"威仪"之意时,还特别要用"己"来扣紧"我"
的意义。因此,《说文》解说的是字形构造所体现出来的意义。
但它是不是即为段玉裁所说的"本义",则尚有讨论的余地。

雧,就字形言,是三只鸟(以三代表多数)栖在树木之上;
初,就字形言,是用刀来剪布裁衣。读者通过字形和生活经
验,知道鸟雀是群居动物,常常成群栖息在树上枝头,即使省
形作"集",道理是一样的;缝制衣服用针线,如今用剪刀剪布,
必然是开始要裁制新衣了。透过这两个会意字的造字取向,聚
集、开始的意义是可以体会出来的。但是,鬈这个字,是形声
字,从字形看,从髟卷声,髟是"长发猋猋也",卷是"厀曲也,
从卩,类声",不一定给读者美好的联想。如果要给人予美好
的联想,必须要与其他的文字合看并读,或放在一个词语里看,

才有可能。例如《诗经·齐风·卢令》的"其人美且鬈""其
人美且仁",才有可能体现鬈有"发美"的意义。

因此,会意字如武、信、集、初等,可以"比类合谊",
见其指抛的本义,而形声字也必须在"比类合谊"的基础上,
把相关的事类字类合在一起,才能象其形而谐其声。水旁的
"江""河",木旁的"松""柏",言旁的"谋""议"等,都是
这样组合而成的。但是,这些字的意义都是个别不同的,不只
声音有别而已。什么才是它们的本义呢?更是费人思索。江、
河都是水名,江原指长江,河原指黄河;松、柏都是木名,形
状有别,所以比类之余,松叶柏身的叫"枞",柏叶松身的叫
"桧";谋、议都与言语有关,谋是"虑难",议是"论难"。这
些就是该字的本义吗?

上文说过,文字是用来记录语言的,要知道一个字的本义,
照道理讲,当然应该先了解所记录的这个词的本义。但是,一
个词通常不会只有一个意义,在汉字尚未产生以前,汉语早已
存在,一个词就是说话时当时的意义,不一定是最初的原始的
意义。因此,就词而言,是很难确认什么是本义的。分析字形
的结构,或许有助于了解词的本义,但不一定能确知其本义。
在文字的形音义三者之中,字形只是语言的表现形式之一,音
义之间的联系,显然更能呈现出相关的字词的意义。《说文》
卷八上篇"老"部有老、耋、薹、耆、耇、耉、耆、寿、考、
孝十个字,只在"老"字下说:"考也。七十曰老。从人毛匕,
言须(须)发变白也。凡老之属皆从老。"又于"考"字下说:
"老也。从老省,丂声。"并以此老、考二字作为"转注"的例

字。从说明中，我们可以看出同一部中的这些字之间，是一系列的词语，不但有字形上的联系，而且也有音读上同源、字义上引申的关系。"老"似是本义字，其他都是引申而来的同源字。其中考、老二字，形似音近义同，是标准的转注字。

许慎解释"转注"时说："建类一首，同意相受"，这八个字和他在《说文·后叙》所说的："其建首也，立一为端。方以类聚，物以群分。同条牵属，共理相贯，杂而不越，据形系联。引而申之，以究万原。毕终于亥，知化穷冥。"一段话，互为因缘。旨在说明建立部首，据形系联的一些字彼此间的关系。据此可知，转注所说者，不是造字之法，而是在说明字与字之间的关系，有的是字义的引申，包括音读有没有变异等，可以说都属于语言现象。

如果我们把老部的老、考、耆、耋等同部系联的一些字，当作可以互训的同义字，其实已经把它们视为同源词；如果我们认同《说文》中辵部的"逆，迎也""迎，逢也""逢，遇也"，示部的"禄，福也""祥，福也""祉，福也"等的说法，那也表示我们不会把它们个别分开看，只视为字的本义。

一个词不一定只有一个意义，而记录一个词，也不一定只用一个字。有时候，同一个字，它可以表示两个词义。例如《说文》卷九下的"昜"和卷十四下的"阳"：

昜（昜），开也。从日、一、勿。一曰飞扬。一曰长也。一曰彊者众皃。

陽（阳），高、明也。从，昜声。

这两个字都是"与章切"，读一尢ノ、yáng。据段玉裁的注解，"易"才是"阴阳"的"阳"的本字，而"阳"指山南向阳的地方，"故从阜"。但在传世的文献中，这两个不同的词义都同用一个"阳"字来表示。"阳"虽由"易"孳生而来，却已代而替之。

这种情形，在语词或虚字中最为常见。然而、苟且、之其等等皆是。"然"字的本义是"燃"，"而"字的本义是"颊毛"，"之"字的本义是"出"，"其"字的本义是"箕"，这些字的字形被借用为另一个语素音义时，它的字形和它所表示的语素音义，都已变成另一个字。字形相同的字，只有声音的假借，没有词义上的关联。这也属于语言的范围。

蒋善国《汉字学》说："转注字和假借字都是由语音和语义的交互关系而产生的，前者是语音变而语义不变，后者是语音不变而语义变。就字形说，前者字形变，后者字形不变。"又说转注字十分之九是形声字，是由同一语源或音根分化出来的（或演变出来的）同义字，在创造或采用时，是以表示不同的语音为目的的。至于假借字，原可弥补象形、指事、会意造字方法的局限，使汉字由以形表意转向以音记言，但由于同音假借大量应用之后，又不免产生大量的一字多义的现象，为此又常为一些假借字增加了义符偏旁，把原来的假借字当作声符，也因此把节制造字的作用抵消了，转而与转注更促进形声字的孳乳和发展，增加了更多的数量。

因此，转注和假借可以说都是由语音出发的观点来说明字义的。

第六节 余论：三书说

许慎《说文解字》的六书之说，后代学者加以阐述析论的，不乏其人。就其总结古汉字结构的条例而言，五代徐锴说是"六书三耦"，明代杨慎说是"四经二纬"，清代戴震说是"四体二用"。民国以来，讨论者也大有人在。

首先是提出"三书说"的唐兰，他在1934年出版的《古文字学导论》中，把汉字结构归纳为象形、象意、形声三种，后来在1949年出版的《中国文字学》中，进一步阐述了他的"三书"之说："象形、象意是上古期的图画文字，形声文字是近古期的声符文字。这三类可以包括尽一切中国文字。"

唐兰的"三书"说，可以说是对许慎六书说的否定。在他之前，不是没有人提出质疑，像吕思勉在1927年出版的《字例略说》中，就曾经指出："六书之说，唯见于班《志》、许《序》及《周官·保氏》注引郑司农之说。""以字形分别部居，实始于许。""果使其时已有六书之说，安得自许以前，迄无用其法着字书者？""果使作《周官》之时，已有六书之说，至许君时，研究者必已甚多，某字当属某书，当早有定论，安得茫昧如此乎？"提出了不少合理的疑问。其他像戴君仁老师在 1934 年出版的《中国文字构造论》，摆脱旧说的束缚，将汉字结构依形音义表现方式分为十四类。像张世禄在 1941 年出版的《中国文字学概要》中，将传统六书之说，改用写实、象征、标音三种方法来分析汉字结构。这些都可以说是改革六书的先声。不过，正面提出修正的，还是从唐兰才开始。他的说法之所以受人注意，主要是他能够运用语言学的理论。

唐兰之后，有些学者在谈论许慎的六书之说时，不但能注意到其局限性，及时参考新出土的古文字资料，吸取甲骨文金文的研究成果，而且也受了西学东渐的影响，注意要用新观念新方法来发掘汉字构造和发展旳规律，建立一个新的理论体系。其中比较突出而受到注意的，是以下数家。

张世禄是著名的语文学者。他在 1941 年出版的《中国文字学概要》中，提出了写实法、象征法和标音法的三书说。他认为中国文字介于图画文字与拼音文字之间，虽是表意文字，但形音义三者不可偏废。因而其文字构造亦兼用写实、象征、标音三法。写实法用以表示具体实物的图象符号，如日月山川其齿之类；象征法用象征的符号或加上写实的图象，用以表示比较抽象的观念或意义，如上下中血旦甘之类，或高大鲜美凶恶之类；标音法则分三种：一为半表意、半表音的合体字，如政征钩笱之类；二为单纯的标音，如借"来"表示来去的来，借"万"表示千万的万；三为半形半声的音标合体字，如江河之类。

陈梦家是诗人，也是甲骨文学者。他在1956年出版的《殷墟卜辞综述》的"文字"一章中，指出唐兰"三书"说的一些问题，同时提出自己的三书说。他把唐兰的象形和象意合并为象形，又把假借立为汉字基本类型之一，因此他的"三书"说，指的是象形、形声和假借。

象形字是汉字造字的基本，指事字、会意字、形声字大都是以它为基础才创造出来的。形声字在造字方面活动力最强，最富于应变能力，郑樵《六书略》早就说过："六书也者，象形为本；形不可象，则属诸事；事不可指，则属诸意；意不可会，则属诸声。声，则无不谐矣。"形声字半形半声，由义符与声符合组而成，象形字、指事字、会意字都可以成为义符或声符来组成新字，而且形声字本身也可以作为声符去另组新字，有转注的作用，所以在汉字的数量上，它所占的比例最高。据统计，在《说文》一书中，形声字占八成多，在《康熙字典》中更占九成以上。其重要性不言而喻。至于假借字，它可以"依声托事"，一字数义，一个字做好几个字用，救造字之穷而通其变，无疑是扩大了汉字的使用范围。因此陈梦家的"三书"之说，自有其道理。

其次是龙宇纯的《中国文字学》。此书初版于1968年，1972年再版增订。该书第二章"中国文字的构造法则"，检讨了六书说的由来及旧解，对于四经二纬、四体二用（称之为"四书"说）以及唐兰的"三书"说，都有所评议。他应用语言学的理论与方法，将汉字的构造分为以下七类：纯粹表形（相当于象形）、纯粹表意（相当于会意）、纯粹表音（相当于假借）、兼表形意、兼表形音、兼表音意和纯粹约定（相当于指事）。其中兼表形意及兼表形音两类，他认为基本上用的是表形法，表意或表音只是附属，所以可不列入；而兼表音意的一类，或因语言孳生而兼表意，或因文字假借而兼表意，或各取表音及表意之一字而结合成字，前二项相当于转注，后一项相当于形声。因此他以其新体认将原来的六书改为六类。并如下表：

今类名	六书名		界说	例字
纯粹表形	象形		据物写形，目寓可明	日、月、山、水
纯粹表意	会意		表事达意，心会乃悉	上、下、武、信
纯粹表音	假借		有语无字，依音标识	"苟且""然而"
兼表	（一）	转注	音为本体，增文示谊	祐、娶、祼、媒
音意	（二）	形声	依类为名，取譬相成	江、河、议、论
纯粹约定	指事		形意音三，无所取焉	五、六、七、八

最后是裘锡圭 1988 年出版的《文字学概要》，他把唐兰的象形、象意合并为表意，然后借鉴陈梦家之说，提出他的新"三书"系统：表意、形声、假借。每一类之下又分若干小类。简述如下：

（一）表意字

（1）抽象字：如一、二、三、上、下等。由抽象之形符造成。

（2）象物字：如山、水、木、豕、象、目、瓜、果、胃等。

相当于象形字。

（3）指示字：如本、末、刃、亦等。在象物字上加指示符号。

（4）象物式的象事字：如ナ、又、矢、屵等。强调事物的行为状态。

（5）会意字：会合两个以上的意符来表示一个新意义的字。分六种：

①图形式会意字，如从、宿、即、采、伐、益等。

②利用偏旁间的位置关系的会意字，如正、出、陟、逐、相、莫等。

③主体和器官的会意字，如欠、饮、走、臭、鸣、瞿等。

④重复同一偏旁而成的会意字，如珏、林、卉、森、磊、淼等。

⑤偏旁连续成语的会意字，如凭、劣、扁、余、孬、暴等。

⑥其他，如劓、删、邑、占、灶、笔等。

（6）变体字：或增减笔画，如片、孑、孓等；或改变方向，如今、爿、叵等。

（二）形声字

（1）一形一声字：多由已有之表意字与形声字分化而来，或由表意字改造而成。其分化及改造方法有四：

①在表意字上加注音符，如裘、齿等。

②把表意字字形的一部分改换成音符，如囿、何、羞、弦等。

③在已有的文字上加注意符，如狮、蜈蚣、娶、蛇、趾、

洲等。

④改换形声字偏旁，如振—赈、轻—氢、倚—椅等。

（2）多声和多形，据《说文》云，有些形声字有两个声旁或两个以上的形旁。

①多声：《说文》说"窃""鳌"二字皆从二声。未必可信。

②多形：多在表意字上加注音符或在形声字加注意符而成，如宝、饰、奉、燃、筐等。

（3）省声和省形：为字形的匀称与书写的方便而作。

①省声，可分三类：

a. 省去一部分字形繁复或面积太大的声旁，如袭、秋等。

b. 省去声旁的一部分，来安置形旁，如夜、畿、徽等。

c. 声旁和形旁合用部分笔画或一个偏旁，如黎、罴等。

②省形，可分两类：

a. 省去一部分字形繁复的形旁，如星、晨等。

b. 省去形旁的一部分，来安置声旁，如考、者等。

（三）假借字

（1）无本字的假借，如其、之、犹豫、沙发、罗汉、巧克力等。

（2）本字后造的假借，这类词本来用假借字来表示，后来又为它造字。如师—狮、栗—溧、戚—慽、毒冒—瑇（玳）瑁等。

（3）本有其字的假借，这类词原有本字，但也使用假借字，假借字用久以后成为习惯，反而取代了本字，如艸—草、耑—端、毬—球等。

裘锡圭的新三书说，分类更为细密，对后来研究者影响很大，但他说的表意字兼言形意，形声字兼言形音，二者之间不免有些纠葛，难以厘清。换言之，其症结乃在于他仍然没有把转注一说解释清楚，所以仍然有待后世学者做更进一步的探究。或许他自己也觉察到这一点，所以他这样说："在今天研究汉字，根本不用去管转注这个术语。不讲转注，完全能够把汉字的构造讲清楚。"但要是把转注讲清楚，会不会对读者更有帮助呢？

参考书目举要

一

- 《许学丛书》，张忍庵编，清十四种原刻本 / 台大藏百部丛书集成本

- 《许君年表考》，陶方琦，光绪十三年许学丛书本

- 《许君疑年录》，诸可宝，金氏许学四种丛书本

- 《许慎和他的〈说文解字〉》，周祖谟，《中国语文》1956 年第九期

- 《许慎之经学》，黄永武，台北：台师大国研所博士论文，1971 年

- 《许慎生平事迹考辨》，顿嵩元，《郑州大学学报》，1985 年第三期

- 《许慎年谱》，张震泽，沈阳：辽宁大学出版社，1986 年 8 月

- 《许慎与说文解字研究》，董希濂等主编，开封：河南大学出版社，
  1988 年 6 月

- 《许慎与说文研究论集》，赵天吏等编，开封：河南人民出版社，
  1991 年

- 《中国的字圣许慎》，王蕴智，开封：河南人民出版社，1994 年

- 《许慎生平考述》，向光忠，北京：线装书局，2001 年 6 月

- 《精校本许慎与说文解字》，姚孝遂，北京：作家出版社，2008 年 1 月

- 《许慎文化研究（二）》，王蕴智等编，北京：中国社会科学出版社，2015 年

二

- 《唐写本说文解字辑存》，李宗焜，上海：中西书局，2015 年

- 《说文解字系传》，徐锴，北京：中华书局，1998 年

- 《说文解字注》，段玉裁，上海：上海古籍出版社，1981 年

- 《说文解字义证》，桂馥，济南：齐鲁书社，1987 年

- 《文字蒙求》，王筠，北京：中华书局，1962 年

- 《说文句读》《说文释例》，王筠，上海：上海古籍出版社，1983 年

- 《说文通训定声》，朱骏声，北京：中华书局，1984 年

- 《说文解字注笺》，徐灏，上海：上海古籍出版社，1996 年

- 《说文解字诂林》，丁福保，台北：台湾商务印书馆，1974 年

- 《说文解字约注》，张舜徽，开封：河南人民出版社，1983 年

- 《说文解字集注》，蒋人杰，上海：上海古籍出版社，1996 年

- 《说文解字今释》，汤可敬，长沙：岳麓书社，2002 年

- 《说文解字授课笔记》，章太炎，北京：中华书局，2008 年

- 《说文笺识四种》，黄侃，上海：上海古籍出版社，1983 年

- 《说文解字研究法》，马叙伦，台北：学海出版社，1986 年

- 《说文解字综合研究》，江举谦，台中：东海大学，1970 年

- 《说文五百四十部首正解》，徐复等，南京：江苏古籍出版社，2003 年

- 《说文解字五百四十部疏讲》，王彤伟，成都：巴蜀书社，2012 年

- 《说文解字六书疏证》，马叙伦，北京：科学出版社，1957 年

- 《说文解字引经考》，马宗霍，台北：学生书局，1971 年

- 《说文解字通论》，陆宗达，北京：北京出版社，1981 年

- 《说文部首形义新证》，董莲池，北京：作家出版社，2007 年

- 《说文解字叙讲疏》，向夏，台北：书林出版公司，1993 年

- 《说文解字讲稿》，蒋善国，北京：语文出版社，1988 年

- 《说文解字导读》，苏宝荣，西安：陕西人民出版社，1995 年

- 《说文学》，宋均芬，北京：首都师大出版社，1997 年

- 《说文学导论》，余国庆，合肥：安徽教育出版社，1995 年

- 《说文新证》，季旭升，台北：艺文印书馆，2002—2008 年

- 《宋元明六书学研究》，党怀兴，北京：中国社会科学出版社，
  2003 年

- 《说文初步》，王玉仁，上海：学林出版社，2009 年

- 《说文研读》，王平，上海：华东师大出版社，2011 年

三

- 《文始》《新方言》《小学答问》，章炳麟，上海：上海人民出版社，
  1999 年

- 《文字声韵训诂笔记》，黄侃（黄焯编），上海：上海古籍出版社，
  1983 年

- 《文字学形义篇》，朱宗莱，台北：学生书局，1964 年

- 《中国文字学》，顾实，上海：商务印书馆，1926 年

- 《文字学发凡》，马宗霍，上海：商务印书馆，1935 年

- 《新著中国文字学大纲》，何仲英，上海：商务印书馆，1922 年

- 《文字学四种》，吕思勉，上海：上海教育出版社，1985 年

- 《中国文字之原始及其构造》，蒋善国，北京：文字改革出版社，1959 年
- 《中国文字学史》，胡朴安，上海：商务印书馆，1937 年
- 《中国文字概要》《文字形义学》，杨树达，上海：上海古籍出版社，2006 年
- 《中国文字学概要》，张世禄，贵阳：文通书局，1941 年
- 《文字学纂要》，蒋伯潜，上海：正中书局，1946 年
- 《中国文字学》，唐兰，上海：开明书店，1949 年
- 《古文字学导论》，唐兰，济南：齐鲁书社，1981 年
- 《古文字学通论》，高明，北京：文物出版社，1987 年
- 《文字形义学概论》，高亨，济南：山东人民出版社，1963 年
- 《汉字的结构及其流变》，梁东汉，上海：教育出版社，1959 年
- 《中国文字构造论》，戴君仁师，台北：世界书局，1979 年
- 《汉字的起源与演变论丛》，李孝定师，台北：联经出版公司，1986 年
- 《基本汉字字形释源》，邹晓丽，北京：中华书局，2007 年
- 《汉字字源系统研究》，尹黎云，北京：中国人民大学出版社，1998 年
- 《汉语文字学史》，黄德宽等，合肥：安徽教育出版社，2006 年
- 《文字学》，陈新雄、曾荣汾，台北：五南图书出版公司，2010 年
- 《中国字例》，高鸿缙，台北：台湾师大国文系，1960 年
- 《中国文字学》，潘重规，台北：东大图书公司，1977 年
- 《文字学》，杨五铭，长沙：湖南人民出版社，1986 年
- 《中国文字学》，陈梦家，北京：中华书局，2006 年

- 《中国文字学》，龙宇纯，台北：学生书局，1982 年

- 《文字学概要》，裘锡圭，北京：商务印书馆，1988 年

四

- 《说文字原集注》，蒋和，乾隆五十三年（1788）刊本

- 《说文古籀补》，吴大征，光绪二十四年（1898）刊本

- 《观堂集林》，王国维，北京：中华书局，1959 年

- 《章太炎全集》，章炳麟，上海：上海人民出版社，1999 年

- 《黄侃论学杂著》，黄侃，上海：上海古籍出版社，1980 年

- 《刘申叔先生遗书》，刘师培，台北：华世出版社，1975 年

- 《沈兼士学术论文集》，沈兼士，北京：中华书局，1986 年

- 《钱玄同文字声韵学论集》，钱玄同，上海：上海古籍出版社，2011 年

- 《积微居小学金石论丛》，杨树达，北京：科学出版社，1955 年

- 《积微居金文说》，杨树达，北京：中华书局，2004 年

- 《高明论著选集》，高明，北京：科学出版社，2001 年

- 《周祖谟文字音韵训诂讲义》，周祖谟，天津：天津古籍出版社，
  2004 年

- 《汉字理论丛稿》，黄德宽，北京：商务印书馆，2006 年

- 《古汉字发展论》，黄德宽等，北京：中华书局，2014 年

- 《中国字典史略》，刘叶秋，台北：源流出版社，1984 年

五

- 《玉篇》，顾野王，北京：中国书店，1983 年

- 《复古篇》，张有，吴均增补，台南：庄严文化事业公司影印本

●《通志.六书略》，郑樵，北京：中华书局，1987 年

●《六书故》，戴侗，北京：中华书局，2012 年

●《六书统》，杨桓，以下俱见《四库全书》本

●《六书总要》，吴元满（同上）

●《说文长笺》，赵宧光（同上）

●《说文字原》《说文正讹》，周伯琦（同上）

●《六书本义》，赵撝谦（同上）

（其余从略）

道善人文经典文库
让你能知味的中华经典解读丛书

图书·音视频·讲座
敬请关注

毓老师作品系列

毓老师说论语（修订版）　　　　　爱新觉罗·毓鋆讲述

毓老师说中庸　　　　　　　　　　爱新觉罗·毓鋆讲述

毓老师说庄子　　　　　　　　　　爱新觉罗·毓鋆讲述

毓老师说大学　　　　　　　　　　爱新觉罗·毓鋆讲述

毓老师说老子　　　　　　　　　　爱新觉罗·毓鋆讲述

毓老师说易经（全三卷）　　　　　爱新觉罗·毓鋆讲述

毓老师说（礼元录）　　　　　　　爱新觉罗·毓鋆讲述

毓老师说吴起太公兵法　　　　　　爱新觉罗·毓鋆讲述

毓老师说公羊　　　　　　　　　　爱新觉罗·毓鋆讲述

毓老师说春秋繁露（上下册）　　　爱新觉罗·毓鋆讲述

毓老师说管子　　　　　　　　　　爱新觉罗·毓鋆讲述

毓老师说孙子兵法（修订版）　　　爱新觉罗·毓鋆讲述

毓老师说易传（修订版）　　　　　爱新觉罗·毓鋆讲述

毓老师说人物志（修订版）　　　　爱新觉罗·毓鋆讲述

毓老师说孟子　　　　　　　　　　爱新觉罗·毓鋆讲述

毓老师说诗书礼　　　　　　　　　爱新觉罗·毓鋆讲述

刘君祖作品系列

易经与现代生活　　　　　　　　　刘君祖

易经说什么　　　　　　　　　　　刘君祖

易经密码全译全解（全9辑）　　　刘君祖

易断全书（上下）　　　　　　　　刘君祖

刘君祖经典讲堂（全十卷）　　　　刘君祖

人物志详解　　　　　　　　　　　刘君祖

春秋繁露详解	刘君祖
孙子兵法新解	刘君祖
鬼谷子新解	刘君祖

吴怡作品系列

中国哲学史话	张起钧　吴　怡
禅与老庄	吴　怡
逍遥的庄子	吴　怡
易经应该这样用	吴　怡
易经新说——我在美国讲易经	吴　怡
老子新说——我在美国讲老子	吴　怡
庄子新说——我在美国讲庄子	吴　怡
中国哲学关键词50讲（汉英对照）	吴　怡
哲学与人生	吴　怡
禅与人生	吴　怡
整体生命心理学	吴　怡
碧岩录详解	吴　怡
系辞传详解	吴　怡
坛经详解	吴　怡
写给大家的中国哲学史	吴　怡
周易本义全译全解	吴　怡

高怀民作品系列

易经哲学精讲	高怀民
伟大的孕育：易经哲学精讲续篇	高怀民
智慧之巅：先秦哲学与希腊哲学	高怀民
易学史（三卷）	高怀民

辛意云作品系列

论语辛说	辛意云
老子辛说	辛意云
国学十六讲	辛意云
美学二十讲	辛意云

其他

易经与中医学	黄绍祖
论语故事	（日）下村湖人
汉字细说	林藜
新细说黄帝内经	徐芹庭
易经与管理	陈明德
周易话解	刘思白
汉字从头说起	吴宏一
道德经画说	张爽
史记的读法	阮芝生
论语新读法	崔正山
数位易经（上下）	陈文德
从心读资治通鉴	张元
公羊春秋的伦理思维与特质	林义正
《周易》《春秋》的诠释原理与应用	林义正
易经经传全义全解（上下册）	徐芹庭
周易程传全译全解	黄忠天
牟宗三演讲集（10册）	牟宗三
易经之钥	陈炳文
唐诗之巅	朱琦

人与经典文库（陆续出版）

左传（已出）	张高评	论语	林义正
史记（已出）	王令樾	墨子	辛意云
大学（已出）	爱新觉罗·毓鋆	近思录	高柏园
中庸（已出）	爱新觉罗·毓鋆	管子	王俊彦
老子（已出）	吴怡	传习录	杨祖汉
庄子（已出）	吴怡	尔雅	卢国屏
易经系辞传（已出）	吴怡	孟子	袁保新
韩非子（已出）	高柏园	荀子	周德良
说文解字（已出）	吴宏一	孝经	庄兵
诗经	王令樾	淮南子	陈德和
六祖坛经	吴怡	唐诗	吕正惠
碧岩录	吴怡	古文观止	王基伦

四库全书	陈仕华	说　苑	殷善培
颜氏家训	周彦文	闲情偶寄	黄培青
聊斋志异	黄丽卿	围炉夜话	霍晋明
汉　书	宋淑萍	元人散曲	林淑贞
红楼梦	叶思芬	戏曲故事	郑柏彦
鬼谷子	刘君祖	楚　辞	吴旻旻
孙子兵法	刘君祖	水浒传	林保淳
人物志	刘君祖	盐铁论	林聪舜
春秋繁露	刘君祖	抱朴子	郑志明
孔子家语	崔锁江	列　子	萧振邦
明儒学案	周志文	吕氏春秋	赵中伟
黄帝内经	林文钦	尚　书	蒋秋华
指月录	黄连忠	礼　记	林素玟
宋词三百首	侯雅文	了凡四训	李懿纯
西游记	李志宏	高僧传	李幸玲
世说新语	尤雅姿	山海经	鹿忆鹿
老残游记	李瑞腾	东坡志林	曹淑娟
文心雕龙	陈秀美	……